城市轨道交通工程测量典型工程实践

陈瑞霖 熊开明 等 编著

中国建筑工业出版社

图书在版编目（CIP）数据

城市轨道交通工程测量典型工程实践/陈瑞霖等编著. --北京：中国建筑工业出版社，2024.8. -- ISBN 978-7-112-30097-6

Ⅰ.U239.5

中国国家版本馆CIP数据核字第2024GX2870号

责任编辑：杨　晓　唐　旭
责任校对：赵　力

城市轨道交通工程测量典型工程实践
陈瑞霖　熊开明　等　编著

*

中国建筑工业出版社出版、发行（北京海淀三里河路9号）
各地新华书店、建筑书店经销
霸州市顺浩图文科技发展有限公司制版
北京中科印刷有限公司印刷

*

开本：787毫米×1092毫米　1/16　印张：14¼　字数：360千字
2024年8月第一版　　2024年8月第一次印刷
定价：**68.00**元
ISBN 978-7-112-30097-6
（43495）

版权所有　翻印必究
如有内容及印装质量问题，请与本社读者服务中心联系
电话：(010) 58337283　　QQ：2885381756
（地址：北京海淀三里河路9号中国建筑工业出版社604室　邮政编码：100037）

前　言

　　城市轨道交通属于集多种专业于一身的庞大复杂交通运输系统，具有投资规模大、建设及运营周期长的特点。而城市轨道交通工程测量是贯穿整个工程全生命周期的基础性工作，需满足设计、施工及运营各个阶段的要求，其同样也具有规模庞大、实施周期长、精度高、可持续性和稳定性要求高的特征，对相关从业者的专业素质也提出了更高的要求。当前用于规范城市轨道交通工程测量工作开展的各级标准种类繁多，但缺乏专门针对城市轨道交通全生命周期工程测量业务，归纳总结技术实施和流程方法的相关成果。

　　编者通过梳理涵盖城市轨道交通设计、建设和运营阶段的主要测量工作，全面总结各类型项目经验及技术实施流程，以城市轨道交通工程测量典型工程为实践案例，详细阐述重点业务类型的技术实施方法，内容聚焦于城市轨道交通工程测量的实际操作层面，力求浅显易懂、操作性强，为城市轨道交通工程测量一线从业者开展工作提供一本即学即用的实用性素材，可作为城市轨道交通工程测量教学、科研的参考材料。

　　全书共分为8章。第1章为城市轨道交通工程测量概述，介绍城市轨道交通的概念和发展状况、城市轨道交通工程测量的特点和内容，以及发展趋势；第2章为地形测绘及地下管线探测，通过项目案例介绍设计阶段线路沿线地形和管线测绘的方法；第3章为地面平面和高程控制测量，以具体项目案例介绍施工前期线路地面平面和高程控制网的建设过程；第4章为第三方测量，针对建设期第三方测量不同的工序环节，以工程实例介绍第三方测量检测和施工测量监督工作的开展；第5章为第三方监测，以施工过程中不同工法对象为单元，通过案例介绍第三方监测项目的实施过程；第6章为规划竣工测量，通过工程案例介绍规划验收阶段规划条件核实测量的方法；第7章为线路结构长期稳定性监测，通过线路运营监测工程案例，介绍运营阶段全线路周期性监测的技术实施；第8章为工程影响结构保护性监测，以运营期受外部工程建设影响时对结构开展保护性监测的实践案例，介绍工程影响结构保护性监测的实施方法。书中附有大量的样图、样表和实例数据，以方便读者理解和参考。

　　本书由福州市勘测院有限公司从事城市轨道交通工程测量生产及研究工作的团队撰写，主编著人员为陈瑞霖、熊开明，参与编著的人员有钟洪德、陈煌、朱武松、林起忠、陈状文、吴乃龙、孙虹虹、何名灯、柯春安、林万荣、吴增铭、丁凌航、林鉴、周永领、林勤、王钰双、黄磊、邱剑、刘庚余、邱龙辉、张清龙、王丹青。另外，陈瑞霖、熊开明、钟洪德、柯春安、林起忠、朱武松、陈煌、陈状文分别对部分章节进行了审稿，陈瑞霖、熊开明对全文进行了整理、统稿。

　　由于编者水平有限，加之撰写时间仓促，书中不妥之处实属难免，敬请广大专家及读者批评指正。

目 录

第1章 城市轨道交通工程测量概述 1
  1.1 城市轨道交通工程概述 1
  1.2 城市轨道交通工程测量特点和内容 3
  1.3 城市轨道交通工程测量发展趋势 5

第2章 地形测绘及地下管线探测 6
  2.1 地形图测量 6
  2.2 地下管线探测 11
  2.3 小结 24

第3章 地面平面和高程控制测量 25
  3.1 技术准备 25
  3.2 卫星定位控制网 28
  3.3 精密导线网 33
  3.4 地面高程控制 38
  3.5 小结 47

第4章 第三方测量 48
  4.1 线路控制网复测 48
  4.2 地面加密控制网检测 59
  4.3 联系测量检测 62
  4.4 地下控制网测量检测 68
  4.5 铺轨控制网测量检测 73
  4.6 施工细部测量检测 82
  4.7 施工测量监督管理 90
  4.8 小结 93

第5章 第三方监测 94
  5.1 工作内容 94
  5.2 基坑工程监测 95
  5.3 盾构法隧道工程监测 112
  5.4 矿山法隧道工程监测 121
  5.5 监测成果及信息反馈 127

5.6 施工监测管理 ·· 134
5.7 小结 ·· 138

第6章 规划竣工测量 ·· 139
6.1 工作内容 ·· 139
6.2 前期准备 ·· 140
6.3 竣工地形图测量 ·· 142
6.4 规划条件核实测量 ··· 147
6.5 地下管线测量 ··· 160
6.6 小结 ·· 161

第7章 线路结构长期稳定性监测 ·· 162
7.1 技术路线 ·· 162
7.2 监测内容 ·· 163
7.3 方案设计 ·· 164
7.4 监测周期和频率 ·· 164
7.5 基准网布设及测量 ··· 165
7.6 监测网布设及测量 ··· 169
7.7 重点区域监测 ··· 178
7.8 监测信息反馈 ··· 180
7.9 精度评价 ·· 184
7.10 预警反馈 ·· 186
7.11 小结 ·· 186

第8章 工程影响结构保护性监测 ·· 188
8.1 技术路线 ·· 188
8.2 前期准备 ·· 189
8.3 工程影响风险等级 ··· 192
8.4 监测内容 ·· 193
8.5 智能监测大数据平台 ·· 194
8.6 智能全站仪自动化监测 ··· 198
8.7 几何水准测量 ··· 206
8.8 静力水准监测 ··· 211
8.9 裂缝测量 ·· 212
8.10 现场巡查 ·· 214
8.11 监测成果整理与分析 ··· 216
8.12 监测信息反馈 ·· 220
8.13 报警与消警 ··· 220
8.14 小结 ·· 223

参考文献 ·· 225

第1章　城市轨道交通工程测量概述

1.1　城市轨道交通工程概述

1.1.1　城市轨道交通的定义和分类

城市轨道交通是指具有运量大、速度快、安全、准点、保护环境、节约能源和用地等特点的交通方式，是城市公共交通的骨干、客流运送的"大动脉"，是城市的生命线工程，属绿色环保交通体系。随着城市化进程不断加快，城市交通拥挤问题越来越严重，东京、巴黎、北京、上海等国内外发达城市的经验表明，只有以大运量的公共交通尤其是城市轨道交通作为城市交通的骨干，才能有效缓解交通拥堵，提高城市交通效率。同时，城市轨道交通的建设与发展有利于提高市民出行的效率，节省时间，提高生活质量，是从根本上改善城市公共交通状况和解决城市交通拥堵的有效途径，还具有带动站点周边经济发展、促进沿线资源开发利用的功能，对于实现城市的可持续发展具有非常重要的意义。

城市轨道交通是集多专业于一身的庞大复杂系统，通常由轨道线路、车站、车辆、维护检修基地、供变电站、通信信号、指挥控制中心等组成。城市轨道交通的运输组织、功能实现、安全保证均应遵循轨道交通"绿色"发展的客观规律，在运输组织上要实行集中调度、统一指挥、按运行图组织行车。在功能实现方面，各有关专业如线路、车站、隧道、车辆、供电、通信、信号、机电设备及消防系统均应保证状态良好，运行正常。在安全保障方面，主要依靠行车组织和设施正常运行，确保线路运行和行车间隔的合理有序。

城市轨道交通在世界范围内发展较快，因地区、国家、城市及服务对象不同，城市轨道交通已发展为多种类型，技术指标差异较大，世界各国分类标准不一。根据中国城市轨道交通协会标准《城市轨道交通分类》T/CAMET 00001—2020，城市轨道交通系统制式分为10类，分别为地铁系统、轻轨系统、市域快轨系统、磁浮交通系统、跨座式单轨系统、悬挂式单轨系统、自导向轨道系统、有轨电车系统、导轨式胶轮系统、电子导向胶轮系统。按容量或运送能力，可分为高容量、大容量、中容量和小容量；按导向方式，可分为轮轨导向和导向轨导向；按线路敷设方式，可分为地下、高架和地面；按线路隔离程度，可分为全隔离、半隔离和不隔离；按轨道材料，可分为钢轮钢轨系统和橡胶轮混凝土轨道梁系统；按牵引方式，可分为旋转式直流、交流电机牵引和直线电机牵引；按运营组织方式，可分为传统城市轨道交通、区域快速轨道交通和城市（市郊）铁路。

1.1.2　城市轨道交通发展状况

1. 国内轨道交通建设发展历史

从20世纪50年代起，我国开始筹备轨道交通建设，当时建设的指导思想更注重人防战备功能，同时兼顾部分城市交通的功能。1971年，国内首条地铁线路——北京地铁一期工程建成，随后建设了天津地铁和哈尔滨人防隧道等工程。

改革开放以后，随着经济总量的不断扩大，城市人口的急剧膨胀，道路交通等基础设施薄弱成为限制北京、上海、广州等特大型城市发展规模的瓶颈。20世纪80年代末期至90年代中期，我国真正以城市交通为目的的地铁建设项目开始起步，先后建成了上海轨道交通1号线、北京地铁复八线（北京地铁1号线东段）和地铁一期工程改造、广州地铁1号线等项目。随后，一批大中型城市包括沈阳、天津、南京、重庆、武汉、深圳、成都、青岛等也开始计划建设轨道交通项目，并进行了大量的前期工作。

随着国家实施积极的财政政策以进一步扩大内需，为了配合城市经济迅猛发展的势头，1999年以后深圳、上海、广州、重庆、武汉等10个城市的轨道交通项目先后获得审批开工建设，同时国家投入40亿元国债资金予以支持。2005年后新一轮城市轨道交通建设规划陆续获得国家主管部门的批复，尤其是借助2008年北京奥运会、2010年上海世博会等一些重大活动盛会的举办契机，一批新兴大中型城市积极编制城市轨道交通建设规划，我国城市轨道交通掀起新一轮建设高潮。

2. 国内轨道交通建设发展现状

我国虽早在20世纪60年代开始修建城市轨道交通，但真正以城市交通功能为目的的轨道交通建设仅在最近十几年得以实现。伴随社会经济的快速发展，中国城市轨道交通已有超过40年的发展历史，在城市经济中的地位日渐重要。

随着各大城市轨道交通项目的建设和经济的发展，决策部门对城市轨道交通的重视程度不断增大，2005年起国家主管部门陆续批复了重要大城市的轨道交通建设规划，直接带动全国范围的轨道交通建设热潮，中国已经成为世界上最大的城市轨道交通建设市场。

中国城市轨道交通协会最新统计数据显示，截至2023年12月31日，中国共有上海、北京、广州、成都、武汉、南京、深圳等59个城市开通运营城市轨道交通线路306条，运营里程超过1万km，达到11232.65km，车站5897座。其中，2023年新增红河、滁州、许昌3个城市轨道交通运营城市，新增运营线路26条，新增运营里程884.55km。目前，中国共有7个城市地铁运营里程超过500km，分别是上海、北京、广州、成都、深圳、杭州、武汉，其中上海、北京位列第一梯队，地铁运营里程均超过800km。另外，南京和重庆的地铁运营里程超过400km，青岛超过300km，西安、天津、沈阳、郑州、苏州、大连、长沙超过200km。上海、北京、广州仍是全国地铁里程前三强，上海是全国地铁里程最长的城市，也是中国首个突破800km的城市，上海地铁里程数远高于伦敦、纽约等城市，继续保持世界第一。

从在建规模情况来看，资料显示，截至2023年底，我国大陆地区共有51个城市有城市轨道交通项目在建，在建线路共计243条，总长度规模为6350km，车站2702座，投资额高达37585亿元。

1.1.3 城市轨道交通发展前景

伴随社会经济的快速发展，世界各国都将发展安全、高效、绿色、智能的轨道交通作为发展城市公共交通的重要方向，随着信息技术的快速普及，传统的城市轨道交通行业正在向互联互通、智能化、数字化等方向发展。

随着中国城镇化建设的快速发展，城市公共交通需求持续释放。从全球范围来看，各主要发达国家的城市化率基本达到 80% 左右。受城镇区域扩张、城镇人口自然增长和乡村人口流入城镇等因素影响，城镇人口继续增加。

据市场初步预测，2024 年包括天津、广州、苏州、成都、上海等 29 座城市的 68 条轨道交通线路将新增开通运营，总里程达 1368.06km，车站 691 座，总投资额达 8924 亿元。2024 年预计有西安、长沙、深圳、上海、杭州等 11 座城市的 36 条城市轨道交通线路新增开工，合计总里程达 861.7km，车站 391 座，新增开工投资额达 5232.39 亿元。

近年来，随着城市路面交通压力持续加大，我国二、三线城市纷纷投身于轨道交通建设，城市轨道交通市场容量也随之扩张，开通轨道交通的城市数量、运营里程、运行线路、运营车站、配属车辆不断增加。预计到 2025 年，中国内地将会有 65 座城市开通或建设城市轨道交通线路，运营总里程将突破 1.3 万 km，"新基建"各大项目工程正如火如荼地展开，城市轨道交通将成为重点投资发展领域，受到国家经济发展和政策支持，以及当地政府和社会对于城市轨道交通不断提高重视程度，城市轨道交通可持续发展势头依旧强劲。

1.2　城市轨道交通工程测量特点和内容

城市轨道交通呈线状布局的工程，大多穿越建（构）筑物密集、地下管网繁多及交通繁忙的复杂城市环境，是投资大、周期长、高精密、特大型、综合性的轨道交通运输系统，涉及 40 多个技术专业，一条线路需要花费 5 年左右的时间才能建成，设计使用年限不低于 100 年。城市轨道交通工程测量是一项综合性很强的技术工作，贯穿城市轨道交通设计、施工及运营全生命周期，为各项工程设计、施工、设备安装及运营维护提供必要的服务。它以测绘科学、计算机科学、岩土力学及岩土工程设计等学科为理论基础，以仪器仪表、传感器、专业软件等为采集及计算技术支撑，同时融合城市轨道交通工程施工工艺与工程实践经验，是保证城市轨道交通工程质量、结构施工精准到位、线路顺利贯通，以及保障运行阶段结构安全的重要手段。

1.2.1　城市轨道交通工程测量特点

随着我国城市轨道交通事业高速发展，城市轨道交通工程测量迎来了强劲发展。工程测量技术是城市轨道交通建设的基础和依据，是全线线路与结构贯通的基本保障，是结构运行安全风险识别的"眼睛"。工程测量贯穿于整个城市轨道交通工程建设始终，对工程质量产生重要影响。由于城市轨道交通大多在建（构）筑物稠密地区修建，涉及范围广，精度要求高，建设线路长，施工工点多，运营周期长，工程测量不但难度大，还对测量工作者的专业性提出了更高的要求。归纳起来，城市轨道交通工程测量工作有以下几个特点：

1. 测量规模庞大且周期长

城市轨道交通工程结构稳定性要求高，从而导致建造成本高昂，需要投入大量的资金进行建设和运维，针对一座城市而言，线路需要结合近远期的客流分析和沿线城市开发布局，制定科学合理的规划，并采用分期建设的方式开展具体线路的施工。作为伴随城市轨道交通发展全周期的工程测量工作，相对一般测绘工作来说工程量较大，测量体系更加复杂，其规模和体量也是较大的，并且一条线路大约 5 年的建设期及超过百年的设计使用年限，测量工作的周期十分漫长。

2. 测量多样性且精度要求高

城市轨道交通工程测量涉及的范围广、内容丰富，设计、施工及运行不同阶段均对测量工作内容有不同的要求，且针对不同的施工工序、不同的结构部位均有不同的测量内容，同时还涉及地上测量和地下测量的不同技术方法，测量工作具有多样性及复杂性的特点。城市轨道交通工程穿越城市环境复杂的核心地带，大多在地下密闭的空间实施，设计可给予的限界阈量十分有限，并且随着国民经济的发展和民众对于生活品质要求的提升，对于城市轨道交通工程施工的要求也在不断提高。而这种提高主要集中在城市轨道行车的基础、城市轨道行车的舒适度、城市轨道行车对环境的影响以及城市轨道行车的安全方面，这就需要在测量过程中充分考虑误差的影响，采用科学、合理的测量技术以及方法，尽可能地减少施工测量中存在的误差，满足工程测量的高精度要求，从而为城市轨道交通发展奠定良好的基础。

3. 测量可持续性且稳定性要求高

城市轨道交通建设是一项涉及多专业、多方面因素的系统综合工程，具有投资大、周期长的特点，一般需要历经若干个阶段和较长时间分期、分区域逐步建设而成，需要考虑与周边建（构）筑物和其他配套工程的连接问题，也需要考虑近期和远期线路建设的衔接问题，还需要考虑城市轨道交通设计、施工及运营不同阶段之间的转换问题，这就要求城市轨道交通工程测量需要考虑到长周期下的城市环境和地理地貌的变化，必须具备可持续性、稳定性，保证测量成果的可延续性和可重复利用性，减少后期工程建设的资金投入，从而保障城市轨道交通的可持续发展。

1.2.2 城市轨道交通工程测量内容

城市轨道交通工程测量是贯穿整个工程全生命周期的基础性工作，应满足设计、施工及运营各个环节的要求，测量成果表现形式主要是图纸、数值结果、变形趋势、结论，等等。其内容主要包括：设计阶段的地形测绘、地下管线调查和测绘、地下建筑测绘、勘测定界测量、地面平面和高程控制网测量等，施工阶段的地面控制网复核测量、地面加密控制网测量、联系测量、地下控制点测量、断面测量、隧道贯通测量、铺轨测量、设备安装测量、变形监测以及各类放样测量等，竣工及运营阶段的竣工测量、线路结构长期稳定性监测、工程影响结构保护性监测等。

1. 设计阶段主要测量内容

设计阶段包括可行性研究、初步设计及施工图设计三个阶段。可行性研究阶段，需测绘单位提供地形图、高分辨率影像图、地下管线图等基础地理信息数据。初步设计阶段，测量的内容主要有：①地面平面和高程控制网建设，包括卫星定位网、精密导线网、高程控制网，由方案设计、踏勘选点、点布设及测量直至最终控制网成果验收交付使用全过程工作组成，为轨道交通建设提供空间基准；②1∶500大比例尺地形图测量、地下管线测量和调查，测量范围覆盖线路沿线、车辆段、停车场、变电站进出线段、控制中心及相关附属配套建筑等区域；③地下建（构）筑物等障碍物测量，对线路范围内地下障碍物进行调查探测，调查内容包括桥墩、地下空间等地下建（构）筑物的结构形式、基础形式及埋深、与主体结构的相对位置，煤气管、上下水道、电力和通信电缆等的位置、管道材质及接头形式及被侵蚀程度，地下古河道、考古遗址、废弃构筑物、管道及残留物等，可以为轨道交通设计方案和施工方案的制定提供准确的参考资料。施工图设计阶段，主要需进行规划审批相关测量、线路纵横断面测量、设计和业主要求的其他测量工作等。

2. 施工阶段主要测量内容

施工阶段可分为土建结构施工阶段、轨道和设备安装阶段、竣工验收阶段。土建结构施工阶段的测量工作主要包括地面平面和高程控制网的定期复核测量、施工加密控制点的测量、平面和高程联系测量、地下施工控制点的测量、施工细部放样测量、贯通测量、车站及隧道结构断面测量、工程支护结构变形监测、结构自身变形监测、周边岩土体及周边环境变形监测等；轨道和设备安装阶段应进行铺轨控制测量、设备安装测量等工作；竣工验收阶段主要包括线路建筑结构竣工测量、轨道竣工测量、线路设备竣工测量和地下管线竣工测量等，竣工测量的成果精度及资料应符合城市轨道交通工程竣工测量与验收的要求，还应满足地方建设工程规划监督测量和验收的要求。

3. 运营阶段主要测量内容

运营阶段为城市轨道交通交付运营使用后的时段，城市轨道交通在长周期的运营过程中结构安全存在自身结构风险及外部环境影响的风险，在该时段中需要测量工作者长期不间断地提供测量服务保障，保证安全运营。运营期主要测量内容为：①线路结构长期稳定性监测，为运营期间全线车站、隧道结构以及轨道等的周期性监测，通过数据的积累和分析，全面掌握结构的变形规律，监测线路结构在长期运营过程中的健康状况，为行车安全和周边环境安全提供可靠数据保障。②工程影响结构保护性监测，当线路保护区范围内出现潜在影响结构安全的工程建设时，须对影响区段进行不间断值守式变形监测，保障周边建设过程中线路结构的安全。

1.3 城市轨道交通工程测量发展趋势

城市轨道交通发展的全生命周期包括设计、施工及运营等主要阶段，从线路设计、建造一直到开通之后，需要测量工作者持续不断地进行技术服务保障工作。

随着无人机航测、三维激光扫描、物联网、传感器、大数据、人工智能等新技术的不断发展，测绘行业三维数据采集及建模新技术不断出现，三维地质、管线等模型在BIM（建筑信息模型）以及3DS MAX等多种专业软件中实现，同时随着经济的发展和广大群众对于生活品质追求的不断提升，对于城市轨道交通发展的要求也在不断提高，传统勘测行业正在逐步由二维数据向三维数据转变，且逐步由人力密集型为主向智能化、自动化新技术转变。

通过BIM与GIS（地理信息系统）融合、场景轻量化等技术将BIM模型、地表三维模型、地质管线模型、设备模型、土地利用规划、交通线路、竣工测量、变形监测等数据以及相关成果资料等进行统一管理、分类存储、信息关联，构建城市轨道交通测绘大数据平台，实现整个地铁从设计、建设至运营全过程中的大数据共享，实现一套系统管理全部轨道交通线路的全部测量数据信息。通过搭建和使用虚拟三维场景，解决城市轨道交通建设和运营中一直存在的信息不对称、沟通效率低、决策效率低等问题，实现全过程数据积累与传递，便于后续筛选和加工中及时有效地利用信息，以便为不同阶段、不同需求的决策提供强有力的综合性技术支持，更好地辅助城市轨道交通的建设和管理。

第2章 地形测绘及地下管线探测

城市轨道交通工程线路带状地形图及地下管线资料是轨道交通工程可行性研究和线路设计阶段的基础资料。在城市轨道交通工程设计阶段，通过真实、现势性高的基础数据反映线路沿线建（构）物和地形地貌现状、地下管线分布情况，可辅助设计做好线路优化设计，规避地下管线对工程施工风险的影响，对工程建设具有重要意义。

本章以福州市某轨道交通工程的地形图测绘、地下管线探测项目实践案例为例，对相关技术流程、作业方法、提交成果、项目质量管理等内容进行阐述，可为其他类似项目的开展提供借鉴。

2.1 地形图测量

福州市某轨道交通工程线路总长 26.2km，共设 22 座车站。线路为东西走向，经过城乡接合部、主城区、中心区和乡镇区，穿过五里亭立交桥、晋安河、五一路下穿通道、地铁 1 号线、居民住宅楼、宝龙地下空间、闽江、乌龙江等，地形地貌较复杂。

任务内容需测量线路中线两侧各 200m 及车辆基地、停车场中线两侧各 300m 的地形图，以及与线路关联的乌龙江、闽江等水下地形图等，本线路隧道结构外边界线外 12m 内和车站区域车站主体结构外 20m 内为重点测量区域。

2.1.1 技术方法和流程

项目实施依据地形图测量和城市轨道交通工程相关规范，基于已有地形图基础，进行外业调绘、修补测和内业地形图编制。

主要技术流程内容包括资料收集资料、现场踏勘、编写技术设计书及项目实施计划、控制测量、地形图调绘、地形和地貌要素补测、地形图编制、成果编制、质量检查、项目验收等。城市轨道交通地形图测量技术流程如图 2-1 所示。

2.1.2 数学基础及精度

1. 测量基准

平面坐标系：考虑已有基础数据，选择与基础资料一致的坐标系。本项目采用福州城市地方平面直角坐标系。

高程基准：高程基准选所在城市使用的高程基准。本项目采用罗零高程基准。

2. 测图比例尺及等高距

（1）比例尺：采用 1∶500 比例尺。

（2）等高距：兼顾考虑所在城市基础地形图数据采用的等高距，本地形图测量等高距为 1.0m。

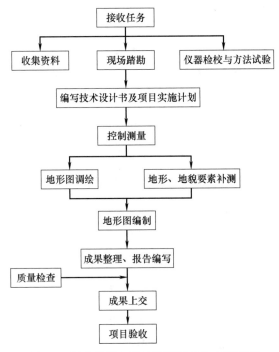

图 2-1 城市轨道交通地形图测量技术流程图

3. 数学精度

（1）平面精度

1）图根控制点：相对于邻近控制点的点位中误差为±5cm。

2）地物点精度：地形图上地物点相对于邻近图根控制点的点位中误差、邻近地物点的间距中误差和细部点的点位中误差符合表 2-1 的规定。

地物点测量点位中误差　　表 2-1

类别	地物点相对于邻近图根控制点的点位中误差(mm)	邻近地物点的间距中误差(mm)	细部点的点位中误差(mm)
建筑区或平坦地区	±0.5	±0.4	±50
困难地区	±0.7	±0.6	±70

（2）高程精度

地形图注记点的高程中误差和细部点高程中误差符合表 2-2 的规定。

地形图注记点高程中误差和细部点高程中误差　　表 2-2

类别	地形图注记点的高程中误差(m)	地形图注记点的高程中误差(m)	细部点高程中误差(mm)
建筑区或平坦地区	±0.05	±0.15	±20
困难地区或山区	±0.08	±0.15	±30

2.1.3 项目前期工作

1. 资料收集利用

（1）城市轨道交通工程选址红线及相关批准批复文件，作为确定线路位置依据；

(2) 城市轨道交通工程线路走向图、站点位置、停车场位置等，用于确定地形图测量范围；

(3) 城市轨道交通工程所在城市可利用 CORS（连续运行参考站）基准站及线路沿线附近等级控制点，用作测量控制点；

(4) 已有基础地形图数据，包括 1∶500、1∶1000、1∶2000 比例尺。

2. 现场踏勘

对城市轨道交通工程线路经过区域进行实地察看，通过现场踏勘了解城市轨道交通工程地形图测量范围内的地形、地貌、建（构）筑物、路网、水系、交通等情况，以及现有控制点可利用和基础地形图现势性情况。

3. 仪器设备准备

(1) 主要采用仪器设备：测量型 GNSS（全球导航卫星系统）接收机、无人机、激光扫描仪、全站仪、水准仪、手持测距仪等；

(2) 检查用于地形图测量的仪器设备是否在检定有效期内，仪器设备及配件状态是否良好。

4. 编制技术设计书

与业主、设计单位进行充分沟通，了解本轨道交通工程建设需求，结合现场踏勘情况，并依据相关标准规范编制地形图测量技术设计书。

2.1.4 控制测量

使用 FZCORS 网络 RTK 或移动基站模式布设和测量图根控制点，GNSS 观测条件无法满足区域采用图根导线测量。所布设的控制点须与附近已有的控制点进行联测。

CORS 网络 RTK 测量图根控制点符合现行行业标准《卫星定位城市测量技术标准》CJJ/T 73 相关条款要求，移动基站模式测量图根控制点符合现行行业标准《全球定位系统实时动态测量（RTK）技术规范》CH/T 2009 相关条款要求，图根导线测量符合现行行业标准《城市测量规范》CJJ/T 8 相关条款要求。图根控制点相对于邻近等级控制点的点位中误差不大于图上 0.1mm，高程中误差不大于基本等高距的 1/10。

采用似大地水准面精化模型，对 FZCORS 网络 RTK 测量的高程数据进行精化计算出图根控制点高程。

2.1.5 地形图修测

地形图测量内容包括水系、居民地及设施、交通、管线、境界、地貌、植被与土质、注记等要素。以城市轨道交通工程线路经过区域现有地形图数据为工作底图，进行实地巡视，并对现势性差的区域或错漏做纠正或标记，采用全野外数字化测量、无人机倾斜摄影测量、三维激光扫描等方法进行补充测量。

测量重点关注轨道交通工程边界条件和对线路有制约作用的地形、地貌，以下为重点测量内容：

(1) 重要建（构）物；

(2) 高压送电线的杆或塔基；

(3) 需保护的建筑和古树，如文物古迹、庙宇、祠堂、雕塑及名木古树；

(4) 已建和在建的深基坑项目，如高层建筑物、多层建筑物、建筑物地下室、广场地下室等；

(5) 市政基础设施，如已建和在建道路、高架桥、过街人行天桥、下穿通道、内河上桥梁以及地面上的重要管道等；

(6) 江（河）河床、堤坝及水闸，跨江（河）桥梁的桥台、墩柱等；

(7) 其他重要地物。

房屋建筑物须测量能起控制整幢建筑物作用的点至少3个；地下室边界要准确测量。道路边线、桥墩要准确测量，圆形、方形桥墩沿墩基最外围至少测量3点，测量时使用小镜头。送配电线的杆和塔基要准确测量，沿塔基最外围至少测量3点。江、河的河床和堤坝要准确测量，测量的数据要真实、准确地反映江、河宽度。名木古树测量要以树径中心点定位，并丈量和标注树径的大小。

水下地形测量采用无人船，选择风级不大于3级、小浪时进行，以确保测量精度。每天上船工作前对测深仪进行校对，对深度的比对、电压、转速确认无误才投入使用。测深线间隔距离为5m左右，测深线的密度能保证所测的水下地形，能真实全面反映实际水下地形。测量时做好水位检核工作，测量过程实时调整船行的走向，使测深线符合已规划好的线路走向。

2.1.6 地形图编制

数字地形图的编制，在专用的图形编辑软件上进行。编制时根据外业调绘底图、调绘结果，对所采集的数据进行修改、增删和编排。

1. 居民地及设施

(1) 房屋以墙基外角连线为准，房屋一般不综合，不同层数、不同结构性质分隔表示；城镇区内的老居民区，房屋毗连，庭院套递，根据房屋形式不同，如屋脊高低不一、屋脊前后不齐等因素进行分隔表示。

(2) 房屋层数及注记：房屋层数一般按室内地坪以上计算，采光窗在室外地坪以上的半地下室，其室内层高在2.2m（含）以上的，计算自然层数。复式房屋按实际占有自然层数计算。突出屋面的楼梯间根据需要计算层数。高层建筑形式多样，测绘分层线确有困难时，可不绘分层线，注最高层数。

(3) 房屋建筑结构分类及简注如表2-3所示。

房屋建筑结构分类及简注　　　　表2-3

分类		内容	简注
编号	名称		
1	钢、钢结构	承重的主要构件是用钢材建造的，包括悬索结构	钢
2	钢、钢筋混凝土结构	承重的主要结构是用钢、钢筋混凝土建造的，如一幢房屋一部分梁柱采用钢、钢筋混凝土构架建筑	混凝土
3	钢筋混凝土结构	承重的主要结构是用钢筋混凝土建造的，包括薄壳结构、大模板现浇结构及使用滑模、升板等建造的钢筋混凝土结构的建筑物	

续表

编号	分类 名称	内容	简注
4	混合结构	承重的主要结构是用钢筋混凝土和砖木建造的,如一幢房屋的梁是用钢筋混凝土制成,以砖墙为承重墙,或者梁是用木材建造,柱是用钢筋混凝土建造	混
5	砖木结构	承重的主要构件是用砖、木材建造的,如一幢房屋是木制房架、砖墙、木柱建造的	砖
6	其他结构,如木、石、土结构	凡不属于上述结构的房屋都归此类	木石土或简
7	建筑中的房屋	指已建屋基或虽基本成型但未建成的一般房屋	建
8	破坏房屋	指破坏或半破坏的房屋,不分建筑结构	破
9	棚房	指有棚顶,四周无墙或仅有简陋墙壁的建筑物	棚

2. 交通及附属设施

道路要求位置测绘准确,类别、等级分明,真实反映道路曲直和交叉情况,与其他地形要素的关系明确,注记齐全。

3. 管线及附属设施

(1) 城市建筑区内电力线,通信线可不连接,但应绘出连线方向。

(2) 同一杆架上有多种线路时,表示其中主要的线路,但各种线路走向应连贯,线类要分明。

(3) 凡额定电压在380V以上(含380V)为高压,电压在380V以下为低压。高压、低压电杆均应准确反映实地点位和走向,并测注电杆位置高程。

(4) 永久性的电力线、主干电信线(指电话线、广播线、有线电视线、网络通信线等)均应准确表示,电杆、铁塔位置须实测坐标;其表示应做到线类分明、走向连贯。在城区的配电线、电信线可表示主要街道上的;在农村贯通经过的应予表示;从外部进入农村居民地(居民小区)而不再向别处贯通的,可只表示到村口。

(5) 光、电缆标位置实测表示,一般应连以虚线表示。

(6) 地下管线的入口处一般要标示。地下检修井重点表示主干管和城市中主要街道上的上水、电力、电信等检修井,检修井密集时应作取舍。

(7) 室外地上消火栓和大型阀门应标示。

4. 水系

(1) 河流、湖泊、水库的水涯线,按常水位测绘,河流应每隔5cm(图上)测注一个水位高程。建筑中的水库按现状测绘,并注明"建筑中"。

(2) 池塘、水渠、蓄水池的上边沿线是加固直坎的可用上边沿坎线代替水涯线,池塘水涯线必须封闭。

(3) 湖泊、水库、池塘可用名称注记,无名称的池塘加注"塘"字;鱼塘、珍珠塘和养殖水生作物的池塘分别注记"鱼、珍珠、藕、茭"等,池塘内不绘植被符号。

5. 地貌和土质

(1) 不能用等高线反映的天然或人工地貌元素,应按图式规定用相应符号表示。

(2) 市区及居民地内可不绘等高线,但应测注高程注记点。等高线遇到房屋及其他建筑物、双线道路、路堤、路堑、坑穴、陡坎、斜坡、湖泊、双线河、双线渠、水库、池塘以及注记等均应中断。

6. 植被

(1) 植被边界与地面有实体的线状符号重合或间距小于图上 1mm 时,可由线状地物符号代替地类界;在与电力线、电信线、境界等地面无实体的线状符号重合的地类界移位 0.3mm 绘出。

(2) 高大的、有明显方位意义的或有纪念意义的独立树应表示,有名称的应加注。在居民地内部大的树(如榕树)应以独立树表示,位置实测。

7. 注记

(1) 文字注记要使所表示的地物能明确判读,字头朝北,对于道路河流名称,可随线状弯曲的方向排列,名字侧边或底边,应垂直或平行于线状体。

(2) 注记时应避免压盖遮断主要地物和地形特征部分,文字之间最小间隔应为 0.5mm,最大间隔不宜超过字大小的 9 倍。

(3) 高程注记一般注于点右方,离点位间隔 0.5mm。等高线注记字头应指向山顶或高地,但字头不应指向图纸的下方,地貌复杂的地方,应注意配置,保持地貌的完整。

(4) 注记分地理名称注记和说明注记。测绘时应对居民地、道路(包括街、巷)、工矿企业、机关、学校、医院、农林牧场、大型文化体育建筑、名胜古迹、庙宇以及山岭、沟谷、河流、湖泊、海洋、海港等名称认真调查、正确注记。

(5) 乡村居民地注记,应调查属实,村名应以自然村名为主,行政村与自然村位置一致时,村名括符加注行政村村名。例:溪口(鹤林村)。

(6) 图廓整饰注记按现行国家标准《国家基本比例尺地图图式 第 1 部分:1:500 1:1000 1:2000 地形图图式》GB/T 20257.1 的有关规定执行。

2.1.7 质量检查

质量检查分内业、外业进行,内业检查图面的合理性、图式符号使用的正确性;外业进行地形图错漏、现势性和正确性检查,并采用全站仪和手持测距仪进行绝对和相对精度检测。

2.2 地下管线探测

对本项目建设区域及外扩范围内的综合地下管线进行探测,查明地下管线的类型、平面位置、埋深及管顶(底)标高的变化、管径或根数、材质等及其窨井的位置、深度(结构内外底深)、断面尺寸等,形成工程建设沿线范围内地下管线资料。根据任务内容,探测范围如下。

车站部分:车站范围内道路,其两端各延伸 30m。

区间部分:设计地下隧道区间位于现状道路下方,道路以内管线全测。其他区间探测范围至隧道两侧结构外边线往外 8m 处,若 8m 外存在主要管线,应对其测量。

2.2.1 总体方案

1. 技术流程

按本轨道交通工程对管线探测要求,参照现行行业标准《城市地下管线探测技术规程》CJJ 61 等技术标准,根据本项目场地的管线特点及地质条件,有针对性地运用不同、多样的探测方法和设备,充分利用已有的管线资料,重点加强与管线单位的沟通、协助。从已知到未知,从易到难,分段推进。

同时,根据本轨道交通工程建设对管线探测成果的使用需要,对地铁车站、区间范围的探测工作重点加以区别。车站范围内管线全面探测,加大已有管线数据的全面复查;区间范围内管线,重点加强埋深超过 2.5m 的深层管线(如污水顶管、电信拉管等)的资料收集、调查与探测。

项目主要技术流程内容包括收集资料、现场踏勘、控制测量、地下管线探查、地下管线测量、地下管线数据处理、成果整理、报告编写、质量检查检验、成果上交、项目验收。项目实施流程如图 2-2 所示:

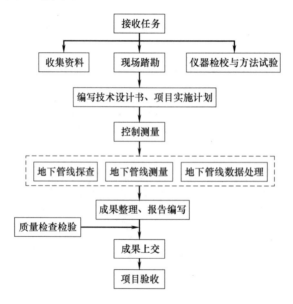

图 2-2 轨道交通工程管线探测项目实施流程图

本项目存在部分采用顶管、拉管施工工艺铺设的深层管线、燃气 PE 管线、密集管线,探测难度高,对工程施工安全影响大。需在充分收集相关资料的基础上,采用导向仪、惯性定位仪结合地质雷达进行准确探测。

2. 管线探测取舍标准

给水:管径≥75mm;排水:管径≥200mm;其余各管线无论管径的大小全测,废弃管不测。

3. 管线实地调查项目

管线实地调查项目如表 2-4 所示。

管线实地调查项目　　　　　表 2-4

管线类别		埋深		断面		孔数	材质	附属物	流向	权属单位	建设年代
		内底	外顶	管径	宽×高						
给水			△	△			△	△		△	△
排水	管道	△		△			△	△	△	△	△
	方沟	△			△		△	△	△	△	△
燃气			△	△			△		△	△	△
电力	管块		△	△		△	△		△	△	△
	沟道		△		△		△		△	△	△
	直埋		△	△		△	△		△	△	△
电信、讯通、榕网	管块		△	△		△	△		△	△	△
	沟道		△		△		△		△	△	△
	直埋		△			△	△		△	△	△

注：△表示管线调查内容。

4. 精度指标

成果精度符合现行行业标准《城市地下管线探测技术规程》CJJ 61 和本轨道交通工程物探技术要求的有关规定。

（1）隐蔽管线点的探测精度：平面限差 $\delta_{ts}=0.1h$，埋深限差 $\delta_{th}=0.15h$（h 为地下管线中心埋深，当 $h<100cm$ 时，h 按 100cm 计算）。

（2）地下管线点测量精度：平面位置中误差不大于±5cm，高程中误差不大于±3cm。

5. 投入设备

（1）仪器配备

项目投入主要仪器设备包括：GNSS 接收机、管线探测仪、全站仪、地质雷达、管线示踪仪、导向仪、惯性定位仪等。

（2）软件配备

管线测量数据外业平台、EPS 管线数据处理系统。

2.2.2 前期工作

1. 资料收集

（1）控制测量资料

1）已建成的福州市 GNSS 连续运行参考站网（FZCORS）、福州市似大地水准面精化模型；

2）轨道沿线区域现有高程控制点资料，包括三等水准点 15 个。

（2）地形图资料

1）沿线修测后 1∶500 地形图；

2）收集最新本工程项目建设范围内乌龙江、闽江水下地形图。

（3）管线资料

从项目所在地的地下管线数据库调阅轨道交通沿线已探测入库的管线数据。部分地段有资料，如福马路、乌山路、金祥路等，不同地段的采集时间及精度不同，可作为项目组开展的参考资料。

收集到华润燃气公司的福马路、古田路、金祥路等路段燃气管线的竣工图，并根据图上栓距，进行了现场核实、比对，资料可靠性较好。

收集到洋里污水处理厂厂外管网一期、二期管网部分路段的设计资料及竣工测量资料，主要有福马路、古田路等路段，数据质量较好。

2. 现场踏勘与探测方法试验

根据收集到的资料，项目组成员对沿线作业范围进行现场踏勘，并邀请燃气公司施工人员、自来水公司施工人员、电力公司施工人员、水环境公司人员等到现场指导，对现场管线窨井做了部分的开盖调查，并使用管线探测仪进行现场管线搜索与方法试验，基本了解现场管线的大致种类与大致分布情况。

通过踏勘，掌握到作业区的管线种类丰富，包括给水、排水、燃气、电力、电信、讯通、有线、路灯、铁通、联通、移动等十余种管线。大部分金属管线及电缆类管线具备探查条件，即被探查的地下管线与其周围介质之间有明显的物性差异，被探查的地下管线所产生的异常场有足够的强度，能从干扰背景中清楚地分辨出来。场地内存在电力、通信等采用拉管施工的深层管线，部分污水管线采用顶管施工埋设深度较大（5m以下），部分燃气管线采用PE（聚乙烯）材质，未埋设示踪线，存在探测难度。

核实轨道沿线控制点以及地形图资料，已有15个三等水准点点位保持完好，地形图资料现势性较好。

3. 技术设计书编写

在以上工作的基础上，编写项目技术设计书，设计书内容包括项目任务内容、技术依据、项目组织、项目实施、难点与解决方法、质量控制、成果提交内容等。

2.2.3　外业实施

外业实施包括管线调查、管线探测以及管线测量等内容。

本项目管线调查与管线探测，采用仪器探查及实地调查相结合的方式，查明各类管线的位置、埋深、走向、管线规格（管径、断面尺寸）、材质及附属设施等。

本项目使用地下管线探测仪、管线示踪仪、导向仪、惯性定位仪、地质雷达等设备进行定位和定深，使用RTK、全站仪进行管线测量。

1. 遵循原则

遵循有效、快速、从已知到未知、从简单到复杂的原则。即先调查、探测位置比较明确、有较多明显出露点或附属物、探测信号较好的管线，接着对探测条件较差、较难探测的管线进行探测。

当目标管线邻近有较多平行管线或管线分布情况较复杂时，根据具体情况，选择不同的物探方法，或调整激发方式、激发位置、激发频率、激发功率，提高区分能力和提高探测精度。

在已有资料不足或重要及复杂地段（如交叉路口），使用管线探测仪，运用圆形或平行搜索法进行探测，以确保管线不遗漏。

对于电缆类管线，使用管线探测仪进行管位追踪，以检查在检查井之间管线是否存在转弯（特别是在道路路口附近），对管线转弯点进行及时加点。

2. 管线调查

在本探测作业区内，对所有的管线检查井检修井、接线箱以及裸露的闸阀等进行逐一调查。调查结合收集到的资料开展，对于大型窨井，采用专有的大型井盖起吊仪开启窨井盖。管线调查流程如图 2-3 所示。

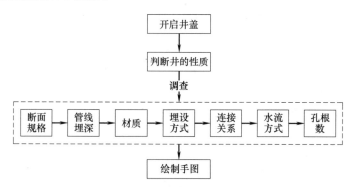

图 2-3　管线调查作业流程图

（1）使用铁钩、撬棍、井盖起吊仪等工具，打开窨井盖，判断管线的种类、井的类型；调查井内管口数量、分布位置，管块的埋设方式、电缆管块的总孔数，判断管线的材质。

（2）采用钢卷尺或特制的 L 杆，量测各管口的管径或断面尺寸、管线埋深、电缆套管孔径等属性数据，两次读数至厘米，取均值，误差≤±5cm。

（3）通过埋深、管径、材质、管口方向、流水方向、电缆管块的孔根数、敲击井盖后声音的传播方向等方法来判定前后井位的连接关系及流向。

（4）根据电缆类管线中所挂的标志牌，记录管线的权属单位。

通过以上方法，本项目现场调查量测探测范围内的给水检修井、排水检修井、电缆沟、通信人孔、手孔等。

3. 管线探测

对于各管线隐蔽点，在现场前期管线调查的基础上，本项目使用地下管线探测仪、探地雷达、管线示踪仪、导向仪及惯性定位仪等设备进行定位和定深。

对于通过物探方法确定出来的管线特征点（包括分支点、转折点、变坡点、起止点等）以及管线附属设施的中心点，现场在地面投影位置处用红颜色油漆做"＋"记号并标注管线代号。对于不宜用油漆标记的地段，用桩钉标注。各管探测、调查的点位、走向以及埋深均现场描绘于外业手图上。而对于没有特征点的管线段，在其直线段中间增设管线点，以控制管线走向，其间距控制在 50～100m。管线探测流程如图 2-4 所示。

图 2-4　管线探测流程

（1）常规管线探测仪探测

本次探测所使用的管线探测仪为雷迪系列 RD8000、RD7000、RD4000 等，工作频率有 8kHz、33kHz、65kHz、83kHz，具有作业效率快、精度高，适用于金属管道、电力电缆、通信电缆的探测等特点。本次探测使用方法有感应法、直接法、夹钳法、工频法（无源法）及管线示踪仪探测法。一般使用双水平天线极大值法进行管线平面定位，使用特征点法（即70%法）确定管线中心深度。

1）感应法

本次工作中常用的一种探查方法，主要用在干扰小且没有管线出露点的金属管线及电缆类管线探查，使用的主要频率为32.8kHz。该方法具有操作灵活、方便、效率高、效果好等特点。感应法工作原理如图2-5所示。

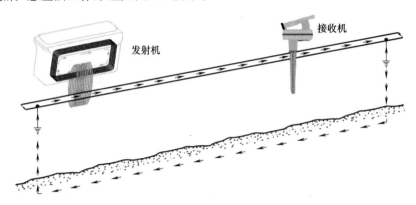

图2-5 感应法工作原理示意图

在本项目中，大学城国宾大道、乌龙江大道等管线相对单一、干扰较少地段的给水、燃气、温泉、路灯等管线的探查，较多地采用了本方法。

2）直接法

本项目中使用较为通用的方法，用于有出露点金属管线（给水、燃气、温泉等）的探查，该方法信号强，定位、定深精度高，且不易受邻近管线的干扰，使用的主要频率为8.19kHz、32.8kHz。直接法工作原理如图2-6所示。

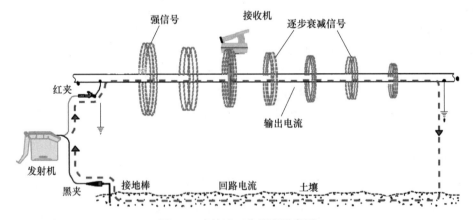

图2-6 直接法工作原理示意图

本方法适用于项目探测的大部分地段，如福马路、古田路等主城区管线复杂地段对管线进行定位、定深，基本解决了给水、燃气、温泉的探测定位。

3）夹钳法

主要用于电缆类管线或直径较小且有出露点的金属管线探查，该方法信号强，定位、定深精度高,且不易受邻近管线的干扰,使用的主要频率为 8.19kHz、32.8kHz。夹钳法工作原理如图 2-7 所示。

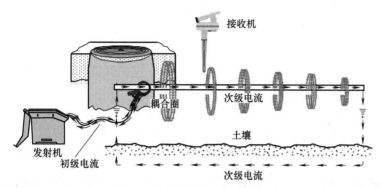

图 2-7　夹钳法工作原理示意图

主要运用于沿线如福马路、古田路、金祥路等路段的讯通、电信等通信类管线的探测,在拐弯处未设检修井等情况的探查。利用管线仪配备的夹钳,夹套在电缆或金属管线上,通过夹钳上的感应线圈把信号直接加到目标管线上,对管线进行定位、定深。

4)工频法

该方法是本次电力管线探查的主要方法,利用电力管线自带的 50Hz 电磁信号进行探测仪被动接收定位,是一种简便、快速的方法。也可以在管线密集地段使用此方法排除电力管线,从而判断目标管线位置。

5)管线示踪仪探测法

该方法主要用于探查有出入口的非金属管道,如排水管道、电缆类未穿线的管道等,在本次项目中时常用到。本次工作中,对连接关系不清的排水管线以及未穿缆线的电缆类管线,都用到了这种方法进行核实、探测。

现场作业中,将能发射电磁信号的示踪探头或电缆送入非金属管道内,在地面上用接收机扫描接收信号,对管线进行定位。管线示踪仪探测原理如图 2-8 所示。

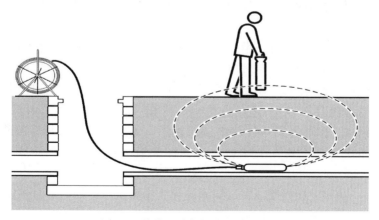

图 2-8　管线示踪仪探测原理示意图

(2)其他物探方法

测区经过行政、金融、商业中心以及新旧城区,周围环境、地形、地质和地下管网非常复杂。在重视管线资料的多渠道收集外，在常规电磁法探测的基础上，针对重点管线（如地铁工程施工深度范围内的深层管线，尤其燃气管线）、疑难管线（常规方法探测无效的管线），综合使用探地雷达法、导向仪探测法、惯性定位仪测量法、钎探法等方法及先进探测设备，使得管线探测疑难问题基本得以顺利解决。

1）探地雷达法

基于电磁波法探测的探地雷达，利用脉冲雷达，连续向地下发射脉冲信号，并接收反射回来的脉冲信号，确定地下管线的位置和埋深。

在本项目中，探地雷达法主要是用在深层管线以及非金属管线的探查，本项目中福马路、古田路等路段的电力顶管、通信拉管、燃气PE管以及污水顶管等管线使用了探地雷达法。图2-9为古田路的燃气PE管线雷达探测波形图。

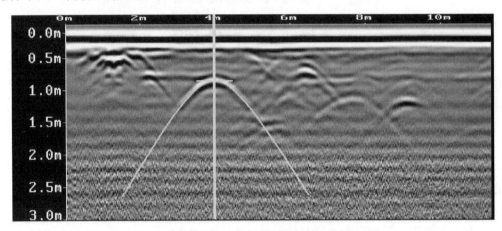

图2-9　古田路的燃气PE管线雷达探测波形图

2）导向仪探测法

本方法主要用于具有开口的非金属管道的探测，如金祥路、乌龙江大道的电力顶管、通信拉管。将带有信号源的探棒利用穿管器穿入管道内部，在地面上对探棒定位，通过探测探棒的位置来确定管道的位置。导向仪工作原理如图2-10所示。

3）惯性定位仪测量法

采用陀螺仪及惯性导航原理，通过仪器内部的惯性定位系统对仪器的行走路径进行模拟定位，结合管口的精确坐标，反算出整个管在空间的三维坐标。本方法具有速度快、精度高、无电磁干扰、无视地形、不受管线深度影响等特点。图2-11为惯性定位仪设备。

4）钎探法

钎探法在给水、燃气等管线探测中应用较多，主要用于塑料材质管线的定位以及管位的验证。本次钎探主要在大学城、乌龙江大道、福马路、金祥路、乌山路等路段实施。

现场作业中，由竣工图栓距或经过探测的管线位置实施钎探，进行核实其平面位置、埋深。

4. 管线测量与计算

包括控制测量与管线点测量工作。在控制测量的基础上，对设置在地面的管线点及管线附属物进行平面位置、地面高程测定。

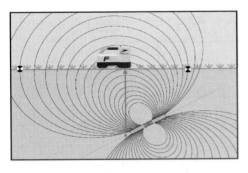

图 2-10 导向仪工作原理示意图

图 2-11 惯性定位仪设备

(1) 控制测量

控制点测量直接利用已建立的 FZGNSS 综合服务系统及似大地水准面精化模型、以网络 RTK 的方式按 E 级点精度进行平面和高程测量。利用收集的三等水准点进行高程联测及检核。

(2) 管线点测量

采用全站仪极坐标法测量各管线点的斜距、水平角、垂直角。对所用的控制点及支点，均先进行距离、高程检核后使用。管线点测量时测距边长小于 150m，困难地段最多不超过 200m。仪器高和镜高用钢卷尺量测，读数至毫米。

测量点编号为管线外业代码加顺序号，主要管线代码如表 2-5 所示。

主要管线代码　　　　　　表 2-5

类型	输水	雨水	污水	天然气	电力	电信	移动	广电	路灯	联通	铁通
代码	SS	YS	WS	TR	DL	DX	YD	GD	LD	LT	TT

在每个测站上，均对相邻测站所测管线点进行抽样复测，复测点数每站约 10 点。在管线点密集的区域，管线点复测点数加大，保证测量数据的可检核性、正确性。

(3) 测量成果计算

将外业全站仪观测数据导入到专有的管线测量数据计算软件，计算前先检查各管线外业测点编号是否符合管线类别代码标准，否则进行更正。随后进行自动编码生成及外业点号排序，进行各管线点坐标及高程计算。对计算形成的各控制点及支点的坐标、高程检核数据，先进行核对，以确保起算点及支点的三维坐标的准确性。经以上计算、检核无误后，生成包含点号、编码、坐标、高程等信息的 PNT 文件。

2.2.4 数据处理与成果编制

1. 数据处理

管线数据处理包括数据计算、数据导入、工程设置、编辑处理、分支处理、图面整理、数据检查、成果输出、数据统计、成果提交等内容。管线数据处理流程如图 2-12 所示。

(1) 数据编辑和管线图编绘

将计算形成的成果数据导入到管线数据处理平台（图 2-13），对照外业草图，录入管

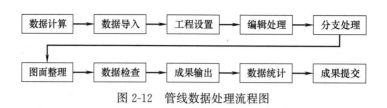

图 2-12 管线数据处理流程图

线信息，编绘成图，形成完整的管线数据文件，进而生成管线图及管线报表。

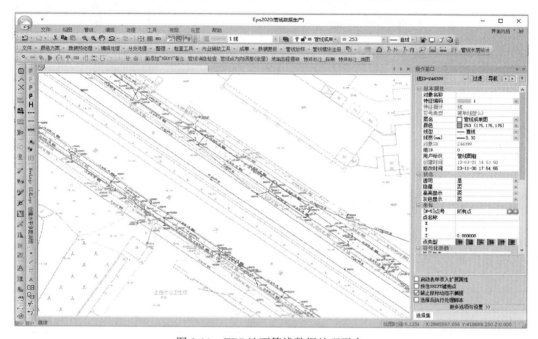

图 2-13 EPS 地下管线数据处理平台

主要的数据处理工作如下。

工程设置：设置本工程详细信息，包括工程编号、项目名称、建设日期等必填信息。

数据导入：导入外业测量的竣工数据（PNT 文件）及地形图（DNG 格式）。

管点连线：对照外业草图，进行管线草图点的连线。

分支建立：对线上属性值相同的一段划分为一个分支，选择起点、终点或途径点，建立分支。

分支编辑：对建立的分支录入管线的管径、材质、埋设方式、孔根数。

埋深录入：录入已选中分支的深度，修改点性，增加备注。

分支与点号重排：对建立好的分支进行分支号及点号的排序，增加图形的可读性。

分支管理：对已有分支进行清除、序号重排、点号重排、分支反向等。

分支增删点：对已选中的分支进行增加或者删除点位。

分支拆分：将管径与材质不一致的管段进行分支拆分，如果一致的则进行分支合并。

管线标注：自动标注出管点点号、线属性值。

放大图生成：管线分布过密时，作管线局部放大图。

立面图生成：对于竖管，平面无法表达时，对管线局部作立面示意图。

属性重算：对工程信息、管线高程与长度、分支点号、点性一致性处理等进行数据刷新。

（2）数据检查

数据成果生成后，对数据作以下规范性、合理性、逻辑一致性检查。

孤点检查：检查孤立的没有连线的点位。

孤线检查：检查没有进行分支的管线。

重复对象检查：检查数据重复的管点或管线。

高程异常检查：检查高程超出一定范围值的管点。

属性检查：检查工程设置中一些必须填写的属性。

异常属性检查：检查高程、断面尺寸、材质数据值异常的管线及管点。

管点移位检查：检查管点是否有人工移动。

变径点检查：检查有压管线不同管径两段的节点，其点性是否已赋为变径点。

有压管检查：检查埋深过深过浅值、检查管径在逻辑上的不符项。

无压管检查：检查管线的倒流情况、检查管线由大管流向小管的不合理情况。

（3）成果输出

报表输出：输出各专业管线调查成果表。

图形输出：管线数据成图输出。

成果统计：统计管线类别、管点个数、管线长度等。

2. 成果编制

本项目每个车站及每个区间段分别形成独立的成果资料，以满足设计、施工的使用要求。综合管线成果如表 2-6 所示。

2.2.5 难点及解决方法

1. 近距离平行管线探测

在本测区内，管线密集，近距离管线探测的问题比较明显，抑制旁侧管线的干扰、提高目标管线的信号强度、提高探测精度，是本次探测工作的重点。在本项目开展中，根据现场特点，使用以下方法，顺利解决旁侧管线探测干扰问题，取得明显效果。

（1）广泛采用压线法和发射机倾斜发射方式，抑制旁侧管线的干扰；

（2）根据目标管线与干扰管线的电流方向相反、目标管线电流值最大的特性，测定电流大小以及方向以判断干扰管线，从而确定目标管线；

（3）尽可能地使用低频探测，以减弱对旁侧管线的激发感应；

（4）多种频率、功率、多种激发方式探测效果的综合比对，在复杂区域加以绘制磁场信号曲线图，分析信号特征，确定目标管线及干扰管线。

2. 深层管线探测

在本项目中，深层管线主要为污水顶管、燃气过街顶管、拉管等，常规探测仪无法对其准确定位，为保证精度及工程的顺利开展，有针对性地开展探地雷达、示踪探头、高频大功率探测仪、导向仪、惯性定位仪等方法试验，取得了明显效果，现场探测结果与现场施工方提供的数据基本一致。主要使用以下方法：

（1）充分收集顶管、拉管的施工资料，邀请施工人员现场指导；

综合管线成果表
输水有压管线管线成果表

日期：2020-09-24　　　　　　　　　　　　　　　　　　　　　　　　　　　　　　　　　　　　表 2-6

点名	点性	管径或断面	材质	长度(m)	管线埋深(m) 起点	管线埋深(m) 终点	管线高程(m) 起点	管线高程(m) 终点	坐标(m) X	坐标(m) Y	地面高程(m)	图幅号	备注
SS2	三通	DN100	铸铁	3.83					****.354	****.247	*.155	323366	
SS4	一般管线点	DN100	铸铁	24.23	0.35	0.35	**.805	**.762	****.101	****.034	*.112	323366	
SS5	一般管线点	DN100	铸铁	12.37	0.35	0.35	**.762	**.907	****.524	****.212	*.257	323366	
SS6	一般管线点	DN100	铸铁	9.94	0.35	0.39	**.907	**.914	****.532	****.214	*.304	323366	
SS7	一般管线点	DN100	铸铁	21.3	0.39	0.4	**.914	**.996	****.238	****.174	*.396	323366	
SS8	一般管线点	DN100	铸铁	16.74	0.4	0.37	**.996	**.884	****.881	****.517	*.254	323366	
SS9	一般管线点	DN100	铸铁	13.38	0.37	0.35	**.884	**.071	****.085	****.398	*.421	323366	
SS10	一般管线点	DN100	铸铁	16.04	0.35	0.35	**.071	**.999	****.392	****.622	*.349	323366	
SS11	三通	DN100	铸铁	10.24	0.35	0.35	**.999	**.719	****.294	****.884	*.069	323366	
SS12	一般管线点	DN100	铸铁	20.65	0.35	0.32	**.719	**.638	****.586	****.267	*.958	323366	
SS13	一般管线点	DN100	铸铁	15.35	0.32	0.34	**.638	**.226	****.293	****.543	*.566	323366	
SS14	一般管线点	DN100	铸铁	6.13	0.34	0.32	**.226	**.856	****.624	****.206	*.176	323366	
SS15	三通	DN100	铸铁	5.61	0.32	0.33	**.856	**.735	****.476	****.526	*.065	323366	
SS16	一般管线点	DN100	铸铁	11.37	0.33	0.34	**.735	**.683	****.806	****.631	*.023	323366	
SS17	一般管线点	DN100	铸铁	9.77	0.34	0.35	**.683	**.331	****.424	****.257	*.681	323366	穿雨水箅
SS18	一般管线点	DN100	铸铁	11.99	0.35	0.33	**.331	**.02	****.098	****.136	*.35	323366	
SS19	三通	DN100	铸铁	12.07	0.33	0.34	**.02	**.629					
					0.34	0.3	**.629	**.977	****.481	****.175	*.969	323366	

(2) 利用探地雷达法对深层管线即顶管、拉管部分进行探查，通过对雷达剖面的分析，并结合所收集的顶管、拉管的施工数据，判定地下管线的位置和深度；

(3) 利用示踪探头、导向仪、惯性定位仪对未穿缆线的深层电力及通信类管线进行探查，准确定位；

(4) 在部分疑难区域，使用面波仪，开展浅层地震波法进行效果验证。

3. 非金属燃气管探测

本项目中大部分燃气管材质为 PE 塑料管，探测难度大。在广泛的方法试验基础上，采用以下方法取得了良好效果：

(1) 探测随管埋设的示踪线；

(2) 收集燃气管竣工资料，邀请燃气公司安装人员到现场指导；

(3) 运用压线法探测，排除其他管线干扰；

(4) 对地铁施工安全有重要影响的重要燃气管段，在燃气公司人员配合下，使用惯性定位仪对该管段进行穿线、三维轨迹测量。

2.2.6 质量控制

1. 项目前期质量控制

(1) 技术大纲、技术设计书编写与评审

由项目组编写项目技术大纲、技术设计书，经总工办审核，报业主批准。

(2) 设备检定

投入使用的仪器设备均经过检定，对其主要性能指标进行查验，仪器处于正常的工作状态，符合作业要求。

(3) 人员培训

为确保该工程的成果质量，施工前组织本项目组生产人员对项目技术设计书进行培训，掌握本次测量工作的技术规程，如仪器操作方法、安全生产制度、本项目采用的技术方法等，明确各自工作职责，切实按项目要求作业。

2. 实施过程质量控制

项目质量管理组、分院项目管理部负责项目实施过程的全面质量监控，做到深入现场，对生产过程各工序的作业方法、仪器情况、记录填写、例会落实、自检情况、疑难问题的解决方案及改进效果等进行检查督促。

(1) 关键环节检查

在每个工序进行的前期组织一次较为完整的过程检查。检查内容包括作业方法的检查和阶段成果的抽查。

检查覆盖到每个作业组、每个技术人员，对检查中发现的薄弱环节或作业组予以重点监控。

(2) 检查项目质量例会

项目关键阶段例会，如项目进场、阶段成果提交、新的工序开始、项目完整成果提交、质量检查意见反馈等阶段，均及时召开会议。

例会主要内容是由有关人员通报现阶段的工作进度，分析生产过程中存在的问题，提出解决办法与对策，制定下一步工作重点。

（3）检查工序交接及自检情况

检查工序间交接是否规范，每道工序由专业负责人完成自检、专业负责人签字确认后提交，下一道工序的首要工作是先检验上一道工序质量，质量合格后再开始工作。

检查项目组的小组自检、小组间互检是否按要求执行，记录是否齐全，项目组内检查发现的问题是否得到有效改进。

（4）使用仪器及作业方法检查

检查作业组是否使用规定的仪器、仪器精度是否可靠；旁站检查作业方法是否合理、操作方式是否正确、外业草图记录是否齐全，等等。

3. 项目成果审查与验收

在成果完成编制后，及时邀请燃气、给水、排水、电力、通信等管线权属单位进行完整成果的审图，对审图过程中提出的问题现场复核、补测。

在此基础上，对本项目成果进行验收，包括对管线探测成果按不少于5%的比例重复探测，按1‰的比例进行开挖、钎探，对现场手图、内业录入计算、成果资料100%检查。检查验收结论成果满足项目需要，数学精度符合规范要求。

2.3 小结

本项目针对不同复杂条件，综合运用不同的管线探测、物探方法，查清了轨道沿线各管线的埋设情况，提交供轨道线路设计及建设使用，为轨道工程安全施工提供了强有力的数据保障。

在本项目管线探测范围内存在不少技术难点，包括拉管工艺施工的深层管线探测、非金属燃气管探测、近距离平行管线探测等。项目实施中针对不同难点，采用了综合有效的技术方法，投入了先进的物探及测量设备，包括探地雷达、示踪探头、高频大功率探测仪、导向仪、惯性定位仪等，解决了以上管线定位、定深困难的问题。同时，开展工作中取得了管线权属单位的积极配合，认真做好探测成果的审图工作。以上措施均为项目的良好开展提供了保障。

第 3 章 地面平面和高程控制测量

地面控制测量是轨道交通工程施工建设的基石，是城市轨道交通线路和结构精准施工的保障，为轨道交通测量工作提供基本依据。地面控制测量包括平面控制测量和高程控制测量，考虑到城市轨道交通线网规划布局、线路建设时序、工程建设需求等情况，城市轨道交通工程控制网应按要求等级进行设计。

地面平面控制网分为三个等级。一等网为城市级轨道交通控制网，在城市高等级控制点的基础上建立，采用卫星定位测量方法，一次全面布设，该控制网是城市轨道交通线路地面控制网的骨架。二等网为线路控制网，在一等网基础上采用卫星定位测量方法进行布设。三等网为线路加密控制网（精密导线网），在二等网基础上布设成附合导线、闭合导线或结点导线网，可直接为地面施工测量服务，并为地下施工控制提供坐标与方向基准。

地面高程控制网布设范围应与地面平面控制网相适应，通常分两个等级布设：一等网为城市级轨道交通高程控制网，是城市轨道交通线路高程控制网的骨架，精度与国家二等水准相当；二等网为线路高程控制网，根据建设需要和已有高等级水准网情况进行布设。

本章节以福州市某轨道交通工程线路控制网测量项目为例，对技术路线、作业方法等内容进行阐述，可为其他类似项目的开展提供借鉴。线路全长约 31.3km，起于仓山区南台岛会展中心，终于万寿站，呈东西走向，设 14 座车站，其中高架站 1 座，地下站 13 座。

3.1 技术准备

3.1.1 技术路线

线路控制网测量主要内容为卫星定位控制网、高程控制网及精密导线网的布设和测量工作。具体工作步骤及技术路线（图 3-1）如下：

（1）收集资料。根据线路设计资料（车站位置、竖井位置和线路走向、不同线路交叉情况等），收集沿线现有城市高等级控制网、其他线路控制网以及工程地质条件等资料。

（2）现场踏勘。在拟建线路附近普查现有城市高等级控制点的保存情况，车站、车辆段以及沿线周围建（构）筑物情况和拟埋设控制点的位置条件情况等。根据控制网布设原则以及观测条件进行选点，平面和高程控制点的选点可同时进行。

（3）技术设计书编写及评审。

（4）人员组织及仪器设备准备。

（5）标志埋设。根据控制点的位置条件，选择埋设不同类型的标志，埋石完成后检查埋点质量。

（6）控制网测量。按照控制网等级和技术要求进行平面与高程测量。

(7) 数据处理与平差等。
(8) 成果资料检查与验收。

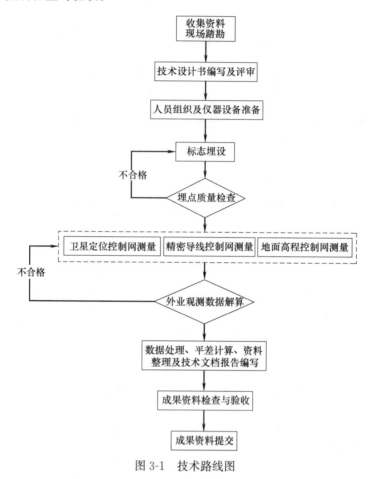

图 3-1 技术路线图

3.1.2 收集资料

收集内容包括城市高等级控制点、与本项目衔接处的其他线路的控制点、沿线地形图，以及本项目线路的测量资料、设计图等，以满足本工程控制测量的需要。收集的资料内容主要包括：

(1) 城市高等级控制点测量资料：成果表、点之记、展点图和技术总结等，查明施测年代、作业单位、坐标系统、施测等级。

(2) 地形图资料：测区范围内及周边地区各种比例尺地形图，主要查明地形图的比例尺、施测年代、作业单位、坐标系统和高程系统等。

(3) 工程设计文件和其他线路控制网成果。

3.1.3 现场踏勘

组织相关人员对线路沿线进行现场踏勘，了解沿线地形、地貌情况，为下一步控制测量野外工作的开展提供相关信息。携带收集到的测区地形图、控制点平面位置图、点之记等资料到现场踏勘。主要了解以下内容：

(1) 原有城市高等级控制点、轨道交通1号线一、二期线路控制点及距离较近的2号线线路控制点的位置，了解标志和标志的现状及埋石质量，以便决定是否利用。

(2) 原有地形图是否与现有地物、地貌相一致，着重踏勘增加了哪些建筑物，为控制网图上设计作准备。

(3) 调查测区内交通状况，以便确定合理的测量方案。

(4) 了解测区的气象、地质情况，例如了解雨季时间分布，用以考虑埋石静置时间等。

(5) 根据影像图、现场环境、控制网原则以及观测条件进行选点。

3.1.4 坐标系统选择

按照现行国家标准《城市轨道交通工程测量规范》GB/T 50308 的要求，当线路轨道面平均高程的边长高程投影长度变形和高斯投影长度变形的综合变形值小于 15mm/km 时，平面线路控制网宜采用城市平面坐标系统，高程控制测量宜采用城市高程系统。

(1) 每千米线路轨道面平均高程与城市投影面高程的高程投影长度变形：$\Delta D_1 = \dfrac{H_p - H_m}{R_a}$，其中 H_p 为城市地方平面直角坐标系投影面高程；H_m 为轨道交通工程线路轨道面平均高程；R_a 为当地椭球面平均曲率半径。经计算 $\Delta D_1 = -0.41$mm。

(2) 每千米线路在高斯投影面上长度变形：$\Delta D_2 = \dfrac{Y_m^2}{2R_a^2} \times 1000$，其中 Y_m 为距离城市地方平面直角坐标系中央子午线最远的线路横坐标与中央子午线的横坐标差值；R_a 为当地椭球面平均曲率半径。经计算，$\Delta D_2 = 10.7$mm。

(3) 每千米线路轨道面平均高程的边长高程投影长度变形和高斯投影长度变形的综合变形值：$\Delta D = \Delta D_1 + \Delta D_2 = 10.29$mm < 15mm。

根据以上数据分析，本次控制测量采用城市地方平面直角坐标系和城市高程系。

3.1.5 技术设计书编写

根据项目委托方要求、线路设计资料、已有控制点资料、现场踏勘情况等编写技术设计书。技术设计书包括下列主要内容：

(1) 概述。包括项目来源、线路概况。
(2) 作业依据和坐标系统。
(3) 项目任务。
(4) 项目组织与生产流程。
(5) 线路控制网测量。包括卫星定位控制网测量、精密导线网测量、地面高程控制测量。
(6) 质量保证措施。
(7) 生产安全管理。
(8) 提交成果资料。

3.2 卫星定位控制网

为保证本轨道交通线路控制网与已有轨道交通线路控制网及未来其他路线控制网的良好衔接和统一性，卫星定位控制网测量采用城市地方直角坐标系统，全网共布设卫星定位控制点 50 个（6G01-6G50），联测其他线路卫星定位控制点 8 个（DTP24、2G27、DTP40、DTP41、DTP43、DTP44、DTP45、KC1212）和已有城市等级点 4 个（JJS、F016、3D50、FWJZ4），引入均匀分布控制网周边的 6 个城市高等级控制点（RUAN、CHAN、YT、HT、A042、NSD）作为 6 个起算点，全网共计 68 个点位，控制网如图 3-2 所示。

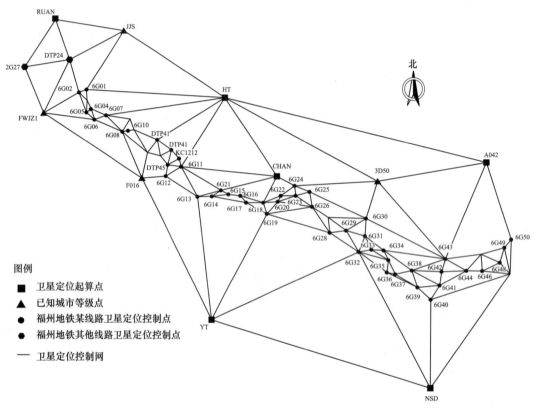

图 3-2 卫星定位控制网

3.2.1 踏勘选点

控制网布设是否合理，在一定程度上会影响控制点的精度。工程线路沿线建筑物密集、高层建筑物较多等因素都给选点工作带来一定困难，结合规范相邻控制点之间要相互通视、点位周边观测条件要良好、与相连的精密导线点之间的垂直角不能超过 30°等要求，本项目采取多种手段，合理布设控制点，优化控制网：如减少路面上的点位，尽可能选择通视条件较好的建筑物。根据最新的影像图初步设计点位，外业现场踏勘点位周边环境，并架设仪器检查前后视距、俯仰角等相关精度指标。本次选点工作要求如下：

(1) 控制点均匀分布在线路沿线，并与3~5个稳定的现有城市高等级控制点重合；

(2) 在隧道出入口、竖井或车站附近均布设控制点，且至少有一个点能够直接用于施工，在车辆段附近布设3~5个控制点；

(3) 保证与其他既有线路、在建及规划线路的控制网的衔接，在不同线路交叉处或同一线路前后期工程衔接处布设2个以上重合点；

(4) 控制点满足有两个以上方向通视要求，便于发展精密导线点；

(5) 控制点选在利于长久保存、施测方便和施工变形影响范围以外的地方；

(6) 为保证点位的稳定性和保存长久性，本项目控制点大部分选在便于联测的建筑物楼顶承重结构上，节约标识埋设成本的同时又保证了良好的通视条件；

(7) 控制点上视野开阔，远离玻璃幕墙、高层建筑物，避开多路径效应影响；

(8) 控制点与无线电发射装置的间距大于200m，与高压输电线的间距大于50m，控制点布设在四周开阔的区域，在高度角15°范围内没有成片的障碍物。

3.2.2 标志埋设

卫星定位控制点埋设永久标志，均建造具有强制对中装置的观测墩，在标志外部粘贴点位标牌，加以保护和警示。卫星定位控制点编号以固定格式进行编号，XG01、XG02、XG03······"X"表示轨道交通X号线，"G"表示采用GNSS卫星定位方法测设的控制点。具体形式和规格如图3-3所示。

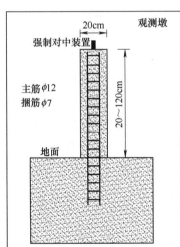

图3-3 卫星定位控制点埋设规格样式图

3.2.3 卫星定位控制网测量

本次卫星定位控制网有以下几方面的特点：

(1) 6个起算控制点分布在卫星定位控制网边缘，能很好地控制和保证整个网的精度，位置分布合理；

(2) 联测1号线一期平面控制点1个、2号线平面控制点1个，确保与其他轨道交通线工程控制网的统一性；

(3) 车站附近均布设不少于 2 个控制点,且至少 1 个能俯视车站位置,便于施工使用;
(4) 控制点为位于空旷的建筑物顶部的强制对中观测墩,观测环境良好;
(5) 闭合环边数较少,并且全部采用异步环构成,网形强度较好。

1. 外业观测

(1) 编制作业调度表

在观测工作实施前,依据卫星定位控制网的布设方案、接收机数量、观测时段长度、点位情况、交通和运输条件编制作业调度表,通过科学调度,合理调配各接收机及观测人员,提高外业效率,作业调度表样式及内容如表 3-1 所示。

作业调度样表　　　　　　　　　　　　　　　表 3-1

时段号	观测时间	点号 人员 车辆	点号 人员 车辆	点号 人员 车辆	点号 人员 车辆	点号 人员 车辆	点号 人员 车辆	点号 人员 车辆	点号 人员 车辆
1		2G27	FWJZ4	DTP24	6G01	6G02	6G03	JJS	HT
2		2G27	FWJZ4	DTP24	6G01	6G02	6G03	JJS	HT
……	……	……	……	……	……	……	……	……	……

(2) 外业观测

在外业观测作业之前,对接收机、基座和天线等设备进行常规检查,检查内容包括:仪器检定结果、接收机静态模式、接收机开关机、电池容量、光学对中器、基座水准气泡、接收机内存容量等。卫星定位控制网测量作业技术要求如表 3-2 所示。

卫星定位控制网测量作业的基本技术要求　　　　　表 3-2

项目	要求	本项目
接收机类型	双频	天宝 R4
观测量	载波相位	载波相位
卫星高度角(°)	≥15	15°
接收机标称精度	≤$10mm+2\times10^{-6}D$	$3mm+0.5\times10^{-6}D$
观测时段长度(min)	≥60	120
采样间隔(s)	10	10
平均重复设站数	≥2	2.9
闭合环或附合路线的边(条)	≤6	6
同步观测接收机台数	≥3	8

注:D 为距离测量值(km)。

外业观测时按照下列要求实施：

1）天线定向标志指向正北，且经整平、对中误差小于 2mm。

2）每个观测时段前、后各量取天线高一次，两次互差小于 3mm，取两次平均值作为最后结果。

3）各测站观测人员按计划规定的时间开关机，确保同步观测。

4）接收机工作过程中，作业人员对照仪器指示灯观察仪器工作状况，判断仪器是否正常工作。

5）测量前后按要求填写外业观测手簿，手簿中各项数据（含文字）用 2H 铅笔认真填写、记录。填错的内容可划改，正确的内容填写在划改内容的上方，划改的内容须清晰并保留。

6）测站上所有规定作业项目经认真检查均符合要求，记录资料完整无缺后方可迁站。

每天观测结束后，及时下载接收机内数据，在不同 PC 机上备份，并及时进行数据处理和转换成标准的 RINEX 数据格式，图 3-4 为卫星定位控制网外业观测场景照片。

2. 数据处理

（1）数据预处理

预处理阶段主要是将外业采集的数据进行初步整理、数据质量分析等，为后续工作提供基础。主要包含数据的传输、格式的统一、粗差剔除等内容。采用相应的数据传输软件，将观测数据导出并转换为标准 RINEX 数据格式，同时确定点位名称、天线高改正。

分析每个测站、每个观测时段的开始时间、结束时间、观测时间、采样间隔、数据有效利用率、多路径效应、周跳等数据质量。经检查，所有点位评价 MP1、MP2 均在 0.5 以下，数据可利用率均大于 86%。

图 3-4 卫星定位控制网外业观测场景照片

（2）基线解算

基线采用随机静态数据处理软件解算。

1）基线解算采用卫星广播星历；

2）截止高度角为 15°，采样间隔为 10s；

3）基线解算全部采用双频固定解；

4）对个别周跳较多的数据，采取卫星删除或截取时间段的方法进行基线解算；

5）卫星定位控制网共观测 25 个时段，171 条独立基线解算通过。

（3）基线解算精度

对解算通过的独立基线进行重复基线、环闭合差的检验，基线解算精度如表 3-3 所示。

（4）控制网平差

控制网采用 CosaGPS Ver5.21 控制测量数据处理软件进行平差计算。

基线解算精度统计表　　　　　　　　表3-3

项目	重复基线较差		环闭合差							
			W_x		W_y		W_z		W	
	最大值(cm)	限差(cm)	最大值(cm)	限差(cm)	最大值(cm)	限差(cm)	最大值(cm)	限差(cm)	最大值(cm)	限差(cm)
卫星定位控制网	1.69	6.57	−4.53	±5.20	6.33	±7.97	5.51	±7.97	8.94	±13.80

1）起算点稳定性和兼容性分析

为了保证全网平差基准的一致性，以及与其他线路控制网之间的衔接，在进行控制网平差前，必须对起算点的稳定性和兼容性进行分析。本项目起算点采用分布于网周边的6个起算点：CHAN、RUAN、HT、YT、A042、NSD。为了全面合理地评价起算点，分4个方案进行检验。起算点稳定性、兼容性分析结果如表3-4所示。

起算点稳定性、兼容性分析表　　　　　　　　表3-4

方案	点号		X方向中误差(mm)	Y方向中误差(mm)	点位中误差(mm)	与已知成果较差(mm)
	约束点	检核点				
方案一	CHAN,RUAN,NSD	HT	0.33	0.39	0.51	13.0
		YT	0.36	0.34	0.49	9.6
		A042	0.29	0.32	0.43	1.4
方案二	HT,NSD,YT	CHAN	0.26	0.27	0.37	10.3
		RUAN	0.28	0.32	0.42	8.2
		A042	0.30	0.33	0.45	6.1
方案三	A042,RUAN,CHAN,YT	HT	0.32	0.38	0.50	11.8
		NSD	0.26	0.29	0.39	6.0
方案四	CHAN,RUAN,HT,YT,A042	NSD	0.26	0.30	0.40	5.4

由表3-4可知，四种方案最大点位中误差为0.51mm，最小点位中误差为0.37mm；与已知坐标成果较差最大值为13.0mm，最小值为1.4mm；各点检核较差均满足规范规定的限差要求，稳定性、兼容性较好，可靠性较强，可以作为本工程起算数据使用。

2）三维无约束平差

将全部独立基线构成闭合图形，以三维基线向量及其相应方差协方差阵作为观测信息，以CHAN点在WGS-84坐标系下的三维坐标为起算数据，在WGS-84坐标系中进行三维无约束平差，得到WGS-84坐标系的三维坐标、坐标差观测值的总改正数、基线边长及点位的精度信息，三维无约束平差精度统计如表3-5所示。

3）二维约束平差

以均匀分布控制网周边的4个城市高等级控制点（YT、HT、A042、NSD）、2个连续运行参考站（RUAN、CHAN）为起算点参与约束，进行二维约束平差，计算卫星定位控制点的城市地方平面直角坐标，平差精度如表3-6所示。

第3章 地面平面和高程控制测量

三维无约束平差精度统计表　　　　　　　　　　　　　表 3-5

项目	最弱边相对中误差	基线向量改正数					
		$V_{\Delta X}$ (cm)	限差 (cm)	$V_{\Delta Y}$ (cm)	限差 (cm)	$V_{\Delta Z}$ (cm)	限差 (cm)
卫星定位控制网	6G01-6G03	3.88	±3.97	3.99	±5.87	−3.61	±3.97

卫星定位控制网约束平差精度统计表　　　　　　　　　表 3-6

项目	卫星定位控制网二维约束平差	
最弱点位中误差	2G27	8.4mm
最弱边相对中误差	6G01-6G03	1/232000

3. 已有点位联测情况

根据其他线路已有控制点及已有城市等级点联测成果与已知成果的比较，如表 3-7 所示，较差均小于规范要求的 50mm，证明本网与其他线路、已有城市控制点兼容性较好。

已有点位联测情况统计表　　　　　　　　　　　　　　表 3-7

点号	本次测量坐标		类别	重合点较差		较差限差 (mm)
	X 坐标(m)	Y 坐标(m)		X(mm)	Y(mm)	
JJS	＊＊＊＊.0867	＊＊＊＊.3327	城市等级点	4.7	0.5	50
F016	＊＊＊＊.2735	＊＊＊＊.1848	城市等级点	15.1	−5.7	50
3D50	＊＊＊＊.5801	＊＊＊＊.2178	城市等级点	2.3	−1.4	50
FWJZ4	＊＊＊＊.1573	＊＊＊＊.0619	城市等级点	27.8	−14.9	50
2G27	＊＊＊＊.2555	＊＊＊＊.1056	2号线	−15.5	−19.6	50
DTP24	＊＊＊＊.0867	＊＊＊＊.3327	1号线	−12.4	1.6	50
DTP40	＊＊＊＊.2735	＊＊＊＊.1848	1号线二期	4.0	−3.6	50
DTP41	＊＊＊＊.5801	＊＊＊＊.2178	1号线二期	0.3	−2.8	50
……	……	……	……	……	……	……

3.3　精密导线网

精密导线网作为三等线路加密网，通常沿线路方向布设，采用精密导线网测量方法施测，根据导线点和卫星定位控制点的位置关系，布设形式采用多条附合导线、闭合导线或结点导线网。本项目精密导线网由 117 个点组成，结合现场实际，分为 22 条附合导线测设，共包括 46 个卫星定位控制点、71 个精密导线点。本项目某段精密导线网如图 3-5 所示。

3.3.1　踏勘选点

精密导线点作为三等线路加密控制点，是城市轨道交通施工测量过程中使用最多的控制点，所以选点必须要保证观测便利性，易于保存且稳定。选点需要注意以下几点：

（1）附合导线的边数少于 12 个；相邻边的短边不小于长边的 1/2；个别短边的边长

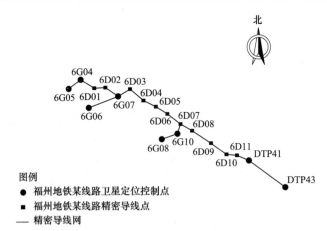

图 3-5 福州市某轨道交通线路局部精密导线网

不短于 100m。

(2) 导线点的位置选在施工变形影响范围以外稳定的地方，并避开地下管线、地下构造物等。

(3) 楼顶上的导线点选在靠近并能俯视线路、车站、车辆段一侧稳固的建筑物上。

(4) 相邻导线点之间以及导线点与其相连的卫星定位点之间的垂直角不大于 30°，视线离障碍的距离不小于 1.5m，避免旁折光的影响。

(5) 在线路交叉及前、后期工程衔接的地方布设适量的共用导线点。

(6) 充分利用现有城市控制点标志。

3.3.2 标志埋设

本项目精密导线点埋设形式一般分为地面埋石和屋顶埋石，有条件的情况下尽量埋设在建筑物楼顶，采用不锈钢标志，并在表面刻上点号、点位类型、埋设单位等信息，精密导线点按固定格式进行编号：XD01、XD02、XD03……"X"表示轨道交通 X 号线，"D"表示采用精密导线测量方法测设的控制点。地面埋石和屋顶埋石的埋设规格、样式如图 3-6 所示。

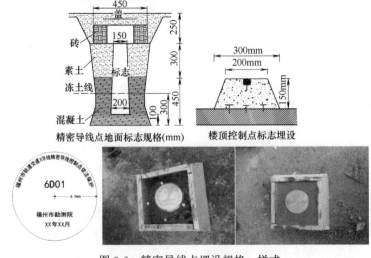

图 3-6 精密导线点埋设规格、样式

3.3.3 精密导线网测量

1. 外业观测

本项目精密导线网测量利用 Leica TS60 全站仪及配套设备进行观测。当观测仅有两个方向时，水平角按左右角各观测 2 个测回，距离观测 4 个测回。当观测方向大于 2 个时，按方向观测法进行观测，角度和距离均观测 4 个测回。主要技术要求如表 3-8 所示。

精密导线网测量的主要技术要求　　　　表 3-8

平均边长（m）	测角中误差（″）	方位角闭合差（″）	全长相对闭合差	相邻点的相对点位中误差(mm)
350	±2.5	±5$\sqrt{n}$	1/35000	±8

注：n 为导线的角度个数。

（1）测前准备

1）观测仪器送检，确保仪器处于检定有效期内；
2）对所有的脚架进行检查调校，选择稳固的脚架；
3）对基座的水准气泡及光学对中器进行严格的调校；
4）对全站仪、反射棱镜所用基座进行统一检测，保证所有基座的各项参数一致；
5）对作业人员进行技术、安全培训；
6）根据测区环境影响情况制定观测计划。

（2）导线观测

使用智能型全站仪采用三联脚架法进行导线测量，此方法能有效地减弱仪器对中误差和目标偏心误差对测角和测距的影响，提高导线测量的工作效率。测量方法如图 3-7 所示，施测时将全站仪安置在测站 B 的基座中，带有觇牌的反射棱镜安置在后视点 B1 和前视点 B2 的基座中。当测完一站向下一站迁站时，测站点 B 和 B2 的脚架和基座不动，只是从基座上取下全站仪和带有觇牌的反射棱镜，在 B2 上安置全站仪，在 B 上安置带有觇牌的反射棱镜，并在 B3 点上架起脚架，安置基座和带有觇牌的反射棱镜，重复上述操作直到整条导线测完。

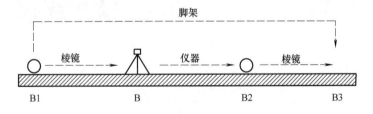

图 3-7　三联脚架法示意图

外业观测软件采用测量机器人机载软件，安装于全站仪内，软件允许作业人员根据相关规定设置相关限差及测回数，测量过程中对超限的部分自动重测，仪器按照设置自动完成测站的所有观测作业并记录在内存中，仪器的自动照准功能可减弱人工照准误差，并极大地减少作业强度、提高作业效率。主要流程及外业观测照片如图 3-8、图 3-9 所示。

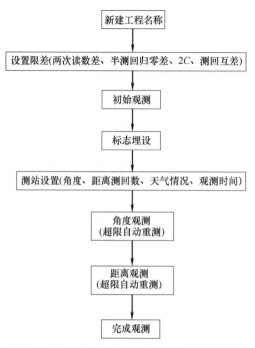

图 3-8　自动化软件（AutoMeas）主要处理流程

图 3-9　精密导线网外业观测

1) 水平角观测符合表 3-9 的规定。

水平角观测技术要求　　　　　　　　　表 3-9

全站仪等级	测回数	半测回归零差（″）	一测回内 2C 较差（″）	同一方向值各测回较差（″）
Ⅰ级	4	6	9	6

采用左、右观测时，左、右角平均值之和与 360°的较差小于 4″。在附合导线两端的卫星定位控制点上观测时，联测其他可通视的卫星定位控制点，夹角的平均观测值与卫星定位控制点坐标反算夹角之差小于 6″。

2) 边长测量符合表 3-10 的规定。

边长测量技术要求　　　　　表 3-10

全站仪等级	边长测回数	一测回中读数间较差(mm)	单程各测回间较差(mm)	测距相对中误差	往返测较差
Ⅰ级	往返测距各 2 测回	3	4	1/80000	≤2(a+bD)

注：1. $(a+bD)$ 为仪器标称精度，a 为固定误差，b 为比例误差系数，D 为距离测量值（km）；
　　2. 一测回指照准目标一次读数 4 次。

温度、气压气象数据应在测前、测后各读取一次，并取平均值作为测站的气象数据，在外业观测前输入仪器改正。气象数据测定符合表 3-11 的规定。

气象数据测定要求　　　　　表 3-11

最小读数		测定时间	气象数据的取用
温度(℃)	气压(hPa)		
0.2	0.5	测前、测后各读取一次	两次的平均值

2. 数据处理及平差计算

（1）数据处理

当日观测数据当日处理，所有电子记录格式的数据禁止人工转录。

1) 精密导线网边长水平距离计算

① 在外业观测时，现场测量气压、温度，并输入仪器进行气象改正；

② 根据仪器加、乘常数值，进行加乘常数改正；

③ 利用垂直角计算测距边水平距离。

2) 测距边水平距离的高程归化和投影改化

① 高程归化：归化到城市地方平面直角坐标系统投影面高程上的测距边长度，按下式计算：

$$D_1 = D \times [1 + (H_p - H_m) \div R_a]$$

式中：D——测距边水平距离（m）；

　　　H_p——城市地方平面直角坐标系统投影面高程（m）；

　　　H_m——测距边两端点的平均高程（m）；

　　　R_a——参考椭球体在测距边方向法截弧的曲率半径（m）；

　　　D_1——归化到城市地方平面直角坐标系统投影面上的测距边长度（m）。

② 投影改化：测距边在高斯投影面上的长度，应按下式计算：

$$D_2 = D_1 \times \left[1 + \frac{Y_m^2}{2 \times R_m^2} + \frac{\Delta Y^2}{24 \times R_m^2}\right]$$

式中：Y_m——测距边两端点横坐标平均值（m）；

　　　R_m——测距边中点的平均曲率半径（m）；

　　　ΔY——测距边两端点近似横坐标的增量（m）；

　　　D_2——测距边在高斯投影面上的长度（m）。

精密导线网测距边改正计算结果如表 3-12 所示。

精密导线网测距边改正计算表　　　　　表3-12

序号	测距边		①斜距化平(m)	两端平均高程(m)	②高程改化(m)	两端横坐标均值(m)	两端横坐标增量(m)	③高斯改化(m)
1	6G07	6G06	924.28370	47.3457	924.27682	5634.9398	−866.8609	924.27719
2	6G07	6D03	416.05875	46.9650	416.05568	6248.2909	359.8412	416.05588
3	6D03	6G07	416.06525	46.9650	416.06218	6248.2909	−359.8412	416.06238
4	6D03	6D04	514.29930	25.2065	514.29726	6623.5985	390.7739	514.29754
5	6D04	6D03	514.30155	25.2065	514.29951	6623.5985	−390.7739	514.29979
……	……	……	……	……	……	……	……	……

(2) 平差计算

以卫星定位控制点作为起算点，精密导线网平差采用 COSA_CODAPS Ver 6.0 地面控制测量数据处理系统。经平差计算，本项目精密导线网最弱边相对中误差最大值为 1/305000；最弱点中误差最大值为 3.77mm；方位角闭合差最大值为 4.1″，小于限差 13.23″；全长相对闭合差最大值为 1/66135，小于限差 1/35000，精度较高，均符合要求。精密导线测量精度统计如表 3-13 所示。

精密导线测量精度统计表　　　　　表3-13

测段号	最弱边相对中误差		最弱点中误差(mm)		方位角闭合差(″)		全长相对闭合差	
	导线边	计算值	点号	计算值	计算值	限差	计算值	限差
1	6D01-6D02	1/421000	6D01	1.89	−0.6	10.00	1/80033	1/35000
2	6G07-6D03	1/458000	6D05	3.77	4.1	13.23	1/98216	1/35000
3	6D10-6D11	1/398000	6D09	3.46	−1.4	13.23	1/116602	1/35000
4	6D13-6D14	1/305000	6D13	1.63	1.2	12.24	1/85601	1/35000
5	6G13-6D16	1/318000	6D19	3.31	2.9	12.24	1/99116	1/35000
6	6G15-6D20	1/515000	6D20	1.35	−1.2	8.66	1/132952	1/35000
……	……	……	……	……	……	……	……	……

3.4 地面高程控制

地面高程控制网采用城市高程系统，结合实际踏勘选点情况，本次水准线路沿线路且避开施工影响区域布设，以国家一等高程水准点Ⅰ杭广南224甲主、Ⅰ杭广南226甲主、Ⅰ梅花支6为起算点，按附合水准路线布设，同时联测沿线均匀分布的已知高等级水准点2个：Ⅰ杭广南228、Ⅰ梅花支6-1。全网由基岩水准控制点15点（包括新埋设基岩水准点14点、1号线二期基岩水准点1点）和普通水准点44点、1号线二期普通水准点7点组成，高程控制网如图3-10所示。

3.4.1 踏勘选点

(1) 基岩水准点选在山体旁、寺庙绿地内，不受施工影响，稳固、便于寻找、保存和

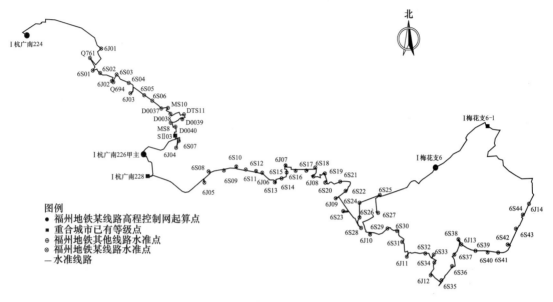

图 3-10 高程控制网图

引测，根据勘察资料尽量选择岩层较浅处布设，沿路线每隔3km左右埋设1个；

（2）墙上水准点选在沿线永久建（构）筑物（高层建筑物的承重墙、柱或大型桥梁墩柱、高压电塔基座）和裸露基岩上，点位埋设时均考虑上方是否存在影响水准尺竖立的障碍物；

（3）水准点沿线路布设，采用现场踏勘和图上设计相结合的方法，在每个竖井、洞口或车站附近至少布设2个水准点；

（4）水准路线涉及1处跨江水准，在过江处两端各布设一个水准点；

（5）共踏勘普查了已知高等级水准点6点，1号线二期水准点8点，基岩水准点位置选取了14处，墙上水准点位置选取了44处。

3.4.2 标志埋设

本项目水准点标志分为基岩水准点和墙上水准点，分别埋设14点和44点。基岩水准点标志埋设采用钻探的方式，钻孔至岩层并进入岩层2m以上，成孔后埋入钢管并浇筑混凝土，地面修建保护井和金属保护盖。墙上水准点标志埋设采用冲击钻在建（构）筑物的结构柱上钻孔，安装膨胀螺栓并将不锈钢标志头固定。水准点统一编号：基岩水准点XJ01、XJ02……，墙上水准点为XS01、XS02……，"X"为轨道交通X号线，"J/S"表示为基岩水准点或者墙上水准点。

1. 基岩水准点的埋设

（1）基岩水准点

基岩水准点钢管埋设形式和规格断面图如图3-11所示，基岩水准点标志及保护警示井盖如图3-12所示。

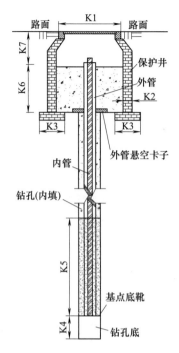

K1—井盖直径；K2—井壁厚度；K3—井底垫圈宽度；K4—钻孔底封堵厚度；K5—基点底靴厚度；K6—井底垫圈面距基准点顶部高度；K7—基准点顶部距井盖顶高度

图 3-11 基岩水准点钢管埋设形式和规格断面图

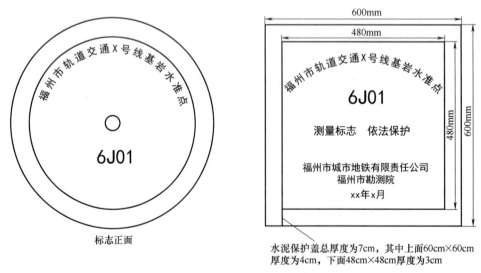

图 3-12 基岩水准点标志及保护警示井盖

(2) 钻孔过程

1) 成孔工艺（图 3-13、图 3-14）

① 钻探设备就位后用铅锤调整钻机位置，保证钻杆在 2 个铅垂方向上垂直；

② 钻孔过程中分析岩芯，孔深进入岩层 2m 以上；

③ 钻进过程保持平稳，每钻进 2m 进行一次垂直度的校正，保证钻孔垂直。

2）钢管的埋设和固定及灌注水泥浆

① 成孔清洗干净后埋设钢管（图 3-15），接头采用螺母连接固定，垂直埋入钢管；

② 采用纯水泥浆灌注，填满钢管内以及钢管与孔壁之间的缝隙；

③ 待水泥浆固结后，采用电焊固定钢管与水准标志。

图 3-13　钻孔　　　　　　　图 3-14　分析岩芯　　　　　　图 3-15　埋设钢管

（3）标志埋设

待基岩水准点钢管埋设验收合格后，开始埋设基岩水准点标志。首先以钢管为中心，开挖深 50cm、长 50cm、宽 50cm 的土坑；其次清洗钢管周边的水泥，将基岩水准标志下 5cm 厚的螺纹全部旋转至钢管内，并利用电焊将基岩水准标志和钢管焊接在一起确保标志稳固；最后，浇灌水泥，待水泥初凝（常温下 1h），同时在标志顶部加盖水泥保护盖，并做好外部整饰。埋设现场照片如图 3-16 所示。

图 3-16　标志埋设

（4）基岩水准点深度和材质

本项目基岩水准点钻孔深度最深 71.1m，位于会展中心附近公园内；最浅 8.6m，位于长乐村委会院中，均深入岩层 2m 以上，平均埋设深度 41.9m，选择的位置均有利于点位长期保存与观测。埋设情况如表 3-14 所示。

2. 墙上水准点的埋设

墙上水准点按图 3-17 所示的形式和规格制作、埋设。

基岩水准点埋设情况一览表　　　　　表 3-14

点号	埋设深度（m）	材质	水准标志
6J01	71.1	钢管和水泥	不锈钢
6J02	61.9	钢管和水泥	不锈钢
6J03	8.6	钢管和水泥	不锈钢
6J04	74.2	钢管和水泥	不锈钢
6J05	43.2	钢管和水泥	不锈钢
6J12	50.2	钢管和水泥	不锈钢
……	……	……	……

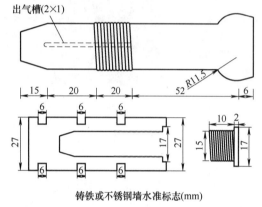

图 3-17　水准点不锈钢标志

墙上水准点埋设：先在选定位置钻孔（图 3-18），用清水清洗钻孔，埋入膨胀螺栓（图 3-19），螺栓内填入黏合剂，拧入水准点标志直至牢固位置（图 3-20）。水准点标志埋设结束后，绘制点之记。

图 3-18　钻孔　　　　　图 3-19　埋入膨胀螺栓　　　　　图 3-20　墙上水准标志

3.4.3　地面高程控制网测量

本项目测量等级按照轨道交通一等要求进行，可为后续线路提供高程基准。水准路线观测优先选择沿坡度小、铺装材料为混凝土的省道、村道进行，避开土质松软的地段和人员车辆较多的街道。在土质松软地段采用 3kg 的尺垫或打钢钎代替尺垫进行施测，人员车辆繁多路段选择夜间时段进行施测,保证测量精度。

1. 外业观测

(1) 仪器设备的检验和检校

本项目采用天宝 DINI03 进行水准测量,作业前按照现行国家标准《国家一、二等水准测量规范》GB/T 12897 的要求,对使用的水准仪 i 角进行检测,i 角小于 $15''$。

(2) 观测要求

1) 水准测量采用单路线往返观测,同一区段的往返测,使用同一作业人员、仪器和转点尺承进行观测;

2) 每一测段的往测与返测,其测站数均为偶数。由往测转向返测时,两支标尺互换位置,并重新整置仪器;

3) 往返测奇数测站的观测顺序为后—前—前—后,偶数测站的观测顺序为前—后—后—前;

4) 由于项目工期紧,本项目普通水准点均采用墙上水准标志,不需要经过一个雨季稳定后即可进行水准观测。

水准测量观测的视线长度、视距差、视线高度符合表 3-15 的规定。

水准测量观测的视线长度、视距差、视线高度要求　　表 3-15

水准等级	视线长度		前后视距差(m)	前后视距累积差(m)	视线高度(m)
	仪器等级	视距(m)			
一等	DS1	≤50	≤1.5	≤6.0	≥0.55 且≤2.8

2. 数据处理及平差计算

(1) 起算点稳定性分析

在进行水准网平差计算之前,对于线路中的 5 个已知高等级水准点采用组合比较的方法分析其稳定性,通过分段比较本次测量高差与已知高差的方法,判定水准起算点的稳定性,具体结果如表 3-16 所示。

起算点高差比较分析表　　表 3-16

测段	较差(mm)
Ⅰ杭广南 224~Ⅰ杭广南 226 甲主	−5.3
Ⅰ杭广南 226 甲主~Ⅰ杭广南 228	−0.7
Ⅰ杭广南 228~Ⅰ梅华支 6-1	15.3
Ⅰ梅华支 6-1~Ⅰ梅华支 6	−9.3
Ⅰ杭广南 226 甲主~Ⅰ梅华支 6	5.3

由表 3-16 可知,测段Ⅰ杭广南 224~Ⅰ杭广南 226 甲主、Ⅰ杭广南 226 甲主~Ⅰ梅华支 6 本次水准测量高差与已知高差较差较小;Ⅰ梅华支 6-1 稳定性较差,而Ⅰ杭广南 228 与Ⅰ杭广南 226 甲主同处于线路中部位置,并且Ⅰ杭广南 226 甲主为 1 号线 2 期起算点,故而起算点剔除了Ⅰ梅华支 6-1 与Ⅰ杭广南 228,选取Ⅰ杭广南 224、Ⅰ杭广南 226 甲主、Ⅰ梅华支 6 为本次水准网起算点,确保了起算数据的准确可靠,从而保证测量成果的准确可靠。

(2) 平差计算

1) 等级:城市轨道交通一等。

2）平差软件：水准测量与沉降观测数据处理系统（CosaLEVEL V2.0）。
3）起算水准点：Ⅰ杭广南224、Ⅰ杭广南226甲主、Ⅰ梅花支6。
4）水准网：水准路线总长256.53km（往返测量），闭合水准环1个、附合路线2条。
5）平差计算前对原始观测成果进行了100%的检查，参与平差计算原始观测成果正确可靠，观测数据精度指标符合要求。

（3）测段测量精度（表3-17）

测段测量精度统计表　　　　　　　　　　　　　　　　表3-17

测段	闭合差(mm)	限差(mm)	最大往返较差(mm)	限差(mm)
Ⅰ杭广南HGN224~Ⅰ杭广南226甲主	−5.42	23.92	2.88	8.17
Ⅰ杭广南226甲主~Ⅰ梅花支6	11.09	37.36	11.10	12.25
Ⅰ梅花支6~6S25~Ⅰ梅花支6	2.54	29.52	11.10	12.25

（4）往返较差（表3-18）

水准测量往返测高差较差统计表　　　　　　　　　　　　表3-18

起点	末点	dh1(m)	dh2(m)	delta(mm)	距离(km)	限差(mm)	评价
HGN224	Q618	−10.02815	10.02810	−0.05	1.54	4.97	合格！
Q618	Q626	−4.86743	4.86693	−0.50	0.61	3.13	合格！
Q626	Q764	−0.77961	0.78249	2.88	4.17	8.17	合格！
Q764	6J01	−0.56883	0.56818	−0.65	1.15	4.29	合格！
……	……	……	……	……	……	……	……
MHZ6	6S25	3.21116	−3.21122	−0.06	5.12	9.05	合格！

（5）已有点位联测高程比较（表3-19）

已有点位高程比较情况　　　　　　　　　　　　　　　表3-19

点号	已知罗零高程(m)	本次测量罗零高程(m)	较差(mm)
HGN228	*.3970	*.3987	1.7
Ⅰ梅花支6-1	*.7800	*.7789	−1.1
SⅡ03	*.2294	*.2314	2.0

3.4.4 跨江水准测量

水准网观测跨江水准1处，利用高精度自动化全站仪实施精密测距三角高程法施测，同时通过绕行乌龙江复线桥进行几何水准测量对跨江水准测量进行复核。

1. 布点原则及方案

布点原则：①两条观测路线应保证对向视线较为接近；②按现行国家标准《国家一、二等水准测量规范》GB/T 12897要求，竖直角不宜超过1°；③尽可能缩短对向长边的距离，同时要保证跨江视线高于江面，大于500m测段，视线距河面应不低于$4\sqrt{S}$ m（S为跨江视线长度千米数）。为使对向观测边观测条件尽可能一致，同时又保证全站仪激光测距精度要求,设站点与中间棱镜点的距离宜为 5～10m,且二者距离差宜控制在 1m 内。设站点与临时水准传递点的距离差尽量保证相同,距离差宜控制在 0.5m 内。

经过现场实地踏勘,选择在靠线路附近乌龙江相对窄处,南北两岸各布设 2 个临时水准点 S1、S2 作为三角高程传递点,以及 2 个设站点 Y1、Y2 和 2 个中间棱镜点 L1、L2。Y1～S1 的距离为 9.57m,Y2～S2 的距离为 9.56m,Y1～L1 的距离为 7.11m,Y2～L2 的距离为 7.35m,Y1～L2 的距离为 900.76m,Y2～L1 的距离为 894.12m,并分别通过南北岸附近的水准点 6J04、6J05,通过几何水准将高程传递到临时水准点 S1、S2 上。精密三角高程跨江测量路线如图 3-21 所示。

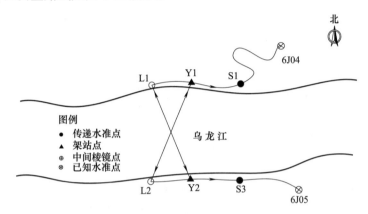

图 3-21　精密三角高程跨江测量路线示意图

2. 仪器设备

徕卡 TS60 [标称精度:测角 0.5″,测距 ±(0.5mm+0.6×$10^{-6}D$)] 全站仪 2 台;天宝 DINI03 电子水准仪(标称精度:±0.3mm/km)1 台及配套铟瓦尺、尺垫 1 对;徕卡原装圆棱镜 3 个(2 个带基座);徕卡三脚架 3 个,徕卡对中杆一个,温度气压计 2 个,对讲机 2 台。

3. 测量实施

天气条件是影响跨江三角高程测量的一个重要因素,本次跨江三角高程测量选择气温、气压较为稳定的阴天进行观测;采用中间设站法、无仪器高和棱镜高的观测方法,并通过对向观测往返高差取均值,消除仪器高、棱镜高、球气差影响。同时为保证观测成果合格,对天顶距规定同一测回盘左盘右均读 2 次,双读数之间限差 1″,指标差测回互差 4″,天顶距测回互差 4″,观测步骤如下:

(1) 在 Y1、Y2 分别架设仪器,在 L1 和 L2 架设棱镜,开机静置 30min,等待仪器与周围环境温度一致后,将实时的温度、气压、湿度等气象参数准确输入全站仪,Y1 对 L1,Y2 对 L2 分别进行观测 4 测回,记录平距和竖直角;

(2) 对中杆设定好固定高度,Y1 对 S1 观测 4 测回,记录平距和天顶距;

(3) Y1 观测 L2、Y2 观测 L1 两边同步观测 64 测回(分 8 组,每组 8 个测回),记录平距和天顶距,每组对向观测保证同一时段进行;

(4) 对向长边观测结束后,将用于 S1 观测对中杆及棱镜转移至 S2 上,保持对中杆高度不变,Y2 对 S2 进行 4 测回观测,记录平距和天顶距;

（5）往测结束，仪器互换，重复步骤（1）～（4）进行返测；

（6）三角高程观测结束后，用电子水准仪按二等水准要求分别对 6J04～S1 和 6J05～S2 进行往返测量。

4. 数据处理

三角高程测量单次观测的高差计算公式为：

$$h_{12}=(D_2 \cdot \cot\alpha_2 - D_1 \cdot \cot\alpha_1)+\left(\frac{D_2^2-D_1^2}{2R}\right)-\left(\frac{D_2^2}{2R}K_2-\frac{D_1^2}{2R}K_1\right)-(v_2-v_1)$$

式中：h_{12}——后视点与前视点之间的高差（m）；

D_1、D_2——后视、前视水平距离（m）；

α_1、α_2——后视、前视天顶距；

R——地球平均曲率半径（m）；

v_1、v_2——后视、前视棱镜高（m）；

K_1、K_2——大气折光系数。

水准点 S1、S2 两点高差计算公式为：

$$h_{S1-S2}=h_{S1-Y1}+h_{Y1-L1}+h_{L1-Y2}+h_{Y2-S2}$$
$$h_{S2-S1}=h_{S2-Y2}+h_{Y2-L2}+h_{L2-Y1}+h_{Y1-S1}$$
$$\bar{h}_{S1-S2}=\frac{1}{2}(h_{S1-S2}-h_{S2-S1})$$

根据现行国家标准《国家一、二等水准测量规范》GB/T 12897，跨江各边各测回高差间互差限差：

$$dh_{限}=4 \cdot M_\Delta\sqrt{N \cdot S}$$

式中：M_Δ——每千米水准测量的偶然中误差限值，这里取 1mm；

N——测回数；

S——跨江视线长度（km）。

跨江水准计算结果和与几何水准高差比较结果如表 3-20～表 3-22 所示。

跨江对向测边三角高程高差统计表 表 3-20

测向	测边	均值（m）	最大互差（mm）	互差限差（mm）
往测	h_{Y1-L2}	2.6793	1.4	10.7
	h_{Y2-L1}	−2.4056	2.9	10.7
返测	h_{Y1-L2}	2.5738	2.4	10.7
	h_{Y2-L1}	−2.4332	1.0	10.7

S1-S2 跨江水准与几何水准高差往返测比较分析表 表 3-21

测量方法	测段起终点	往测高差（m）	返测高差（m）	较差（mm）	距离（km）	限差（mm）
跨江水准	S1～S2	2.7305	−2.7298	0.7	0.9	3.8
几何水准	S1～S2	2.7286	−2.7228	5.8	28.3	21.3

S1-S2 跨江水准与几何水准高差比较分析表 表 3-22

测段起终点	跨江水准高差（m）	几何水准高差（m）	较差（mm）	限差（mm）
S1～S2	2.7302	2.7257	4.5	5.7

由表 3-20～表 3-22 可知跨江水准往返高差、与几何水准较差均满足要求。

3.5 小结

本线路工程采用地下敷设、高架等方式，穿越福州市中心城区、新城区及城乡接合部，跨地貌单元多，地质、地形和地下管网分布复杂；并且与多条在建、运营及规划线路换乘，项目实施技术难度大。在项目地面平面和高程控制网的布设、测量实施、数据处理等环节，具有以下特点：

（1）地面控制网踏勘选点的过程中利用高清影像地图及移动端多源数据采集系统，提前在室内进行初步选点设计，踏勘全程提供影像、交通、导航等支持，内外业一体化的协作模式大大地提高了选点效率，节省了大量外业时间。

（2）线路与运营线路、规划线路存在多个站点换乘；对坐标系统的采用进行了严密的计算和论证，起算点采用城市高等级控制点，与城市坐标系统保持统一，充分保障与其他地铁线路精确衔接。

（3）下洋站至营前站高架段跨越乌龙江，跨江桥梁白天、夜间车流量都较大，造成桥面振动大，为保证高程基准精度，采用了高精度自动化全站仪实施精密三角高程法跨乌龙江水准测量。跨江水准测量采用中间设站法、无仪器高和棱镜高的观测方法，并通过对向观测往返高差取均值，消除仪器高、棱镜高、球气差影响。

（4）卫星定位控制点利用建（构）筑物的女儿墙建造具有强制对中装置的观测墩，不仅能消除对中误差，还能确保控制点埋设质量和通视条件，利于长期使用。

第4章 第三方测量

近年来,城市、城际轨道交通工程进入高速建设阶段,建设过程中,施工测量是基础性工作并且贯穿整个项目始终,各地城市的轨道交通工程建设因测量引起的大小施工事故也屡见不鲜,为了确保城市轨道交通工程的质量,加强风险管理,需引入第三方测量单位针对关键节点、重要步骤进行独立检核、复测。

第三方测量主要的工作内容包括:线路控制网复测、地面加密控制网检测、联系测量检测、地下控制网测量检测、铺轨控制网测量检测、施工细部测量检测、施工测量监督管理等。在施工测量基础上实施第三方测量,对施工测量成果进行必要的复核测量,可为工程质量提供保障。本章以福州市某轨道交通工程第三方测量项目为例,阐述技术路线、作业方法等,可为其他类似项目的开展提供借鉴。

4.1 线路控制网复测

线路控制网是保证隧道贯通和施工测量的基础,由卫星定位控制网、精密导线网、高程控制网组成。轨道交通工程的修建工期长,受周边环境、城市建设等因素的影响,控制点可能产生沉降、位移或破坏等情况,需定期对线路控制网进行复测,对复测成果与原测成果进行比较分析,及时了解控制点稳定状态,以指导测量成果的使用。

福州市某轨道交通工程线路全长28.4km,线路全部采用地下敷设方式,全线共设23座车站,其中换乘站8座,设1座停车场、1座车辆段,施工工期5年。该线路控制网首次测量于2018年完成,包含66个卫星定位控制点、34个精密导线点、70个高程控制点,按要求复测频率为每年1次,本次为2019年度控制网复测,各等级控制网复测精度等级、技术指标等与初测控制网一致,复测时所使用仪器的标称精度不低于初测时的精度。

4.1.1 技术流程

控制网复测前应收集该工程原线路控制网已有资料,包括线路平面控制网和高程控制网,主要有技术设计书、技术总结、起算等级控制点、控制网成果表、控制网图及点之记等。

控制网复测技术流程主要包括:项目控制点调查及维护、控制网外业观测、数据处理与计算、报告编制、质量检查及提交资料成果。主要技术流程如图4-1所示。

4.1.2 控制点调查与维护

线路控制网复测前需进行现场踏勘,调查控制点的完好性及可用性,需对被破坏、被损毁以及被遮挡影响使用的控制点进行修复完善。

调查前将已有控制点展绘到影像图作为调查的工作底图,再对线路控制点逐个进行实地调查并记录,调查结束后按控制点类型、等级及其点位实地情况进行汇总编制。

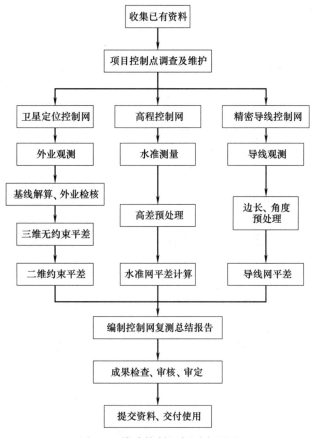

图 4-1 线路控制网复测流程图

1. 实地调查

(1) 核实点名和等级是否与成果表一致，点之记与实地是否相符。当附近地物发生变化与点之记不符时，应重新绘制点之记。

(2) 标志情况：调查标志类型、标志面长×宽、标志面完整性，标志面方框、字迹是否残缺或模糊不清，标志是否稳定；标志附近地面是否有因施工、采石、雨裂、空洞、山体滑坡等危及控制点标志稳定的因素存在。

(3) 点位环境情况：调查卫星定位控制点时，确认其周围树木、建筑物高度角是否大于15°，与邻近平面控制点的通视情况，新选埋设的卫星定位控制点位 200m 附近是否存在发射台、高压线、变压器等干扰源等；调查高程控制点时，确认其附近是否有因建筑施工、地面沉降等影响标志稳定或被破坏的情况。

(4) 影像记录：根据需要对控制点标志面、觇标及周围环境进行拍照或录像。

2. 控制点维护

(1) 当控制点标识字迹模糊时，用红色油漆进行填描，做到字迹清晰；

(2) 当控制点调查已确认标志损坏而要重新埋设标志时按新埋控制点处理；

(3) 清除控制点附近 1m 范围内的杂草及通视方向的障碍物；

(4) 对维护后的控制点标志，控制点觇标和周围环境分别拍照，并对维护的内容进行汇总。

3. 控制点补埋

根据施工需要,对已破坏的控制点或无法使用的控制点进行重新埋设,新埋设点位应符合以下要求:

(1) 控制点的位置选在原点位附近。选在牢固、易永久保存、便于使用处,远离易发生沉降区域的地方,避开沿线附近因工程建设施工而可能毁掉标志或妨碍观测的位置;

(2) 交通方便,点位选择要有利于其他测量手段扩展和联测,其中平面控制点间保证至少有一个方向通视,尽量有两个以上的通视方向;

(3) 新埋设控制点编号采用原点号+支号表示,例"4G49-1"。

4. 调查维护成果

经现场踏勘,共普查卫星定位控制点66个、精密导线点34个、高程控制点70个,其中精密导线点丢失1个、高程控制点丢失4个,现存165个交桩点位。考虑施工需求,现场补充埋设及变更精密导线点1个、高程控制点4个,现有可测量点位合计170个。

4.1.3 卫星定位控制网

卫星定位控制网按照原网网形进行复测,5个城市高等级控制点(YT、HT、SD、RUAN、CHAN)为起算点,联测5个城市高等级控制点(F016、A041、YZS、FWJZ4、KPJZ1)和已有轨道交通线路控制点4个(QG13、2G26、5G22、6G08),测量线路控制点54点。卫星定位控制网如图4-2所示。

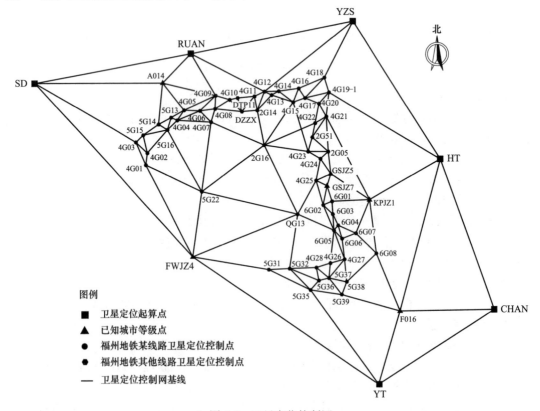

图4-2 卫星定位控制网

1. 主要技术指标

卫星定位控制网复测按原网观测精度和观测方法进行，起算数据采用原网起算数据，主要技术指标符合表 4-1 的规定。

卫星定位控制网主要技术指标　　　　　　　　　　　表 4-1

控制网等级	平均边长(km)	固定误差 a(mm)	比例误差 b(mm/km)	相邻点的相对点位中误差(mm)	最弱边相对中误差
轨道二等	2	≤5	≤5	±10	1/100000

2. 复测实施

（1）外业观测

卫星定位控制网外业观测的基本技术要求符合表 4-2 的规定。

卫星定位控制网外业观测的基本技术要求　　　　　　表 4-2

项目	要求
接收机类型	双频
观测量	载波相位
接收机标称精度	$\leq 5 + 5 \times 10^{-6} D$
卫星高度角(°)	≥15
同步观测接收机台数	≥3
有效观测卫星数(颗)	≥4
平均重复设站数	≥2
观测时段长度(min)	≥60
数据采样间隔(s)	10～30
点位几何图形强度因子(PDOP)	≤6

注：D 为距离测量值（km）。

本项目采用 8 台 Trimble R4 GNSS 接收机（标称精度为 $3mm + 0.5 \times 10^{-6} D$），共采集 25 个时段，每个时段时长为 120min，采样间隔为 10s；观测点数共 68 个，重复设站率为 2.9。

1）观测前对 GNSS 接收机进行必要项目的检查，检查内容应包括仪器检定结果、电池容量、光学对中器和接收机内存容量等，保证 GNSS 接收机在良好状态下工作；

2）观测前制定外业观测计划表及作业调度表；

3）外业开机前检查设备的各种连接是否正确；

4）每时段观测前、后，量取天线高各一次，两次互差小于 3mm，取两次平均值作为最终成果；

5）不同时段的观测间隔期间重新进行天线安置基座的整平、对中操作，并重新丈量仪器高；

6）严格按规定的时间开机作业，保证同步观测同一组卫星；

7）观测期间作业员坚守岗位，防止他人和其他物体靠近天线，以免遮挡卫星信号，作业过程中，不在天线附近使用无线电通信。

（2）基线解算

1）基线解算

采用随接收机配备的商用软件进行基线解算。

① 基线解算采用卫星广播星历；
② 卫星高度角为15°，采样间隔为10s；
③ 基线解算采用双差相位观测值和双差固定解；
④ 对个别周跳较多的数据，采取卫星删除或截取时间段的方法进行基线解算。

2）基线解算结果

卫星定位控制网共观测25个时段，166条独立基线解算通过；其构成异步环、重复基线全部合格，基线解算精度如表4-3所示。

基线解算精度统计表　　　　　　　　　　　　　表4-3

项目	重复基线较差		异步环闭合差							
			W_x		W_y		W_z		W	
	最大值(cm)	限差(cm)	最大值(cm)	限差(cm)	最大值(cm)	限差(cm)	最大值(cm)	限差(cm)	最大值(cm)	限差(cm)
卫星定位控制网	1.21	13.34	3.4	±6.25	5.36	±6.25	−4.08	±4.68	6.76	±10.84

（3）数据处理与平差

GNSS控制网平差使用随接收机配备的商用软件。首先进行三维无约束平差，将全部独立基线构成闭合图形组成的控制网，以三维基线向量及其相应方差协方差阵作为观测信息，以一个点的WGS-84坐标作为起算数据，进行三维无约束平差，并提供各点的三维坐标、各基线向量、改正数和精度信息。三维无约束平差精度如表4-4所示。

三维无约束平差精度统计一览表　　　　　　　　表4-4

项目	最弱点位中误差		最弱边相对中误差		基线向量改正数					
	点号	最大值(cm)	边长	最大值	$V_{\Delta X}$(cm)	限差(cm)	$V_{\Delta Y}$(cm)	限差(cm)	$V_{\Delta Z}$(cm)	限差(cm)
卫星定位控制网	CHAN	3.13	5G13-4G04	1/350000	−2.28	±9.34	−3.62	±6.91	−3	±6.76

三维无约束平差完成后进行二维约束平差，二维约束平差以选取的已知控制点为起算数据，平差前应对选取的已知控制点进行稳定性和可靠性检验。由表4-5可知，5个城市高等级控制点成果可靠性较强，满足项目要求。

起算点兼容性检查表　　　　　　　　　　　　　表4-5

点号	已知坐标(m)		（四解一）检核坐标(m)		检核较差(mm)		限差(mm)
	X	Y	X	Y	X	Y	
HT	****.5640	****.5800	****.5543	****.5750	9.7	5.0	50
RUAN	****.0835	****.1319	****.1078	****.1334	−24.3	−1.5	50
CHAN	****.3741	****.0596	****.3791	****.0578	−5.0	1.8	50
YT	****.4110	****.8790	****.3974	****.8713	13.6	7.7	50
SD	****.0540	****.0300	****.0263	****.0352	27.7	−5.2	50

以 YT、HT、SD、CHAN、RUAN 共 5 点全部参与约束，进行二维约束平差，计算卫星定位控制点的福州城市地方平面直角坐标，平差结束后输出各点的坐标、基线向量、改正数、基线边长、方位角、转换参数及其精度信息等。约束平差精度如表 4-6 所示。

卫星定位控制网约束平差精度统计情况一览表　　　　表 4-6

项目	卫星定位控制网二维约束平差	
最弱点位中误差	F016	2.0mm
最弱边相对中误差	4G04-5G13	1/461000

（4）重合点位对比

本次测量成果与 4 个已有城市等级点、4 个其他线路卫星定位控制点坐标较差均未超限，符合要求。具体如表 4-7 所示。

卫星定位控制网重合点位联测对比表　　　　表 4-7

点号	本次测量坐标		类别	重合点较差		较差限差 (mm)
	X 坐标(m)	Y 坐标(m)		X (mm)	Y (mm)	
A041	＊＊＊.2978	＊＊＊.7139	城市等级点	3.1	3.5	50
F016	＊＊＊.3331	＊＊＊.8922	城市等级点	9.3	10.8	50
FWJZ4	＊＊＊.7319	＊＊＊.7602	城市等级点	9.7	4.9	50
KPJZ1	＊＊＊.6626	＊＊＊.4858	城市等级点	−12.2	0.6	50
QG13	＊＊＊.3721	＊＊＊.7925	1 号线	5.9	6.5	50
2G16	＊＊＊.0797	＊＊＊.5499	2 号线	−6.7	1.1	50
5G22	＊＊＊.2710	＊＊＊.8032	5 号线	7.0	−0.3	50
6G08	＊＊＊.4392	＊＊＊.6542	6 号线	−1.2	13.1	50

根据本项目方案，卫星定位点点位中误差为 12mm，点位较差 ΔM_P 限差取 2 倍中误差 24mm。若 $\Delta M_P \leqslant \pm 24$mm 则认为点位稳定，采用原测成果；否则使用复测成果。复测成果与原测成果对比如表 4-8 所示。

卫星定位控制网复测成果与原测成果比对表（部分）　　　　表 4-8

点名	复测成果与原测成果较差(mm)			ΔM_P 限差(mm)	备注
	ΔX	ΔY	ΔM_P		
4G01	27.3	−8.5	28.3	24	采用复测成果
5G34	−7.7	8.3	11.3	24	
5G35	3.6	−5.4	6.5	24	
5G36	0.3	−3.9	3.9	24	
6G06	−0.4	−3.6	3.6	24	
……	……	……	……	……	……

由表 4-8 可知：卫星定位控制点 4G01 点位较差超限，采用复测成果；其余点点位较差均在限差范围内，采用原测成果。

4.1.4 精密导线控制网

精密导线网由 35 个卫星定位控制点、34 个精密导线点共计 69 个点组成。根据精密导线点和车站站点的分布情况，精密导线共分为 11 个测段，均为附合导线。除部分变更的导线点及新增的导线点外，精密导线控制网与原精密导线控制网大致相同。控制网如图 4-3 所示。

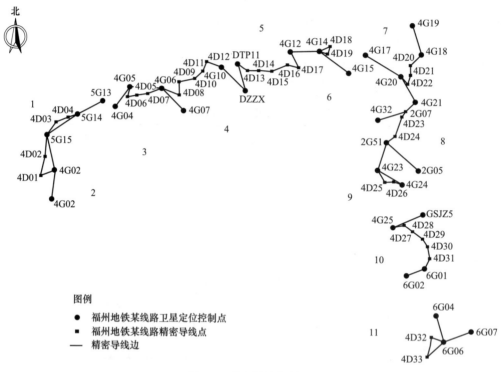

图 4-3 精密导线控制网

1. 主要技术指标

精密导线测量按照现行国家标准《城市轨道交通工程测量规范》GB/T 50308 相关技术要求实施，主要技术指标如表 4-9 所示。

精密导线测量的主要技术指标 表 4-9

平均边长(m)	闭合环或附合导线平均长度(km)	每边测距中误差(mm)	测距相对中误差	测角中误差	方位角闭合差(″)	全长相对闭合差	相邻点的相对点位中误差(mm)
350	3	±3	1/80000	±2.5	$5\sqrt{n}$	1/35000	±8

注：n 为导线的角度个数，导线边不超过 12 条；附合导线路线较长时，宜布设结点导线网，结点间角度个数不超过 8 个。

2. 外业观测

精密导线网复测使用徕卡 TS60 0.5″级全站仪进行观测，所使用仪器经省级以上技术监督局授权的仪器检定单位检定合格并在检定有效期内使用；作业前和作业过程中应对仪器进行常规检查与校正，同时记录检校结果。

(1) 水平角观测

1) 水平角观测符合表 4-10 技术要求。

水平角方向观测法的技术要求　　　　　表 4-10

半测回归零差(″)	一测回内 2C 较差(″)	同一方向各测回较差(″)
6	9	6

2) 在精密导线点上只有 2 个方向时，其水平角观测应符合以下要求。

① 采用左、右角观测时，左、右角平均值之和与 360°的较差应小于 4″；

② 前后视边长相差较大，观测需调焦时，采用同一方向正倒镜同时观测法，此时一个测回中不同方向不考虑 2C 较差限差要求。

3) 在精密导线网结点或 GNSS 控制点上观测水平角时，符合以下要求。

① 在附合导线两端的 GNSS 控制点上观测时，联测两个 GNSS 控制点方向，夹角的平均观测值与 GNSS 控制点坐标反算夹角之差应小于 6″；

② 方向数超过 3 个时采用方向观测法，方向数不多于 3 个时可不归零。

4) 水平角观测误差超限时，按规范规定进行重测，并符合下列规定。

① 一测回内 2C 互差或同一方向值各测回较差超限时，应重测超限方向，并联测零方向；

② 下半测回归零差或零方向的 2C 互差超限时，重测该测回；

③ 若一测回中重测方向数超过总方向数的 1/3 时，重测该测回。当重测的测回数超过总测回 1/3，重测该测站。

(2) 距离测量

1) 距离测量符合表 4-11 技术要求。

测距主要技术要求　　　　　表 4-11

全站仪等级	边长测回数	一测回中读数间较差(mm)	单程各测回间较差(mm)	测距相对中误差	往返测较差
Ⅰ级	往返测距各 2 测回	3	4	1/80000	$\leqslant 2\times(a+b\times D)$

注：1. $(a+b \cdot D)$ 为仪器标称精度，a 为固定误差，b 为比例误差系数，D 为距离测量值（km）；

2. 一测回指照准目标读数 4 次。

2) 外业观测要求

① 测量时在成像清晰和气象条件稳定时进行，雨和大风天气不进行作业。

② 在测前、测后分别读取温度和气压各一次，取平均值作为测站的气象数据，温度读至 0.2℃，气压读至 50Pa。读取气压时，气压表应置平、指针不宜阻滞。

③ 当观测数据超限时，重测整个测回；当观测数据出现分群时，分析原因并采取相应措施重新观测。

3. 数据处理与平差

(1) 观测结束后，对外业观测记录进行 100%检查，无误后进入下道工序。

(2) 对斜距进行加常数、乘常数和气象改正，以及高程归化和投影改化。

(3) 使用平差软件采用严密平差方法对精密导线网进行整体平差，形成平差报告。平差后的成果包括最弱边相对中误差、最弱点点位中误差、方位角闭合差、全长相对闭合差、最弱相邻点位中误差。

4. 精度分析

复测成果中,最弱边相对中误差为1/362000,最弱点中误差为1.8mm,方位角闭合差最大值为10.1″,小于限差15″,全长相对闭合差最大值为1/91056,小于限差1/35000,最弱相邻点位中误差为1.46mm,小于限差8mm。本项目精密导线控制网复测平差成果,精度满足规范要求。精密导线网复测精度统计如表4-12所示。

精密导线网复测精度统计表　　　　　　　　　　　　　　　　　　表4-12

导线	最弱边相对中误差	最弱点点位中误差(mm)		方位角闭合差(″)		全长相对闭合差		最弱相邻点位中误差(mm)	
	计算值	点号	计算值	计算值	限差	计算值	限差	最大值	限差
1	1/690000	4D02	1.0	1.5	10.0	1/256689	1/35000	1.31	8
2	1/752000	4D03	0.9	1.2	10.0	1/149911	1/35000	1.27	8
3	1/563000	4D07	0.5	−0.8	11.2	1/91056	1/35000	1.17	8
4	1/685000	4D10	1.8	−0.2	13.2	1/151959	1/35000	1.21	8
5	1/742000	4D15	1.6	−2.0	13.2	1/148943	1/35000	1.06	8
6	1/604000	4D18	1.0	−0.5	10.0	1/240345	1/35000	1.28	8
……	……	……	……	……	……	……	……	……	……

5. 成果比对

根据复测成果与原测成果的较差值,坐标分量较差小于项目方案中规定的±12mm,判定点位稳定,采用原测成果;否则使用复测成果。精密导线网复测成果与原测成果对比如表4-13所示。

精密导线网复测成果与原测成果对比表　　　　　　　　　　　　　　表4-13

点名	复测成果与原测成果较差(mm)				备注
	ΔX	ΔX限差	ΔY	ΔY限差	
4D24	14.4	±12.0	−4.3	±12.0	使用复测成果
4D25	3.1	±12.0	−1.6	±12.0	
4D26	1.6	±12.0	−0.8	±12.0	
4D27	−3.6	±12.0	−2.5	±12.0	
……	……	……	……	……	……

由表4-13可知:4D24坐标分量较差超过±12mm,采用复测成果,其他精密导线点坐标较差均在限差范围内,采用原测成果。

4.1.5 高程控制网

经现场踏勘,原线路控制网水准点有4个被破坏,在原点位附近补埋设,均采用墙上水准标志。水准路线以国家一等高程水准点Ⅰ杭广南224、Ⅰ杭广南225-1、Ⅰ杭广南221为起算点,同时联测沿线均匀分布的已知等级水准点10个:国家一等水准点2个(Ⅰ温福 129、Ⅰ杭广南 222 甲上），城市已知基岩水准点 1 个（WSJDA），福州市轨道交通 1、2、5、6 号线水准点 7 个（T029、T030、2S17、5S12、5S14、5J05、6S03），测量线路水准点 63 点，高程控制网如图 4-4 所示。

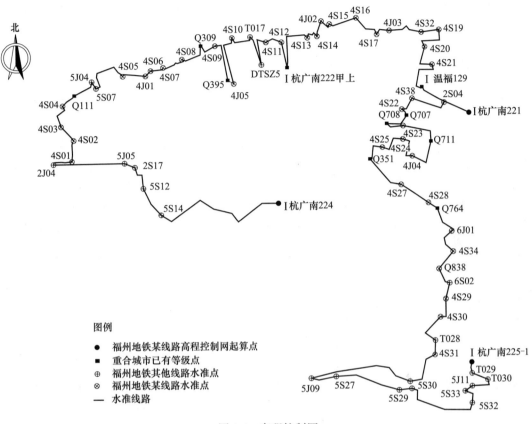

图 4-4 高程控制网

1. 主要技术指标

按现行国家标准《城市轨道交通工程测量规范》GB/T 50308 中一等水准技术的要求进行施测，主要技术指标符合表 4-14 的规定。

主要技术指标　　　　　　　　　　　表 4-14

每千米高差中数中误差(mm)		附合水准路线平均长度(km)	水准仪等级	水准尺	附合路线或环线闭合差(mm)
偶然中误差 M_Δ(mm)	全中误差 M_W(mm)				
≤±1	≤±2	400	DS1	条码尺	$\pm 4\sqrt{L}$

注：L 为往返测段、附合或环线的路线长度（单位：km）。

2. 外业观测

复测使用仪器的标称精度不低于原网测量时仪器的标称精度，水准测量检测采用电子水准仪 1 台，标尺采用铟瓦条形码标尺。每次作业之前对所有仪器和标尺按现行国家标准《国家一、二等水准测量规范》GB/T 12897 要求进行全面检定、检验。

外业观测采用往返观测。一条路线的往返测，使用同一类型的仪器和转点尺承，沿同一道路进行。先连续进行所有测段的往测，随后再连续进行该区段的返测。每一测段的往测与返测，其测站数均为偶数。由往测转向返测时，两根标尺互换位置，并重新整平仪器。水准线路过江段或者交通繁忙路段，在后半夜进行施测，减少车流量引起的桥面、路面振动影响，提高观测精度和效率。测站视线长度、前后视距差、视线高度符合表 4-15 的规定。

外业观测技术指标 表 4-15

视线长度(m)	前后视距差(m)	前后视距累积差(m)	视线高度(m)
≤50	≤1.5	≤6.0	≥0.55 且≤2.8

3. 数据处理与平差

每一段线路往返测结束后，进行往返不符值的计算，往返测较差均满足规范要求，采用水准测量与沉降观测数据处理系统进行平差处理。本项目水准路线总长 182.744km（往返测量），附合路线 2 条，平差计算前对原始观测成果进行了 100% 的检查，参与平差计算原始观测成果正确可靠，观测数据精度指标符合要求。闭（附）合差如表 4-16 所示。

水准测量闭（附）合差精度统计 表 4-16

水准路线	路线闭（附）合差 W(mm)	长度(km)	闭（附）合差限差 W(mm)
Ⅰ杭广南 221～Ⅰ杭广南 224	−3.34	48.956	±27.99
Ⅰ杭广南 225-1～Ⅰ杭广南 224	−8.68	89.723	±37.89
Ⅰ杭广南 225-1～Ⅰ杭广南 221	−5.34	44.687	±26.74

其每千米高差中数偶然中误差 $M_\Delta = \pm \sqrt{\dfrac{1}{4n}\left[\dfrac{\Delta\Delta}{L}\right]} = 0.33$mm（$L$——水准测量的测段长度，$\Delta$——水准路线测段往返高差不符值，$n$——往返测水准路线的测段数）。最弱点的高程中误差为 2.35mm，相邻点的高差中误差最大为 1.43mm。本次平差结果满足各精度指标，成果合格。

4. 成果比对

根据现行国家标准《城市轨道交通工程测量规范》GB/T 50308 要求，同一控制点的复测与原测量成果高程较差极限误差应为 $2\sqrt{2}m$（m 为复测控制点高程中误差），当小于 $2\sqrt{2}m$ 时，则认为点位稳定，采用原测成果，否则使用复测成果。复测成果与原测成果对比如表 4-17 所示。

高差控制网复测成果与原测成果对比 表 4-17

点号	原测与复测成果较差 ΔH(mm)	高程中误差(mm)	限差(mm)	备注
4J07	1.1	1.09	3.1	
4J04	−3.1	2.26	6.4	
5J09	−11.0	1.87	5.3	更新
5S29	−6.0	1.55	4.4	更新
5S30	−6.1	1.48	4.2	更新
……	……	……	……	……

由表 4-17 可知，本工程线路高程控制网中的水准点复测高程与原测高程较差超限点

有3个,分别为5J09、5S29、5S30。

4.1.6 复测结果分析

1. 卫星定位控制网复测结果分析

卫星定位控制网复测成果与现有城市平面控制点和其他轨道交通线路控制网重合点较差均未超限,符合检核要求。卫星定位控制点5G34超限,采用复测成果,其余点采用原测成果。

2. 精密导线控制网复测结果分析

精密导线控制网复测成果4D24超限,采用复测成果。新埋设的4D23-1采用新测成果,其余精密导线点坐标分量较差均在限差范围内,采用原测成果。

3. 高程控制网复测结果分析

根据复测成果,需对存在点位较差超限的5J09、5S29、5S30进行更新,其余点位均采用原测成果。考虑到相邻高程点间的相关性、协调性及整体一致性,将高程控制网全线更新,采用复测成果。

4.2 地面加密控制网检测

地面加密控制点是线路控制点不能完全满足施工需要时进行加密的控制点,各工点需根据工程平面布置图和现场实际情况,在明挖区间或车站附近、变形区外较为稳固的位置加密布设一定数量的控制点,以满足工程建设期间结构细部放样、联系测量传递等控制测量的使用需求。地面加密控制网测量成果需经第三方测量单位检测合格后方可使用,第三方测量单位需对地面加密控制点进行100%检测,原则上每个分区、分段施工的工点每季度组织检测一次。

福州市某轨道交通工程线路会展中心站沿南江滨西大道南北向布置,跨会展西路与南江滨西大道交叉路口,为地下二层岛式车站,总长为216m,深度约16.6m,共设置3个出入口和两组风亭,采用明挖顺作法施工。因现场车站长度较长、其邻近的线路控制网点位距离较远,为便于后续工程结构细部放样,需在车站附近加密布设平面和高程控制点。

4.2.1 资料收集

接收施工单位报验的施工加密控制网资料,核实点位布设情况,确认测量方法和成果是否满足规范要求。资料收集内容如表4-18所示。

资料收集表　　表4-18

序号	资料内容	序号	资料内容
1	最新线路控制网成果	3	施工单位加密控制网测量方法
2	施工单位选埋点方案,包括点位埋设质量、位置等	4	施工单位加密控制网测量成果报告

经施工单位和第三方测量单位现场踏勘,在会展中心站施工影响区域范围外加密布设2个平面控制点和2个高程控制点。

4.2.2 检测实施

采用的测量方法可与施工报验采用方法相同,也可独立采用其他符合规范要求的方法。本次平面控制测量采用徕卡 TS60 全站仪按导线测量方式施测，高程控制测量采用天宝 DINI03 电子水准仪按几何水准测量方式施测。具体检测要求如表 4-19、表 4-20 所示。

精密导线测量主要技术和对比要求　　　　　　　　　　　表 4-19

测角中误差(″)	导线检测方位角闭合差(″)	全长相对闭合差	加密导线点的坐标分量较差(mm)
±2.5	±5$\sqrt{n}$	1/35000	±12

加密高程点检测要求　　　　　　　　　　　表 4-20

前后视距差(m)	前后视距累积差(m)	往返测较差、附合水准路线闭合差(mm)	加密高程点检测较差(mm)
±2	±6	±8$\sqrt{L}$	±3

1. 平面控制测量

平面加密控制测量利用二等卫星定位控制点或三等精密导线点作为起算点，起算点数量不少于 3 个，布设成附合导线。采用徕卡 TS60 全站仪，以线路平面控制点 4D30、4D31、6G02、6G03 为起算点，以车站对角线位置的 2 个混凝土强制对中观测墩 HZ01、HZ02 为加密平面控制点，布设一条附合导线，盘左盘右各观测两个测回，按精密导线测量要求进行，平面控制网观测示意图及现场作业如图 4-5、图 4-6 所示。

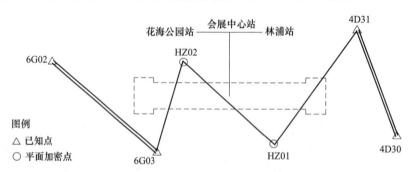

图 4-5　会展中心站平面加密控制网观测示意图

图 4-6　导线观测现场作业

2. 高程控制测量

本次施工加密高程控制网采用水准测量方法，布设成附合水准路线，按轨道交通二等水准要求进行往返观测。具体观测精度指标如表 4-21 所示。

外业观测技术指标 表 4-21

等级	视线长度(m)	前后视距差(m)	前后视距累积差(m)	视线高度(m)
轨道交通二等	≤60	≤2.0	≤6.0	≥0.55且≤2.8

采用天宝 DINI03 电子水准仪，以车站附近的线路高程控制点 6J01、Q764 为起算点，以埋设在观测墩墩身的 HZG4、HZG6 为加密高程点，线路示意图及现场作业如图 4-7、图 4-8 所示。

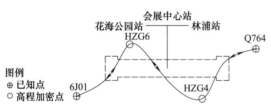

图 4-7 会展中心站高程加密控制网线路示意图

图 4-8 高程测量观测现场作业

4.2.3 数据处理

1. 平面加密控制网

以线路平面控制点 4D30、4D31、6G02、6G03 为已知点，以 HZ01、HZ02 为待定点，对观测的导线边长进行气象改正和两化改正后，采用商用平差软件进行严密约束平差。观测数据精度如表 4-22 所示。

会展中心站平面加密控制网观测数据精度统计表 表 4-22

最弱边相对中误差	最弱点点位中误差(mm)		方位角闭合差(″)		全长相对闭合差		最弱相邻点位中误差(mm)	
计算值	点号	计算值	计算值	限差	计算值	限差	最大值	限差
479000	HZ01	0.87	3.3	±10	1/142859	1/35000	1.02	8

2. 高程加密控制网

线路高程控制点 6J01、Q764 为已知点，以 HZG4、HZG6 为待定点，采用商用平差软件进行严密约束平差。附合水准路线闭（附）合差情况如表 4-23 所示。

附合水准路线闭（附）合差情况表 表 4-23

水准路线	往返测高差不符最大值(mm)	往返测高差不符值限差(mm)	线路闭（附）合差(mm)	线路距离(km)	线路闭（附）合差限差(mm)
6J01-HZG4-HZG6-Q764	1.05	±10.34	−2.14	1.67	±10.34

4.2.4 成果分析

将地面加密控制网的第三方测量成果与施工测量成果进行比对,当较差小于限差时,表明施工单位报验成果质量可靠,可用于施工使用。若较差大于限差时,应进行结果分析,进行必要的复测,确保成果的可靠性。会展中心站地面加密点测量成果与施工测量成果对比如表 4-24 所示。

会展中心站地面加密点测量成果对比表　　　　　表 4-24

点号	施工测量成果(m)			第三方测量成果(m)			较差(mm)			
	X	Y	H	X	Y	H	ΔX	ΔY	ΔP	ΔH
HZ01	*.1424	*.3898	—	*.1435	*.3938	—	1.1	4.0	4.1	—
HZ02	*.9301	*.5402	—	*.9351	*.5431	—	5.0	2.9	6.2	—
HZG1	—	—	*.5981	—	—	*.5964	—	—	—	−1.7
HZG2	—	—	*.9029	—	—	*.9017	—	—	—	−1.2

由表 4-24 可知,会展中心站平面加密控制点测量成果与施工单位测量成果坐标分量较差最大为 5.0mm,小于限差±12mm;加密高程控制点检测成果与施工单位测量成果最大较差为−1.7mm,小于限差±3mm。会展中心站加密控制网测量成果满足要求,可以使用。

4.3 联系测量检测

联系测量是将地面测量控制网的平面和高程坐标通过竖井、平硐及斜井传递至地下的测量工作,分为平面联系测量与高程联系测量。一般而言,对于平硐和斜井可以采用地面导线和水准测量方法将地上的测量坐标系统传递到地下,对于竖井需要通过竖井联系测量进行坐标传递,城市轨道交通工程一般采用竖井联系测量的方式进行坐标传递。

联系测量成果需经第三方测量单位检测合格后方可使用,第三方测量单位需对联系测量控制点进行 100% 检测,原则上每个隧道贯通前的联系测量工作不应少于 4 次,宜在隧道始发前,掘进至 100m、300m,以及距贯通面 100~200m 时,分别进行 1 次,贯通面一侧隧道长度大于 1500m 时,应增加联系测量次数或采用高精度联系测量方法等,提高定向测量精度。

以福州市某轨道交通工程线路前屿站至上洋站区间联系测量为例,隧道采用盾构法施工掘进,前屿站为始发站,上洋站为接收站,区间最小平面曲线半径为 400m,最大纵坡为 28‰,隧道顶埋深 8.75~19m,隧道已掘进至 400 环,第三方测量单位按要求进行第三次联系测量检测,依据前屿站的现场条件,平面联系测量方法采用两井定向,高程联系测量采用几何水准结合悬挂钢尺的测量方法。

4.3.1 资料收集

接收施工单位报验的联系测量资料,核实点位布设情况,确认测量方法和成果是否满足要求。查阅本工程前屿站至上洋站最新的地面控制网成果,包括线路程控制网和施工加密控制网。资料收集内容如表 4-25 所示。

资料收集表　　　　表 4-25

序号	资料内容	序号	资料内容
1	最新线路控制网成果	4	施工单位联系测量方法
2	最新地面加密控制网成果	5	施工单位联系测量成果
3	施工单位联系测量点选埋点方案		

4.3.2 检测实施

前屿站车站主体结构已完成施工，大小里程端头预留盾构井，盾构井尺寸为 7m×11.5m，具备按两井定向法实施联系测量的条件。同时为减少人为对中误差与仪器偏心误差的影响，将地下平面联系控制点做成强制对中点，尽量拉长地下导线边的长度，大小里程各布设 1 个平面控制点，高程控制点布设在侧墙上，保证能立水准尺。本次检测要求严格按现行国家标准《城市轨道交通工程测量规范》GB/T 50308 相关技术要求进行，符合表 4-26 的规定。

联系测量检测较差要求　　　　表 4-26

平面联系测量点坐标分量较差(mm)	平面联系测量边方位角较差(″)	平面联系测量边距离较差(mm)	上下高程传递高差之差(mm)	联系测量高程点检测较差(mm)
±16	±12	±8	±3	±5

1. 平面联系测量

本次平面联系测量检测采用两井定向法，常规平面联系测量悬挂两根钢丝即可传递平面坐标，但由于无定向导线无约束条件，为提高成果可靠性，在本次实施过程中增加 1 根钢丝，用以检核观测成果，可避免出现粗差而返工。在地面上采用导线测量测定钢丝坐标，在地下使地下导线的两端点与钢丝联测，经计算求得地下导线点的坐标与导线边的方位角，主要步骤如下。

（1）本次联系测量平面检测采用 2G07、2D10、JMD4 作为起算数据，检测前对起算点稳定性进行了检查，检查结果如表 4-27 所示。

平面控制点稳定性检查成果表　　　　表 4-27

序号	边长	理论夹角	检测夹角	角度差值	反算边长(m)	实测边长(m)	边长差值(mm)
1	2D10-2G07	23°43′44.2″	23°43′45.7″	1.5″	225.0499	225.0486	1.3
2	2G07-JMD4				202.1837	202.1839	0.2

（2）在前屿站车站小里程端头盾构井悬挂 1 根钢丝（GS3），大里程端头盾构井悬挂 2 根钢丝（GS1、GS2），钢丝直径为 0.3mm，顶部及底部均粘贴反射片，下方悬挂 5kg 重锤，重锤在阻尼液中保证钢丝垂直稳定。采用徕卡 TS50i 全站仪，以已检核的地面平面控制点 2G07、2D10、JMD4 为已知点，地面作业组分别在 2D10、JMD4 设站，按精密导线要求分别观测 GS1、GS2 和 GS3，用方向观测法观测 6 个测回，水平角观测和测距技术要求符合表 4-28 的要求，现场计算各项指标满足外业观测要求后记录在如表 4-29 所示的联

系测量观测手簿上。

联系测量水平角观测和测距技术要求 表 4-28

测回数		半测回归零差(″)	一测回内2C较差(″)	同一方向值各测回较差(″)	左右角之和与360°(″)	一测回中读数间较差限差(mm)	单程各测回间较差限差(mm)
水平角	测距						
6	4	6	9	6	4	3	4

（3）地下作业组在已布设的地下控制点 YX1-1、YX6 架站进行地上地下同步观测，按精密导线要求分别观测 GS1、GS2、GS3，布设为无定向导线，其中 YX1-1 和 YX6 为地下平面联系测量控制点，YX8 为区间加密平面控制点，用方向观测法观测 6 个测回，现场计算各项指标满足外业观测要求后记录在如表 4-29 所示的联系测量观测手簿上。

（4）观测时，地上、地下作业组同时进行观测，联系测量观测如图 4-9 所示。

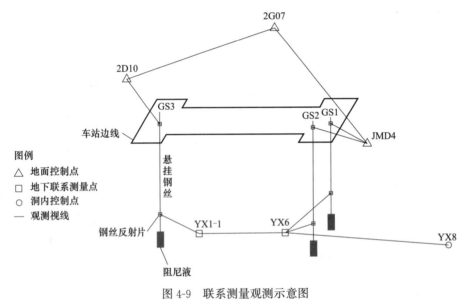

图 4-9 联系测量观测示意图

2. 高程联系测量

高程联系测量采用几何水准结合悬挂钢尺测量法，通过地面加密水准测定近井点高程，搭建挂尺架同时测定地上地下的尺面读数将高程传递至地下联系测量控制点，水准路线如图 4-10、图 4-11 所示。观测主要步骤如下：

（1）本次高程联系测量采用 2S05、2J11 作为起算数据，采用天宝 DINI03 电子水准仪按二等水准测量方法加密测定近井点高程，并构成附合水准路线；

（2）搭建挂尺架，在挂尺架上悬挂经检定合格的钢尺至车站底部，钢尺零刻划端朝下，在钢尺下端挂一个 5kg 重锤（与钢尺检定时拉力相同）；

（3）待重锤停止晃动静置后在地面和地下同时分别独立观测 3 次，观测结果记录如表 4-30 所示的高程联系测量观测手簿，地下联系测量控制点 YBM2、ZBM2 按二等水准测量方法形成闭合水准线，将地上、地上—地下、地下三部分水准串成一个附合水准路线进行平差计算。

平面联系测量观测手簿

表 4-29

标段：__第 * 标段__　　　　站名：_____　　　　日期：__2017.7.19__　　开始：__06:45__　　第 _1_ 页
仪器：__徕卡 TS50i__　NO：__369108__　天气：__晴__　　成像：__清晰__　　　　结束：__09:15__　　共 _4_ 页
温度：__28～37℃__　气压：__1006～1010hPa__　湿度：__48%～56%__

测站	测回	视准点	水平角 盘左读数Ⅰ	水平角 盘右读数Ⅱ	2C "	度盘方向值	归零方向值	方向值平均数	平距(m)	平距(m)	平距(m)
JMD4	1	2D07	359°59′59.4″	180°00′01.2″	−1.8	0°00′00.3″	0°00′00.0″		202.1832	202.1845	202.1839
		GS1	341°54′14.5″	161°54′12.2″	2.3	341°54′13.4″	341°54′12.4″	341°54′11.7″	26.4932	26.4932	26.4930
		GS2	311°57′56.2″	131°57′58.8″	−2.6	311°57′57.5″	311°57′56.5″	311°57′57.0″	73.9766	73.9771	73.9771
	2	2D07	0°00′00.2″	180°00′03.2″	−3.0	0°00′01.7″	0°00′00.0″		202.1833	202.1845	
		GS1	0°00′01.5″	180°00′03.5″	−2.0	0°00′02.5″					
		GS1	341°54′14.4″	161°54′13.7″	0.7	341°54′14.1″	341°54′11.9″		202.1832	202.1845	
		GS2	311°57′59.8″	131°57′59.9″	−0.1	311°57′59.9″	311°57′57.7″		26.4926	26.493	
	3	2D07	0°00′01.0″	180°00′02.6″	−1.6	0°00′01.8″	0°00′00.0″		73.9769	73.9779	
		GS1	341°54′14.8″	161°54′13.0″	1.8	341°54′13.9″	341°54′11.0″				
		GS2	311°58′00.6″	131°58′00.0″	0.6	311°58′00.3″	311°57′57.4″				
	4	2D07	0°00′02.8″	180°00′03.7″	−0.9	0°00′03.3″	0°00′00.0″				
		2D07	0°00′03.3″	180°00′04.5″	−1.2	0°00′03.9″	0°00′00.0″				
		GS1	341°54′15.9″	161°54′15.0″	0.9	341°54′15.5″	341°54′11.5″				
		GS2	311°58′00.6″	131°58′00.3″	0.3	311°58′00.5″	311°57′56.5″				
		2D07	0°00′03.9″	180°00′04.3″	−0.4	0°00′04.1″	0°00′00.0″				
⋯	⋯	⋯	⋯	⋯	⋯	⋯	⋯	⋯	⋯	⋯	⋯

高程联系测量观测手簿　　　　　　　　　　　　　　　　　　　表 4-30

观测日期：2018 年 7 月 16 日　　　　观测地点：前屿站　　　　观测者：＊＊＊＊
观测天气：晴　　　　　　　　　　　　　　　　　　　　　　　　记录者：＊＊＊＊

序号	基坑顶部		基坑底部		高差 $H=\|b-b'\|+a'-a$	备注
	钢钢尺 a(m)	钢卷尺 b(m)	钢钢尺 a'(m)	钢卷尺 b'(m)		
JJD1-GC	1.18131	0.0249			15.09444	
	1.15641	0.0495				
	1.12696	0.0792				
GC-YBM2			0.85710	15.4432		
			0.90071	15.4000		
			0.93240	15.3682		
YBM2-GC			0.94188	15.3588	15.09418	
			0.95404	15.3463		
			0.88461	15.4159		
GC-JJD1	1.13708	0.0692				
	1.15095	0.0549				
	1.16285	0.0440				

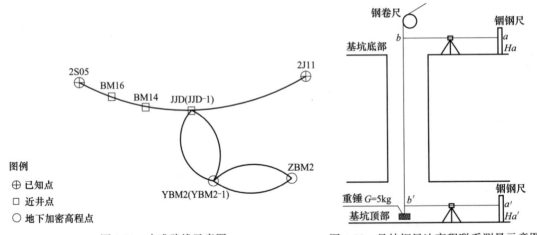

图 4-10　水准路线示意图　　　　　　图 4-11　悬挂钢尺法高程联系测量示意图

4.3.3　数据处理

平面联系测量和高程联系测量数据采用商业软件进行平差，本次数据处理精度及对比成果分别如表 4-31～表 4-33 所示。

1. 平面观测精度统计

平面观测数据精度统计表　　　　　　　　　　　　　　　　　　　表 4-31

最弱点点位中误差(mm)		最弱相邻点位中误差(mm)	
点号	计算值	最大值	限差
YX8	1.34	0.64	8

GS1-GS3 与 GS2-GS3 平差成果对比表　　　　表 4-32

点号	GS1-GS3		GS2-GS3		较差	
	X(m)	Y(m)	X(m)	Y(m)	ΔX(mm)	ΔY(mm)
YX1-1	*.3954	*.6392	*.3965	*.6408	1.1	1.6
YX6	*.8696	*.3586	*.8693	*.3604	−0.3	1.8
YX8	*.1588	*.0929	*.1565	*.0937	−2.3	0.8

2. 高程观测精度统计

附合水准路线附合差情况表　　　　表 4-33

序号	水准路线/闭合环	附合差(mm)	路线长度(km)	限差(mm) $\pm 8\sqrt{L}$
1	2J11-JJD-1-YBM2-1-ZBM2-YBM2-JJD-BM14-BM16-2S05	−0.72	1.74	±10.56

由上表可知，本次测量成果符合规范要求。

4.3.4 成果分析

将联系测量的第三方测量成果与施工测量成果进行比对，当较差小于限差时，表明施工单位报验成果质量可靠，可用于施工使用。若较差大于限差时，应进行结果分析，进行必要的复测。第三方测量成果与施工测量成果对比如表 4-34、表 4-35 所示。

平面联系测量控制点成果对比表　　　　表 4-34

点号	施工测量成果(m)		第三方测量成果(m)		较差(mm)		
	X	Y	X	Y	ΔX	ΔY	ΔP
YX1-1	****.3959	****.6393	****.3971	****.6401	1.2	0.8	1.4
YX8	****.1479	****.0871	****.1553	****.0922	7.4	5.1	9.0
YX6	****.8675	****.3562	****.8693	****.3589	1.8	2.7	3.2
YX1-1-YX8	方位角				互差(″)		
	108°34′51.5″		108°34′42.1″		−9.4		
YX1-1-YX8	距离(m)				互差(mm)		
	160.8312		160.8333		−2.1		
YX1-1-YX6	方位角(° ′ ″)				互差(″)		
	112°10′42.1″		112°10′37.7″		−4.4		
YX1-1-YX6	距离(m)				互差(mm)		
	62.3284		62.3299		−1.5		

高程联系测量控制点成果对比表　　　　表 4-35

点号	施工测量成果(m)	第三方测量成果(m)	较差(mm)
ZBM2	*.6951	*.6922	2.9
YBM2	*.3784	*.3756	2.8

平面联系测量控制点 YX8 检测成果与施工单位原测成果较差最大值为 9.0mm，小于

限差±16mm；方位角互差最大值为－9.4″，小于限差±12″；距离互差最大值为－2.1mm，小于限差±8mm。高程联系测量控制点第三方测量成果与施工测量成果较差最大值为2.9mm，小于限差±5mm。施工单位联系测量成果满足要求，可用于施工使用。

4.4 地下控制网测量检测

地下控制网是在隧道内建立的测量控制网，是隧道掘进、铺轨施工、风水电装修和竣工测量的基础，分为贯通前的地下控制网测量和贯通后的地下控制点恢复测量。通过联系测量传递至地下的联系测量控制点是地下控制网的起算基准。第三方测量单位需对地下控制网进行100%检测，满足要求后方可用于施工。

4.4.1 贯通前的地下控制网测量检测

由于地面区间或者高架区间可以通过地面附合导线、附合水准测量进行控制，而在隧道工程贯通前，以支导线形式布设地下控制网测量精度难以保证。对此，隧道贯通前的地下控制网一般采用双点导线或者虚拟双导线的方式测量，大于1.5km的长隧道区间，应增加陀螺方位角检核条件，以便高精度贯通。

以福州市某轨道交通工程线路沙京站至莲花站区间下行线为例，沙京站—莲花站区间从沙京站出发后沿规划道庆路向东走行，侧穿东绕城高速后在里程XK25+400处设置一座中间风井。区间出中间风井后下跨出入段线后接至莲花站，盾构掘进始发站是沙京站和中间风井。沙京站—莲花站区间全长2353m，其中中间风井—莲花站长1444m，盾构衬砌结构为单层装配式钢筋混凝土管片，衬砌管片内径为5500mm，外径为6200mm，厚度为350mm，环宽为1200mm。设计管片环数1203环。目前，中间风井—莲花站下行线已掘进至679环，为满足隧道施工需要，需进行地下控制网测量检测。

1. 收集资料

接收施工单位报验的贯通前区间已有平面、高程控制网资料，核实点位布设情况，确认测量方法和成果是否满足规范要求，调取已检测的中间风井地下联系测量成果。资料收集内容如表4-36所示。

资料搜集表　　　　表4-36

序号	资料内容	序号	资料内容
1	车站联系测量控制点成果	3	地下控制网测量方法
2	施工单位区间隧道新布设的控制点方案	4	地下控制网测量成果

2. 检测实施

施工单位已完成区间第三次联系测量，以中间风井联系测量控制点为起算点，地下平面控制点采用双导线两侧交叉形式布设，控制点形式均采用边墙强制对中观测托架，地下高程控制点采用L型不锈钢膨胀螺栓埋设在管片底部，平均150m布设1个，共布设9个洞内平面控制点和4个洞内高程控制点。本次检测要求如表4-37、表4-38所示。

洞内精密导线测量主要技术和对比要求 表 4-37

测角中误差(″)	导线检测方位角闭合差(″)	全长相对闭合差	洞内导线点的坐标分量较差(mm)	
			<1/2 区间长度	≥1/2 区间长度
±2.5	$±5\sqrt{n}$	1/35000	±16	$30×d/D$

注：d 为控制导线长度，D 为贯通距离。

水准测量主要技术和对比要求 表 4-38

每千米高差中数中误差(mm)		往返测较差、附合水准路线闭合差(mm)	洞内加密高程点检测较差(mm)
偶然中误差 $M_Δ$	全中误差 M_W		
±2	±4	$±8\sqrt{L}$	±5

(1) 平面控制测量

未贯通的隧道地下控制网以支导线形式布设平面控制点，由于支导线测量无多余观测组成平差条件，导线成果直接根据边角数据推算得出，对含有误差的角度、边长观测值不作改正，所得的地下控制网成果精度上受到限制。本次利用中间风井地下联系测量控制点作为起算点，地下平面控制点采用双导线两侧交叉形式布设形成闭合导线，采用徕卡 TS50i 全站仪施测，左右角各观测两测回，按照精密导线观测方法进行观测，外业观测指标如表 4-39、表 4-40 所示，平面控制网测量示意图如图 4-12 所示。

水平角观测的技术要求 表 4-39

半测回归零差(″)	一测回内 2C 较差(″)	同一方向各测回较差(″)	左右角平均值之和与 360°较差(″)
6	9	6	4

距离测量的技术要求 表 4-40

全站仪等级	边长测回数	一测回中读数间较差(mm)	单程各测回间较差(mm)	测距相对中误差	往返测较差
Ⅰ级	往返测距各 2 测回	3	4	1/80000	$≤2(a+bD)$

注：1. $(a+bD)$ 为仪器标称精度，a 为固定误差，b 为比例误差系数，D 为距离测量值（km）；
2. 一测回指照准目标读数 4 次。

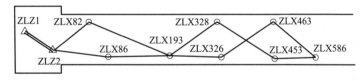

图例
△ 联系测量控制点
○ 地下平面控制点

图 4-12 贯通前地下平面控制网测量示意图

(2) 高程控制测量

地下高程控制测量是以高程联系测量控制点为起算依据，采用水准测量方式，沿掘进隧道布设水准点，按二等水准测量方法施测，隧道未贯通前均为支水准路线。本次测量采用天宝 DINI03 电子水准仪，利用已检核的地下高程控制点 BMX1-1、BMX2 为已知点，以 ZLXG102、ZLXG302、ZLXG460、ZLXG602 为地下加密高程点，采用附合水准线路按二等水准要求进行测量,现场观测照片如图4-13所示,测量主要技术要求符合表4-41的规定。

地下高程控制网测量主要技术要求　　　　　表4-41

等级	视线长度(m)	前后视距差(m)	前后视距累积差(m)	视线高度(m)
二等	≤60	≤2	≤6.0	≥0.55且≤2.8

3. 数据处理

(1) 数据预处理

观测结束后,对外业观测记录进行100%检查,无误后对斜距进行加常数、乘常数和气象改正,以及高程归化和投影改化改正。

(2) 导线网平差

采用商用处理软件对地下平面控制网测量和地下高程控制网测量数据进行平差计算,包括导线测角中误差、导线方位角闭合差、全长相对闭合差、水准线路附合差等精度指标,主要指标如表4-42、表4-43所示。

图4-13　贯通前地下高程控制网测量现场照片

平面观测数据精度统计表　　　　　表4-42

最弱边相对中误差		最弱点点位中误差(mm)		方位角闭合差(″)		全长相对闭合差		最弱相邻点位中误差(mm)	
导线边	计算值	点号	计算值	计算值	限差	计算值	限差	最大值	限差
ZLZ2-ZLX82	1/275000	ZLX586	2.76	2.3	±16.58	1/188299	1/35000	0.62	8

高程观测精度统计　　　　　表4-43

水准路线	附合差(mm)	线路长度(km)	限差(mm)
BMX1-1-ZLXG102-ZLXG302-ZLXG460-ZLXG602-BMX2	−4.56	2.80	$±8\sqrt{L}=±6.69$

由表4-42、表4-43可知,本次测量成果精度指标均符合规范要求。

4. 成果分析

由于本次导线长度小于1/2区间长度,故将地下导线点的坐标检测较差限差定为±16mm,地下高程点的检测较差限差为±5mm。将第三方测量成果与施工测量成果进行比对,当较差小于限差时,表明施工单位报验成果质量可靠,可用于施工使用。若较差大于限差时,应进行结果分析,进行必要的复测,确保成果可靠性。第三方测量成果与施工测量成果比较如表4-44所示。

由表4-44可知,第三方测量成果与施工测量成果平面控制点最大较差为7.9mm,小于限差±16mm的复测限差要求;高程控制点最大较差为−1.5mm,小于限差±5mm的复测限差要求。施工单位地下控制网测量成果满足要求,可以使用。

地下平高控制点成果对比表　　　　表 4-44

点号	施工测量成果(m)			第三方测量成果(m)			较差(mm)			
	X	Y	H	X	Y	H	ΔX	ΔY	ΔP	ΔH
ZLX82	＊＊＊.4786	＊＊＊.0975	—	＊＊＊.4768	＊＊＊.1006	—	−1.8	3.1	3.6	—
ZLX86	＊＊＊.0088	＊＊＊.3524	—	＊＊＊.0095	＊＊＊.3559	—	0.7	3.5	3.6	—
ZLX193	＊＊＊.8300	＊＊＊.1308	—	＊＊＊.8273	＊＊＊.1350	—	−2.7	4.2	5.0	—
ZLX326	＊＊＊.8445	＊＊＊.8441	—	＊＊＊.8447	＊＊＊.8508	—	0.2	6.7	6.7	—
ZLX328	＊＊＊.4879	＊＊＊.9574	—	＊＊＊.4853	＊＊＊.9618	—	−2.6	4.4	5.1	—
ZLX453	＊＊＊.9646	＊＊＊.5153	—	＊＊＊.9645	＊＊＊.5215	—	−0.1	6.2	6.2	—
ZLX463	＊＊＊.9339	＊＊＊.3914	—	＊＊＊.9343	＊＊＊.3969	—	0.4	5.5	5.5	—
ZLX586	＊＊＊.4888	＊＊＊.1951	—	＊＊＊.4903	＊＊＊.2029	—	1.5	7.8	7.9	—
ZLXG102	—	—	＊.1013	—	—	＊.1017	—	—	—	−0.4
ZLXG302	—	—	＊.9803	—	—	＊.9810	—	—	—	−0.7
ZLXG460	—	—	＊.1543	—	—	＊.1553	—	—	—	−1.0
ZLXG602	—	—	＊.4300	—	—	＊.4315	—	—	—	−1.5

4.4.2　地下控制点的恢复测量检测

城市轨道交通工程区间贯通后，应及时进行地下控制点的恢复测量，以车站的联系测量控制点作为起算点，在区间内布设控制点，将控制点构成附合导线和水准。地下控制点的恢复测量检测与常规地面加密控制网检测方法相同，均采用附合导线法和附合水准法进行施测。

以福州市某轨道交通工程线路前屿站至上洋站区间右线为例，该区间全长 1212m（1010 环），隧道贯通后需进行地下控制点的恢复测量，该成果将作为后续铺轨控制点的起算依据，第三方测量单位按要求对前上区间右线地下控制点的恢复测量成果进行检测。

1. 收集资料

接收施工单位报验的贯通后地下控制点的恢复测量成果资料，核实点位布设情况，确认测量方法和成果是否满足规范要求，查阅已检测的前屿站、上洋站最新地下联系测量成果。资料收集内容如表 4-45 所示。

资料搜集表　　　　表 4-45

序号	资料内容
1	施工单位报验的贯通后地下控制点的恢复测量成果资料
2	掘进端、接收端地下联系测量成果
3	施工单位区间隧道控制网测量方法

2. 检测实施

控制点采用测钉形式埋设在管片底部，平面和高程控制点为同一点位，平均每 150m

布设1个，共布设9点。本次检测按现行国家标准《城市轨道交通工程测量规范》GB/T 50308 精密导线和二等水准测量精度要求进行，如表 4-46、表 4-47 所示。

精密导线测量主要技术和对比要求　　　　　　　　　　　表 4-46

测角中误差(″)	导线检测方位角闭合差(″)	全长相对闭合差	水平角测回数（Ⅰ级全站仪）	洞内导线点的点位较差(mm)
±2.5	±5$\sqrt{n}$	1/35000	4	±16

二等水准测量主要技术和对比要求　　　　　　　　　　　表 4-47

前后视距差(m)	前后视距累积差(m)	往返测较差、附合水准路线闭合差(mm)	洞内高程点检测较差(mm)
±2	±6	±8$\sqrt{L}$	±5

(1) 平面控制测量检测

本次检测采用徕卡 TS50i 全站仪以联系测量平面控制点 YXD1、YXD2、Y0、Y2 为起算依据，Y65、Y180、Y263、Y405、Y550、Y655、Y790、Y920、Y1007 为地下平面控制点；ZD 为临时转点，按附合导线测量方法进行施测，检测示意图如图 4-14 所示。

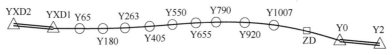

图例
△ 已知点
○ 洞内加密点
□ 临时点

图 4-14　平面控制测量检测示意图

(2) 高程控制测量检测

本次检测采用天宝 DINI03 电子水准仪以联系测量高程控制点 YBM3、YB3 为起算依据，Y65、Y180、Y263、Y405、Y550、Y655、Y790、Y920、Y1007 为地下高程控制点，采用附合水准测量方法进行施测，检测示意图如图 4-15 所示。

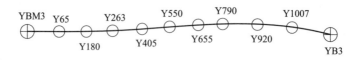

图例
⊕ 已知点
○ 洞内加密点

图 4-15　高程控制测量检测示意图

3. 数据处理

利用商用处理软件对外业观测数据进行平差处理，检核成果是否符合规范要求。本次精度指标统计如表 4-48、表 4-49 所示。

（1）平面观测精度统计

精密导线精度统计表　　　　　　　　　　　　　　　　　　　表 4-48

最弱边相对中误差		最弱点点位中误差(mm)		方位角闭合差(″)		全长相对闭合差		最弱相邻点位中误差(mm)	
导线边	计算值	点号	计算值	计算值	限差	计算值	限差	最大值	限差
YXD1-Y65	1/223000	Y655	1.62	2.5	17.3	1/65466	1/35000	0.62	8

（2）高程观测精度统计

水准路线附合差情况表　　　　　　　　　　　　　　　　　　表 4-49

序号	水准路线	附合差(mm)	限差(mm)
1	YB3-Y1007-Y920-Y790-Y655-Y550-Y405-Y263-Y180-Y65-YBM3	−2.74	$\pm 8\sqrt{L} = \pm 11.49$

由表 4-48、表 4-49 可知，本次测量成果符合规范要求。

4. 成果分析

地下控制点恢复测量成果重复测量坐标分量限差为±16mm，高程较差限差为±5mm，将第三方测量成果与施工测量成果进行比对，当较差小于限差时，表明施工单位报验成果质量可靠，可用于施工使用。若较差大于限差时，应进行结果分析，进行必要的复测，确保成果可靠性。第三方测量成果与施工测量成果对比如表 4-50 所示。

地下控制点恢复测量成果对比表　　　　　　　　　　　　　　表 4-50

点号	施工测量成果(m)			第三方测量成果(m)			较差(mm)		
	X	Y	H	X	Y	H	ΔX	ΔY	ΔH
Y65	****.8061	****.4660	*.3381	****.8068	****.4664	*.3382	0.7	0.4	−0.1
Y180	****.9577	****.4962	*.8385	****.9613	****.4979	*.8387	3.6	1.7	−0.2
Y263	****.1994	****.0388	*.8065	****.2051	****.0412	*.8068	5.7	2.4	−0.3
Y405	****.3389	****.4106	*.2466	****.3465	****.4146	*.2467	7.6	4.0	−0.1
Y550	****.4367	****.1520	*.6425	****.4456	****.1569	*.6426	8.9	4.9	−0.1
Y655	****.3742	****.0042	*.1263	****.3819	****.0090	*.1268	7.7	4.8	−0.5
Y790	****.4727	****.8583	*.9716	****.4791	****.8624	*.9710	6.4	4.1	0.6
Y920	****.7575	****.8553	*.7108	****.7608	****.8573	*.7103	3.3	2.0	0.5
Y1007	****.5855	****.0086	*.5755	****.5881	****.0042	*.5748	2.6	−4.4	0.7

由表 4-50 可知，地下平面检测成果与施工单位测量成果较差最大值为 8.9mm，小于限差±16mm 的检测要求；地下高程检测成果与施工单位测量成果较差最大值为 0.7mm，小于±5mm 的检测要求，测量成果满足要求，可以使用。

4.5　铺轨控制网测量检测

目前，轨道交通大部分采用现浇高标准轨道混凝土整体道床，该道床一旦完成轨道铺设，钢轨位置的调整量十分有限，因此需在铺轨前建立高精度铺轨测量控制网，用于指导轨道的铺设和运营期间轨道维护。为保证轨道交通列车行驶的平稳性和乘客的舒适性，精确的测设铺轨控制网是保证轨道线型质量的关键。

铺轨控制网测量可采用铺轨控制基标测量或者任意设站控制网测量方法，在地下控制点恢复测量后进行。任意设站控制网测量方法是基于高铁CPIII测量技术和铺轨模式而引入的，相较于铺轨控制基标测量能够明显地提高轨道的铺设精度及工作效率，保证轨道的高平顺性，控制点采用预埋件形式有利于长期保护，可为运营期管养维护提供永久基准。

以福州市某轨道交通工程线路莲花站—滨海新城站区间为例，该区间全长1191m，起始里程K27+205，终点里程K28+396，采用盾构法施工，采用单层装配式钢筋混凝土管片，管片内径为5500mm，环宽为1200mm。该区间已完成地下控制点恢复测量，成果移交铺轨单位后按照施工工序要求进行铺轨控制网测量，由于滨海新城站—壶井站区间已完成铺轨控制网测量，本次需衔接滨海新城站的部分铺轨控制点，采用任意设站控制网测量方法施测。

4.5.1 点位埋设

（1）铺轨控制点由埋设在建筑结构中的强制对中标志和可以装卸的照准连接件组成，测量标志采用精密加工的不锈钢金属材料制作。全线采用统一的控制点标志，由预埋件、平面测量杆、平面测量棱镜、高程测量杆四部分组成，平面棱镜中心标高和高程测量杆杆顶标高较差为1cm，具体样式如图4-16所示。

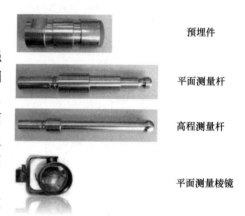

图4-16 铺轨控制点样式

（2）铺轨控制点沿线路成对布设，各对控制点间距根据通视情况在30~60m之内，分别埋设于地下隧道侧墙上、站台廊檐侧面，埋设高度根据隧道限界图设备、管线、疏散平台布置情况确定，位于轨道面以上0.3m处，设置在稳固、不易破坏和便于测量的位置。铺轨控制点布置如图4-17、图4-18所示。

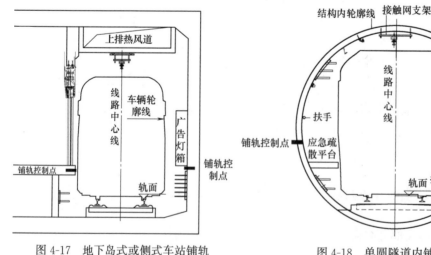

图4-17 地下岛式或侧式车站铺轨控制点布置图

图4-18 单圆隧道内铺轨控制点布置图

（3）铺轨控制点编号规则

1）按公里数递增方向顺序进行编号，左侧控制点编号为奇数，右侧控制点编号为偶数。

2）控制点编号宜统一为六位数，正线控制点编号具体规则为：X（上下行标识 S 或 X）+XX（里程整公里数）+X（表示任意设站控制点点号 C）+XX（该千米段序号）。例如 S11C01，其中“S”代表上行线，“11”代表公里数，“C”代表任意设站控制点编号，“01”代表该里程范围内的第 1 号点。

3）控制点编号标注清晰、明显地标在侧墙或车站廊檐上，同一路段点号标志高度应统一。点号标志字号采用统一规格字模、标牌，如图 4-19 所示。

XX市轨道交通X号线铺轨控制点

测量标志　　依法保护

S21C01

XX市地铁公司

XXXX年X月

图 4-19　铺轨控制点标牌

4.5.2　检测实施

铺轨任意设站控制网测量采用自由设站法，按轨道交通工程测量规范任意设站控制网要求进行施测，测量指标符合表 4-51～表 4-54 的要求。

任意设站控制网平面独立自由网平差后的主要技术要求　　表 4-51

控制网名称	方向改正数（″）	距离改正数（mm）
任意设站平面网	≤±3.0	≤±2.0

任意设站控制网固定约束平差后的主要技术要求　　表 4-52

起算点联测		任意设站控制网联测		方向观测中误差（″）	距离观测中误差（mm）	点位中误差（mm）	相邻点相对点位中误差（mm）	控制点复测成果与原测成果的 X、Y 坐标较差（mm）
方向改正数（″）	距离改正数（mm）	方向改正数（″）	距离改正数（mm）					
≤±4.0	≤±4.0	≤±3.0	≤±2.0	≤±1.8	≤±1.0	≤±3.0	≤±1.0	≤±3.0

高程测量精度要求　　表 4-53

每千米水准测量偶然中误差（mm）	每千米水准测量全中误差（mm）	不同测站测量的两相邻点高差互差（mm）	附合路线或环线闭合差（mm）	往返测不符值（mm）
≤±2.0	≤±4.0	≤±3.0	$\leqslant \pm 8\sqrt{L}$	$\leqslant \pm 8\sqrt{L}$

注：表中 L 为往返测段、附合或环线水准路线长度（km）。

高程网平差后的精度指标　　表 4-54

高差改正数（mm）	高差观测值的中误差（mm）	高程中误差（mm）	平差后相邻点高差中误差（mm）	控制点复测成果与原测成果的高程较差（mm）
≤±1.0	≤±1.0	≤±2.0	≤±1.0	≤±3.0

1. 起算控制点的选择及检测

在区间里有已检测合格的联系测量控制点 BHY02、BLY02-1、LHYP01、LHYP02

和洞内控制网恢复控制点 BLY160、BLY320、BLY460、BLY623、BLY801 等。任意设站控制网测量前,先对洞内控制点恢复测量控制点进行检测,选取点位稳定可靠、精度高的点位作为任意设站控制网的起算点。

起算控制点平面检测参考精密导线观测要求,外业测量水平角 4 测回,其中左、右角各观测 2 测回;导线边长测量往返测各两测回。对检核数据与原测数据进行角度比较,共检核 11 个角度、12 条边长,具体如表 4-55~表 4-57 所示。

导线角度检核统计表 表 4-55

序号	点号	X(m)	Y(m)	原测角度 (° ′ ″)			检核角度 (° ′ ″)			角度较差(″)
1	BHY108	****.3005	****.9664							
2	BHY02	****.7661	****.2959	181	27	2.5	181	26	59.8	−2.7
3	BLY02-1	****.2157	****.9729	179	58	25.8	179	58	23.6	−2.2
4	BLY160	****.1199	****.9294	179	51	23.3	179	51	24.8	1.5
5	BLY320	****.7002	****.9679	180	39	17.9	180	39	16.7	−1.2
6	BLY460	****.7362	****.8069	178	48	23.9	178	48	23.8	−0.1
7	BLY623	****.7495	****.8780	180	31	25.8	180	31	28.1	2.3
8	BLY801	****.3124	****.8344	179	49	11.3	179	49	12.1	0.7
9	……	……	……	……			……			……

导线边长检核统计表 表 4-56

序号	点号	X(m)	Y(m)	反算距离(m)	复测距离(m)	距离较差(mm)
1	BHY108	****.3005	****.9664			
2	BHY02	****.7661	****.2959	146.4624	146.4645	2.0
3	BLY02-1	****.2157	****.9729	174.9720	174.9684	−3.6
4	BLY160	****.1199	****.9294	201.0624	201.0613	−1.0
5	BLY320	****.7002	****.9679	192.2161	192.2146	−1.5
6	BLY460	****.7362	****.8069	168.5159	168.5170	1.0
7	BLY623	****.7495	****.8780	195.7665	195.7659	−0.6
8	BLY801	****.3124	****.8344	213.9081	213.9060	−2.1
9	……	……	……	……	……	……

坐标检核统计表 表 4-57

点号	原测成果		检测成果		较差(mm)		
	X(m)	Y(m)	X(m)	Y(m)	ΔX	ΔY	ΔP
BLY160	****.1199	****.9294	****.1193	****.9308	−0.6	1.4	1.5
BLY320	****.7002	****.9679	****.6996	****.9685	−0.6	0.6	0.8
BLY460	****.7362	****.8069	****.7362	****.8060	0.0	−0.9	0.9
BLY623	****.7495	****.8780	****.7482	****.8775	−1.3	−0.5	1.4
BLY801	****.3124	****.8344	****.3093	****.8350	−3.1	0.6	3.2

由表 4-55~表 4-57 可知，角度较差最大为 2.7″，边长较差最大为 3.6mm，点位较差最大为 3.2mm，点位可靠，可以作为铺轨控制网的起算点。

起算控制点高程检测参考二等水准观测要求，对检核数据与原测数据进行高差比较，共检核 8 个测段，如表 4-58 所示。

测段高差检核统计表　　　　　　　　　　　　　表 4-58

序号	测段	原测成果(m)	检测成果(m)	较差(mm)
1	LHZG01-LGYG01	−0.1334	−0.1331	−0.3
2	LGYG01-BLY801	−5.1832	−5.1836	0.4
3	BLY801-BLY623	−2.4442	−2.4437	−0.5
4	BLY623-BLY460	−0.4167	−0.4170	0.3
5	BLY460-BLY320	0.6521	0.6528	−0.7
6	BLY320-BLY160	2.5248	2.5238	1.0
7	BLY160-YDG01	3.8094	3.8100	−0.6
8	YDG01-BHYG01	1.0313	1.0309	0.4

2. 任意设站控制网测量

任意设站控制网测量可根据施工需要分段测量，分段测量的区段长度不小于 2km 或一个区间长度，区段间重复观测不应少于 4 对控制点，区段衔接处不应位于道岔区。搭接段测量原则上谁先施工，使用谁的成果作为约束条件进行相邻区段控制点平差。衔接处重叠点两次测量坐标较差应不大于 3mm，满足要求后采用约束平差进行区段衔接处理。

（1）平面控制测量

平面观测时，每个测站观测不少于 4 对控制点，相邻测站间重复观测控制点不少于 3 对。测站间距离为 30~60m，测站至控制点的最远距离不大于 120m，每个控制点应有 3 个任意测站的方向和距离观测值。铺轨控制网采用自由测站边角交会的方法施测，附合于既有的高等级线路控制点上（恢复测量后的地下控制点）。平面测量水平方向采用全圆方向观测法进行观测，水平方向观测符合表 4-59 的规定。

平面测量水平方向观测技术要求　　　　　　　　表 4-59

控制网名称	仪器等级	测回数	半测回归零差	不同测回同一方向 2C 互差	同一方向归零后方向值较差
铺轨控制网	0.5″	2	6″	9″	6″

边长观测时，在全站仪中输入温度和气压进行气象元素改正，温度读数精确至 0.2℃，气压读数精确至 0.5hPa，具体观测指标符合表 4-60 的规定。

平面测量距离观测技术要求　　　　　　　　表 4-60

控制网名称	测回	半测回间距离较差(mm)	测回间距离较差(mm)
铺轨控制网	2	±1	±1

本次测量以 BHY108、BHY02、BLY02-1、BLY160、BLY320、BLY460、BLY623、BLY801、LHYP01、LHYP02 为平面起算点，共观测 66 个铺轨控制点，按任意设站控制

网要求进行观测。构网形式如图 4-20 所示,自由测站间距为 60m 左右,每个铺轨控制点有 4 个自由测站的独立观测。

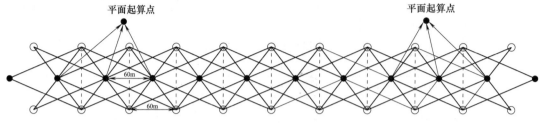

图 4-20 平面网构网形式

(2) 高程控制测量

高程测量在地下隧道段,采用自由测站三角高程测量方法,与平面控制测量同时进行,具体指标如表 4-61 所示。相邻点应由 3 个不同的任意测站点同时观测,取相邻 3 个点高差值,互差应小于 3mm 时,取距离加权平均值作为最后的高差值,三角高程测量结果如表 4-62 所示。

自由测站三角高程外业观测的主要技术要求　　　　表 4-61

全站仪标称精度	测回数	测回间距离较差	测回间竖盘指标差互差	测回间竖直角互差
$\leqslant 1''$,$1mm+1\times10^{-6}D$	3	1mm	10″	6″

注:D 为距离测量值(km)。

三角高程测量统计表　　　　表 4-62

序号	自	至	高差(m)	测距(km)	测量次数	不同测站高差最大互差(mm)	备注	高差距离加权平均值(m)	距离加权平均值(km)
1	S26C35	S26C36	−0.02236	0.028	3	0.27	合格	−0.02248	0.046
			−0.02263	0.043					
			−0.02255	0.165					
2	S27C01	S26C35	0.37730	0.088	3	0.64	合格	0.37759	0.080
			0.37759	0.061					
			0.37794	0.105					
3	S26C36	S27C02	0.10167	0.089	3	0.09	合格	0.10172	0.080
			0.10172	0.060					
			0.10176	0.105					
4	……	……	……	……	……	……	……	……	……

4.5.3 数据处理

平面控制网先采用独立自由网平差,精度指标符合要求后表明本次测量内符合性较好,再采用合格的起算点进行固定约束平差。高程控制网在数据满足往返测高差较差和附合/环闭合差要求后平差处理。数据处理流程及相关要求如下。

(1) 数据传输及预处理

将外业观测记录的数据传入计算机，进行数据整理，检查半测回归零差、不同测回同一方向 2C 互差、同一方向归零后方向值较差等规范指标是否满足要求，并输出观测手簿。

(2) 编辑平面已知数据

在平面数据处理前需要编辑好本测段的平面已知点数据。

(3) 生成平差文件

将检查通过的观测数据和编辑好的已知点数据生成可用于平差计算的平差文件。

(4) 闭合差检验

铺轨控制网需检测每一对铺轨控制点由不同测站测量后的兼容性，检测后铺轨控制点对环闭合环精度不低于 1/35000。

(5) 设置平差参数

平差采用赫尔默特方差分量估计，设置高程和平面控制网等级。

(6) 衔接段平差检核

在进行铺轨控制点平差前需先对滨海新城站衔接区段的 8 个铺轨控制点的已有成果进行检核，对其兼容性进行判断，对不兼容的铺轨控制点进行外业复核，对成果进行修正后使用。

1) 自由网平差

采用预处理并检查合格后的观测数据进行自由网平差，精度统计如表 4-63 所示。

自由网平差精度统计表　　　　表 4-63

项目	方向改正数(″)	距离改正数(mm)
最大值	−2.83	−1.67
限差	≤±3.0	≤±2.0

2) 约束平差

以区间恢复测量后的地下控制点为起算点，计算滨海新城站衔接段的 8 个铺轨控制点，前后测段独立平差重叠点坐标较差须满足≤±3.0mm。满足该条件后，后一测段控制网平差采用高等级控制和前一段重叠的连续衔接点进行约束平差。独立测段平差后的衔接段重叠点成果与前一段的成果对比如表 4-64 所示。

衔接段重叠点对比表　　　　表 4-64

点号	上一测段成果(m)			独立测段平差(m)			较差(mm)		
	X	Y	H	X	Y	H	ΔX	ΔY	ΔH
S28C23	*.1226	*.3657	*.8090	*.1223	*.3655	*.8079	−0.3	−0.2	1.1
S28C24	*.0025	*.4460	*.8653	*.0041	*.4462	*.8642	1.6	0.2	1.1
S28C25	*.9254	*.3859	*.4123	*.9268	*.3859	*.4117	1.4	0.0	0.6
S28C26	*.7108	*.5854	*.5051	*.7110	*.5838	*.5044	0.2	−1.6	0.7
S28C27	*.4790	*.9708	*.6887	*.4794	*.9705	*.6876	0.4	−0.3	1.1
S28C28	*.2014	*.2092	*.7252	*.2020	*.2088	*.7243	0.6	−0.4	0.9

续表

点号	上一测段成果(m)			独立测段平差(m)			较差(mm)		
	X	Y	H	X	Y	H	ΔX	ΔY	ΔH
S28C29	*.6439	*.8083	*.8963	*.6452	*.8073	*.8952	1.3	−1.0	1.2
S28C30	*.3737	*.0570	*.9594	*.3749	*.0558	*.9582	1.2	−1.2	1.2

由表 4-64 可知，重叠点位均满足±3mm 的限差要求。本次选取 S28C27、S28C28、S28C29、S28C30 作为约束点参与平差。

(7) 整体联合平差

平面控制网挑选满足要求的衔接段铺轨控制点 S28C27、S28C28、S28C29、S28C30 和区间恢复测量后的地下控制点 BHY108、BHY02、BLY02-1、BLY160、BLY320、BLY460、BLY623、BLY801、LHYP01、LHYP02 作为约束点参与平差，精度指标如表 4-65、表 4-66 所示。

约束网平差精度统计表　　表 4-65

项目	与起算点联测		与铺轨控制点联测	
	方向改正数(″)	距离改正数(mm)	方向改正数(″)	距离改正数(mm)
最大值	−3.36	1.63	2.29	1.29
限差	≤±4.0	≤±4.0	≤±3.0	≤±2.0

约束网平差点位精度统计表　　表 4-66

项目	点位精度(mm)	相邻点点位精度(mm)	距离中误差(mm)	测角中误差(″)
最大值	0.65	0.62	0.70	1.21
限差	3.00	1.00	1.00	1.80

由表 4-65、表 4-66 可知任意设站控制网平面平差处理结果合格，满足限差要求。

高程控制网以区间恢复测量后的地下控制点 BLY460、BHYG01、BHYG02、LHYG01 和衔接段铺轨控制点 S28C27、S28C28、S28C29、S28C30 为高程起算点，采用自由测站三角高程测量方法进行观测，三角高程测量精度指标如表 4-67 所示。

三角高程测量精度统计表　　表 4-67

项目	附合差(mm)	高程中误差(mm)	高差改正数(mm)	平差后相邻点高差中误差
最大值	−2.61	0.33	−0.38	0.26
限差	$\pm 8\sqrt{L}=\pm 12.63$	±2.00	±1.00	±1.00
是否合格	合格	合格	合格	合格

由表 4-67 可知，高程控制网测量成果各项精度指标均满足限差要求。

4.5.4 成果分析

铺轨控制点测量成果重复测量坐标分量限差为±3mm，将第三方测量成果与施工测量成果进行比对，当较差小于限差时，表明施工单位报验成果质量可靠，可用于施工使用。若较差大于限差时，应进行结果分析，进行必要的复测，确保成果的可靠性。施工测量成果与第三方测量成果对比如表 4-68 所示。

第4章 第三方测量

莲下上行线（SK28+605-SK29+940）铺轨控制点施工测量成果与第三方测量成果对比表

表4-68

点号	施工测量成果(m)				第三方测量成果(m)				ΔX(mm)	ΔY(mm)	ΔH(mm)	位置	备注
	X	Y	H(棱镜中心)	H(杆顶)	X	Y	H(棱镜中心)	H(杆顶)					
S26C35	*.1496	*.5022	*.1730	*.1630	*.1507	*.5014	*.1720	*.1620	1.1	−0.8	1.0	侧墙上	预留搭接点
S26C36	*.4455	*.5637	*.1947	*.1847	*.4458	*.5636	*.1944	*.1844	0.3	−0.1	0.3	侧墙上	预留搭接点
S27C01	*.3107	*.8098	*.5499	*.5399	*.3112	*.8079	*.5497	*.5397	0.5	−1.9	0.2	站台檐	预留搭接点
S27C02	*.8788	*.2725	*.0922	*.0822	*.8775	*.2700	*.0925	*.0825	−1.3	−2.5	−0.3	侧墙上	预留搭接点
S27C03	*.2542	*.0063	*.5241	*.5141	*.2550	*.0048	*.5240	*.5140	0.8	−1.5	0.1	站台檐	预留搭接点
S27C04	*.3928	*.2068	*.0369	*.0269	*.3936	*.2048	*.0370	*.0270	0.8	−2.0	−0.1	侧墙上	预留搭接点
S27C05	*.1188	*.2039	*.4199	*.4099	*.1193	*.2030	*.4203	*.4103	0.5	−0.9	−0.4	站台檐	预留搭接点
S27C06	*.3848	*.1973	*.8716	*.8616	*.3855	*.1961	*.8717	*.8617	0.6	−1.2	−0.1	侧墙上	预留搭接点
S27C07	*.6373	*.4085	*.2872	*.2772	*.6378	*.4078	*.2874	*.2774	0.5	−0.7	−0.2	站台檐	
S27C08	*.7223	*.7818	*.8313	*.8213	*.7227	*.7811	*.8315	*.8215	0.4	−0.7	−0.2	侧墙上	
……	……	……	……	……	……	……	……	……	……	……	……	……	……
S28C23	*.1226	*.3651	*.8186	*.8086	*.1222	*.3658	*.8185	*.8085	−0.4	0.7	0.1	18环	搭接点，采用本次成果
S28C24	*.0042	*.4461	*.8748	*.8648	*.0040	*.4465	*.8747	*.8647	−0.2	0.3	0.1	18环	搭接点，采用本次成果
S28C25	*.9269	*.3856	−.4225	*.4125	*.9266	*.3864	*.4225	*.4125	−0.3	0.8	0.0	68环	搭接点，采用本次成果
S28C26	*.7124	*.5833	*.5151	*.5051	*.7108	*.5843	*.5151	*.5051	−1.6	1.0	0.0	68环	搭接点，采用本次成果
S28C27	*.4790	*.9708	*.6987	*.6887	*.4790	*.9708	*.6987	*.6887	0.0	0.0	0.0	118环	搭接点，采用本次成果
S28C28	*.2014	*.2092	*.7352	*.7252	*.2014	*.2092	*.7352	*.7252	0.0	0.0	0.0	117环	搭接点，采用本次成果
S28C29	*.6439	*.8083	*.9063	*.8963	*.6439	*.8083	*.9063	*.8963	0.0	0.0	0.0	169环	搭接点，采用本次成果
S28C30	*.3737	*.0570	*.9694	*.9594	*.3737	*.0570	*.9694	*.9594	0.0	0.0	0.0	169环	搭接点，采用本次成果

由表4-68可知，坐标分量较差最大值为-2.5mm，小于限差±3mm；高程较差最大值为1.0mm，小于限差±3mm。施工测量成果满足要求，可以用于施工使用。

4.6 施工细部测量检测

施工细部测量检测，主要是针对各个施工阶段的关键节点、关键部位的施工放样点进行检测。第三方测量细部点测量检测主要内容包括：基坑围护结构测量检测、盾构洞门钢环测量检测、盾构始发导轨测量检测、盾构管片姿态测量检测等。

4.6.1 基坑围护结构测量检测

城市轨道交通基坑工程常用的围护结构类型有地下连续墙、钻孔灌注桩、SMW工法桩等，它是保证基坑安全施工的重要结构。在施工过程中为了保证围护结构不侵入主体结构限界，会适当将围护结构外放8~20cm，具体外放量一般结合基坑深度、土层情况、施工工艺等因素制定。

通常第三方测量针对围护结构的测量工作是对围护结构第一根桩设计中心或第一幅连续墙设计中心线两端点，以及整个车站围护结构两端的设计中心的主要特征（拐角）点进行检测。

以福州市某轨道交通工程线路滨海新城站为例，滨海新城站位于长乐区规划道路与道庆路交叉口，车站为地下二层岛式车站，地下一层为站厅层，地下二层为站台层；车站规模200m×18.3m（内净）。车站围护结构地下连续墙与车站外墙形成复合墙结构，采用明挖顺作法施工。东西端头井均采用800mm厚地下墙，墙深约29~31m，标准段采用800mm厚地下墙，墙深28~30m。围护结构地下连续墙与后浇内衬，形成复合墙。

1. 收集资料

收集滨海新城站总平面图、车站围护结构施工图等设计资料，接收施工单位报验的测量资料，调取滨海新城站地面加密平面控制网成果。

2. 检测实施

根据施工单位报验的资料，本次围护结构外放10cm，共放样20点，包括车站端头井关键拐点和标准段均匀内插点位。检测精度主要依据现行国家标准《城市轨道交通工程测量规范》GB/T 50308的要求，内外导墙、地下连续墙、围护桩边线放样允许误差±10mm，检测较差限差按2倍误差控制。

检测实施主要采用极坐标法进行，具体步骤如下。

（1）资料审核

明确施工单位围护结构外放值，对设计图纸所使用的平面坐标系、高程系统进行复核，根据图纸上的车站围护结构轮廓点反算中心线坐标，设计坐标值须经双人验算无误后方可使用。复核施工单位提交的设计坐标，确认施工测量方法和成果是否满足规范要求。

（2）控制点复核

在进行放样点检测前对车站地面加密控制网成果进行复核，通过控制点之间的边角关系判断点位稳定性，确保稳定后使用。

（3）放样点检测

利用已检测合格的平面控制点成果为起算点，采用极坐标法对放样点位进行检测，现场进行坐标比对，若较差超限则及时指导施工单位进行桩位调整，点位检测如图 4-21 所示。

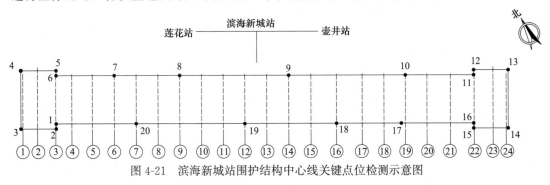

图 4-21　滨海新城站围护结构中心线关键点位检测示意图

考虑施工现场可能会对桩位造成破坏，点位确认无误后督促施工单位及时引测护桩（图 4-22），围护结构宽度为 800mm，在距离围护结构中心线 2.4m 处设置护桩，确保当桩位发生位移或者破坏之后能够及时发现并恢复。

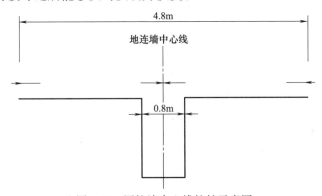

图 4-22　围护墙中心线护桩示意图

3. 成果分析

围护结构中心线关键点点位较差限差为 ±20mm，将第三方测量成果与设计坐标进行比对，滨海新城站围护结构点位较差均小于限差，表明施工单位放样的桩位可靠，可用于施工使用。具体成果如表 4-69 所示。

滨海新城站围护结构中心线放样点位成果对比表　　表 4-69

点号	外偏 10cm 后中心线设计坐标		第三方测量成果		较差(mm)			备注
	X(m)	Y(m)	X(m)	Y(m)	ΔX	ΔY	ΔP	
1	****.244	****.533	****.2383	****.5186	−5.7	−14.4	15.5	3-4 轴
2	****.539	****.395	****.5322	****.3792	−6.8	−15.8	17.2	3-4 轴
3	****.188	****.417	****.1925	****.4030	4.5	−14.0	14.7	1 轴
4	****.827	****.172	****.8365	****.1757	9.5	3.7	10.2	1 轴
……	……	……	……	……	……	……	……	……
13	****.442	****.744	****.4502	****.7598	8.2	15.8	17.8	24 轴

4.6.2 盾构洞门钢环测量检测

地铁盾构洞门钢环的定位测量精度将影响盾构机进出洞时的位置状态，是保证盾构法施工工程质量和隧道顺利贯通的先决条件。一般来说，洞门钢环是在车站底板完成后与车站侧墙一起浇筑，是盾构机始发或接收前的一项准备工作。洞门钢环是一个预制的圆形钢环，环宽与侧墙厚度相同，测量钢环外边线若干点位，通过拟合钢环中心坐标和半径判断预埋洞门钢环是否到位。

以福州市某轨道交通工程线路莲花站为例，该车站为地下二层岛式车站，地下一层为站厅层，地下二层为站台层；站台宽度为 11.0m，车站规模 349.5m×18.3m（内净）。车站主要设有 3 组风井及 4 个出入口，1 个消防疏散口。小里程端正线双线为盾构接收井，出入场线双线为盾构始发井，大里程端为始发接收井。出入段线及上下行线车站小里程端头盾构井预埋 4 个盾构钢环，盾构预埋钢环半径为 3.35m。

1. 收集资料

收集滨海新城站—莲花站盾构区间平面图，地质纵断图和隧道中心、线路中心平面位置关系图，以及莲花站主体结构图等设计文件，接收施工单位报验的莲花站小里程端头预埋洞门钢环的位置测量资料，调取地面首级平面控制网成果、地面加密平面控制网成果。

2. 检测实施

采用极坐标法采集钢环边线的三维坐标，采集不少于 5 点，通过拟合的圆心坐标与设计隧道中心坐标进行对比，检测限差：盾构钢环中心与设计值较差≤±25mm。具体检测步骤如下。

（1）资料审核

由于轨道交通工程庞大而复杂，需要不同的专业设计单位共同参与设计，车站设计单位和区间设计单位往往不是同一家，可能出现两家设计单位出具的施工图在预埋洞门定位上出现偏差，因此在预埋洞门钢环施工前需向车站和区间设计单位分别提资，核实两份图纸是否一致。

同时，检测实施前需核实地铁车站线路参数，若车站端头位于曲线段，车站预埋钢环中心应考虑曲线段线路中心与隧道中心的平面偏移量，若车站端头道床为特殊减震段，道床厚度相较于普通道床有所不同，计算盾构钢环的中心坐标和高程应予以考虑。

（2）数据采集

车站现有地面平面加密控制点 LH01、LH02、LH03，地面高程加密控制点 LH01-1、LH02-1。考虑到现场作业面有限，选取在冠梁上安全的位置架站，采用后方交会的方式设站，如图 4-23 所示采集钢环边线的坐标，每个钢环采集 5 点。在隧道断面测量软件中输入线路参数和断面设计图，通过蓝牙连接全站仪，实时

图 4-23 洞门钢环测量示意图

计算钢环是否安装到位,若安装偏差超限,及时与施工单位沟通进行位置调整,直至钢环位置正确为止。

3. 成果分析

莲花站小里程端上下行线为盾构机接收端,出入段线为盾构机始发端,盾构预埋钢环半径为 3.35m。根据莲花站小里程端剖面图(图 4-24)可知,本次检测的上下行线、出段线钢环中心位置位于线路中线的圆曲线段上,入段线钢环中心位置位于线路中线的缓和曲线上。需要考虑线路中线向隧道中心的偏移量,偏移量分别为 $-13.6cm$、$-13.6cm$、$-5.0cm$、$-1.6cm$。上下行线、出入段线盾构钢环中心至轨道面标高的高差均为 1.86m。该处道床为普通道床,道床厚度 850mm。

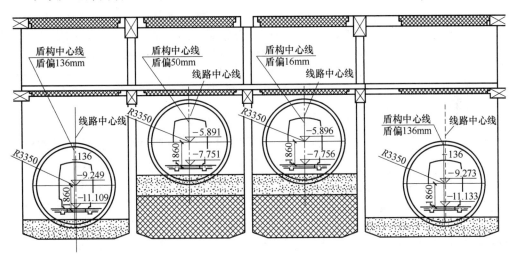

图 4-24 莲花站小里程端头横剖面图

因地下连续墙一般会向基坑外侧偏移施工,加之施工存在一定的误差,实际洞门钢环里程与设计值不一致,需要根据实际的里程计算钢环中心三维坐标。以主体结构纵断面、主体结构总平面图为依据,根据现场实测的三维数据计算出上下行线、出入段线的实际中心里程为 SK26+855.6258、XK26+850.0158、CK0+194.2745、RK0+196.8625,其对应里程的三维坐标如表 4-70 所示。

莲花站小里程盾构钢环实测成果与设计成果对比表　　　表 4-70

位置	实际中心里程	盾构钢环实测中心三维坐标			盾构钢环设计中心三维坐标			实测半径(m)	横向偏差(mm)	垂直偏差(mm)	点位较差(mm)
		X(m)	Y(m)	H(m)	X(m)	Y(m)	H(m)				
上行线	SK26+855.6258	*.7119	*.7650	*.6495	*.7139	*.7644	*.651	3.3597	1.3	1.5	2.0
下行线	XK26+850.0158	*.5786	*.0476	*.674	*.5603	*.0798	*.651	3.3637	-0.1	-23.0	23.0
出段线	CK0+194.2745	*.8999	*.5763	*.6666	*.8938	*.5732	*.651	3.3548	-6.8	-15.6	17.0
入段线	RK0+196.8625	*.9063	*.0092	*.6687	*.9047	*.9957	*.651	3.3574	-9.1	-17.7	19.9

由表 4-70 可知,莲花站小里程端头盾构钢环实测中心三维坐标与设计坐标点位较差最大为 23.0mm,小于限差 ±25mm,满足要求,可以使用。

4.6.3 盾构始发导轨测量检测

盾构始发导轨既是盾构机进洞的平台，也是盾构机出洞的承接台，盾构机的初始姿态取决于始发导轨的位置，因此在盾构机吊装下井前或接收前，需要对盾构机始发导轨安装位置进行测量。盾构始发分为直线始发和曲线始发两种情况，直线始发较为简单，曲线始发相对复杂。检测内容有导轨中心线与设计中心线的偏差、前端和后端导轨面高程、坡度。

(1) 直线始发

在直线段上进行始发导轨定位时，只需调整始发导轨平面位置使其中心线与线路中线重合，导轨的标高需保证就位后的盾构机中心与隧道中心标高一致，整个始发导轨的定位工作基本完成。始发导轨的高程通过如图 4-25 所示关系换算，导轨中心标高 = 圆心标高 $- \sqrt{r^2 - \left(\dfrac{S}{2}\right)^2}$。

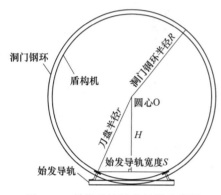

图 4-25 始发导轨标高计算示意图

(2) 曲线始发

由于盾构机进洞时在始发导轨上无法调整方向，如果曲线半径过小，盾构机进洞后的姿态很容易超限。盾构始发时既要保证进洞时的姿态，同时还要给盾构机一个转弯的趋势，使得盾构机完全进洞后能平滑地沿着隧道中线前进，在始发导轨定位时需要固定始发导轨前端，把始发导轨的后端往线路转弯的反方向偏移一定的距离，因此在曲线段始发时，始发导轨前端中点和线路中心重合，后端中点和线路中心不重合。

曲线段始发通常有两种方式：切线始发和割线始发（图 4-26），切线始发一般选择曲线半径较大时使用，在盾构机完全进入土体后盾构姿态不会有较大偏差，具备盾构纠偏的条件，割线始发一般是在小曲线半径的情况下使用，具有在盾构全部进入土体盾构姿态偏差最小、管片不侵限、盾构纠偏容易等优点。

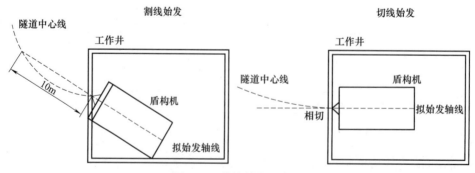

图 4-26 曲线始发示意图

以福州市某轨道交通工程线林浦站—芦岐站区间为例（图 4-27），区间线路出林浦站后沿福泉高速连接线南侧沿东南向敷设，区间上行线全长 2469.174m，下行线全长

2471.715m，采用盾构法＋矿山法施工。本区间小里程端盾构机从林浦站大里程端始发，空推通过矿山法区间到达中间风井接收；大里程端盾构机从芦岐站小里程端始发，掘进至盾构井接收并吊出。

图 4-27　林浦站平面位置示意图

林浦大里程端盾构井主体结构施工完成，在盾构机吊装下井前，需对盾构机始发导轨安装位置进行检测，已知盾构机刀盘直径为 6440mm，盾构机始发导轨之间的距离为 2.63m，为了转动和检查盾构机刀盘，始发导轨前盾和洞门钢环之间预留了 0.8m 的空间。由于盾构机前体重量大，盾构机在进洞时容易发生"栽头"现象，所以施工单位将始发导轨上抬了 2cm。盾构机始发导轨的坐标和高程放样中误差不超过 ±5mm；平面点位复测较差限差为 $±2\sqrt{2}×10mm≈±15mm$，高程复测较差限差为 $2×5mm＝±10mm$。

1. 收集资料

收集盾构区间设计图纸、地质纵断图和隧道中心与线路中心平面位置关系图等设计文件，接收施工单位报验的林浦站大里程端头盾构机始发导轨安装位置测量资料，调取地面首级平面控制网成果、地面加密平面控制网成果。

2. 洞门钢环复核

在始发导轨测量前需对洞门钢环中心坐标进行复核，此项工作在侧墙浇筑前已进行过，由于车站主体结构施工可能会导致洞门发生变形和位移，为保证盾构顺利始发，需在盾构机吊装下井前对洞门进行再次复测，确定最终洞门中心坐标。林浦站上行线洞门钢环位于缓和曲线上，实际里程为 SK1＋329.5829，偏移量为 2.1cm，钢环中心至轨道面标高的高差均为 1.86m。钢环实测中心与设计中心成果对比如表 4-71 所示。

林浦站大里程上行线盾构钢环实测中心与设计中心成果对比表　　　表 4-71

位置	实际中心里程	实测中心三维坐标			设计中心三维坐标			实测半径（m）	横向偏差（mm）	垂直偏差（mm）
		X(m)	Y(m)	H(m)	X(m)	Y(m)	H(m)			
上行线	SK1＋329.5829	*.9306	*.6365	*.7893	*.9159	*.6424	*.7938	3.3487	－11.9	5.5

3. 始发导轨测量

林浦站大里程上行线洞门位于缓和曲线上，盾构采用切线始发。在洞门圆心处画一条与隧道中心线相切的直线,盾构机可以沿着这条直线始发,始发角度经计算为 $107°57'42''$。根据隧道中心线、始发导轨的轨距 S_1、盾构机的半径 R_1、洞门圆心 O_1 的高程,计算导轨轨面中心的设计平面坐标和高程。

以经联系测量检核合格后的控制点为起算点,采用极坐标法对导轨的平面位置和高程进行检测,一共采集 4 个点,共 2 个断面,采集位置为始发导轨的轨面中心,始发导轨检测示意图及现场作业如图 4-28、图 4-29 所示。

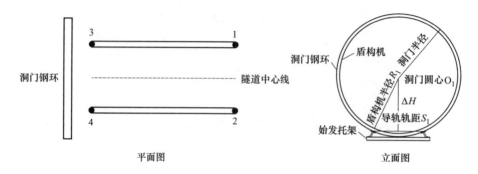

图 4-28 盾构始发导轨检测示意图

图 4-29 盾构始发导轨测量现场

4. 成果分析

本次检测盾构机始发导轨轨面中心点位 4 个,检测对比结果如表 4-72、表 4-73 所示。

盾构始发导轨平面位置检测成果表　　表 4-72

点号	实测坐标		设计里程	设计偏距(m)	实际偏距(m)	较差(mm)
	X(m)	Y(m)				
1	*.4404	*.7478	SK1+329.223	1.480	1.484	4.0
2	*.6361	*.7756	SK1+329.163	1.480	−1.484	4.0
3	*.5072	*.2552	SK1+319.252	1.480	1.474	−6.0
4	*.6869	*.3494	SK1+319.251	1.480	−1.489	9.0

盾构始发导轨轨面高程检测成果表 表 4-73

点号	实测坐标			设计里程	实际偏距(m)	线路中心与导轨轨面高差(m)	设计导轨轨道高程(m)	较差(mm)
	X(m)	Y(m)	H(m)					
1	*.4404	*.7478	−8.6180	SK1+329.223	1.484	2.8428	−8.6188	0.8
2	*.6361	*.7756	−8.6177	SK1+329.163	−1.484	2.8428	−8.6188	1.1
3	*.5072	*.2552	−8.6298	SK1+319.252	1.474	2.8428	−8.6378	8.0
4	*.6869	*.3494	−8.6319	SK1+319.251	−1.489	2.8428	−8.6378	5.9

由表4-72、表4-73可知，检测成果与设计值相比较，平面位置最大较差为9.0mm，高程最大较差为8.0mm，符合要求，可以使用。

4.6.4 盾构管片姿态测量检测

地下盾构掘进隧道在成型管片拼装完后，因管片脱出盾构机后未及时注浆或盾构机强行纠偏管片错台等情况，导致成型管片拼接后的实际偏差值与盾构机系统内显示的姿态偏差值不一致。因此，管片姿态测量对于线路轴线控制、纠偏、盾构机内的参数调整有着重要作用，在隧道掘进过程中，在管片脱出盾尾后应进行管片姿态测量。第三方测量原则上在100环进行首次检测，以后每300环进行一次检测，内容包括管片中心坐标、高程。

以福州市某轨道交通工程线路郑和站至十洋站区间为例，从郑和站出发沿郑和路敷设，区间上行线长1046.838m，区间下行线长1046.827m。设计管片环数871环，管片内径2.75m，管片厚度0.35m，环宽1.2m，左右线盾构均从郑和路站向十洋站推进。盾构掘进过程中按照5环间距进行管片姿态测量检测。隧道中心线实测坐标与设计坐标的水平较差≤±100mm，隧道中心线实测坐标与设计坐标的竖向较差≤±100mm。

1. 收集资料

收集盾构区间平面图、地质纵断图、隧道中心与线路中心平面位置关系图等设计文件，接收施工单位报验的郑和站至十洋站区间管片姿态测量资料，调取地下联系测量控制点、地下控制网成果。

2. 数据采集

根据管片内径制作铝合金标尺，尺长接近管片内径。在铝合金的标尺中心A处粘贴反射片，测量时将铝合金标尺水平放置在管片接缝处，使用水平调节器保证标尺精确整平。利用已检核合格的地下平高控制点为起算点，以极坐标测量的方法测出其三维坐标，根据管片半径R和标尺的长度S计算出标尺到圆心O点的距离ΔH，可得圆心O的实测三维坐标。将实测坐标与设计坐标作比较，就可知道管片在各个方向发生的位移情况。管片姿态检测作业如图4-30所示。

3. 成果分析

郑和站至十洋站区间上行线1-110环盾构管片姿态检测成果与设计成果对比结果如表4-74所示，水平偏差的左右按线路里程由小到大方向。

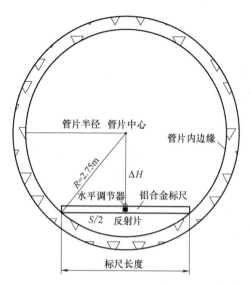

图 4-30 管片姿态检测示意图

盾构管片姿态检测对比情况表（1-110 环） 表 4-74

里程桩号	环号	水平偏差(mm)		竖直偏差(cm)	
		左	右	上	下
SK18+431.418	1	6.1		37.0	
SK18+436.204	5	17.0		36.0	
SK18+442.199	10	3.5			11.0
SK18+448.185	15		4.1		27.0
……	……	……	……	……	……
SK18+562.300	110	29.8			2.0

由表 4-74 可知，1-110 环管片姿态水平偏差最大位置位于 110 环，偏差量为向左 29.8mm，高程偏差最大位置位于 1 环，偏差量为向上 37.0mm，管片姿态满足使用要求。

4.7 施工测量监督管理

城市轨道交通工程建设一般按标段、工区分期施工，建设过程中，各个工点的现场施工条件和进度不同，参与施工测量的单位、人员多，各个单位的项目经验、技术水平也参差不齐，为保证工程建设质量，第三方测量单位需针对轨道交通工程施工测量的特点进行监督管理，建立完备的监督管理体系。

本节主要结合福州市某轨道交通工程线路第三方测量工程实践，分别从方案审核、测量工作交底、建立测量制度、监督检查等方面对施工测量的监督管理工作进行阐述。

4.7.1 方案审核

工程开始前，施工单位需报验本工区或标段测量方案，内容包括工程概况、测量内容、项目人员及仪器设备、测量方法、质量和安全保证措施等，由第三方测量单位出具书面审核意见，施工单位修改后形成报验单，经各方签字确认后方可实施。

4.7.2 测量工作交底

轨道交通工程参建单位多，测量工作内容繁杂且贯穿工程始终，为保证各施工单位能按同一标准进行相关测量工作，第三方测量单位需在施工前、关键施工工序转换等重要节点对土建施工单位测量人员及驻地测量监理工程师进行测量工作交底，明确施工各阶段应进行的测量工作内容、管理体制、各方责任和权利，以及技术要求、作业方法、工序流程、质量标准等。

4.7.3 建立测量制度

1. 人员仪器备案制度

施工单位应建立完善的测量组织机构。测量组织机构及人员资质须于工程开工前报第三方测量、地铁公司备案。

施工单位必须配备满足工程需要的测量仪器设备，所用的仪器设备应检定合格并在有效期内使用。主要仪器设备台账（含仪器检定证书）须于工程开工前报第三方测量、地铁公司备案，并定期进行更新。

2. 交接桩制度

(1) 第三方测量单位代表业主向进场的有关施工单位提供工程前期设置的平面及高程控制点位资料，履行交接桩手续，签署交接桩文件纪要。

(2) 施工单位接桩后，必须进行复测和对接到桩点进行专项保护。复测报告及处理措施报告须经监理工程师审核批准，于接桩后15天内报第三方测量审定。

(3) 施工单位须定期对接收的地面控制点进行复测，每半年一次，要求同时上报复测报告。

(4) 工程完工后，土建施工单位和铺轨单位须向地铁公司移交足够数量的合格控制桩点，标段监理须审核施工单位桩位保护、标记情况，满足要求后，组织施工单位向第三方测量进行现场交接桩，经第三方测量检测合格后，方可进行验收。

3. 测量复核制度

(1) 施工单位必须遵循测量复核制度的基本规定，并认真执行。

(2) 施工单位必须建立健全自己内部的、行之有效的多级复核制度，以保证测量成果的准确。所承包工程的控制测量均须经施工单位上级部门精测队或委托具备相应资质的测量单位复核，细部放样测量工作必须有健全的内部复核制度。

(3) 施工单位在本工程中的所有测量作业，起算点必须使用经复测无误的地面高等级控制点或经第三方测量单位检测合格的点位。

(4) 利用已知点进行引测、加点和工程放样前，必须坚持先检测后利用的原则，即已知点检测无误或合格时，才能利用。

(5) 施工单位须每周对本标段点位的保护情况进行巡查，定期对本标段地面控制点进行复测，发现点位变动或不可用等情况，及时以书面形式报第三方测量单位，第三方测量单位须对产生变动的点位予以复核确认，对破坏或不可用的点位会同施工单位及时予以恢复并出具测量成果。

4. 测量资料报验制度

施工单位测量成果需报验监理单位复核，按要求将需第三方测量单位检测的关键环节同时报验第三方测量单位，经测量检测合格后方可进行下一阶段施工。报验流程如图4-31所示。

由于各个施工测量队伍的资料管理模式不同，报验资料格式不统一，报告编制质量参差不齐。为规范各施工测量单位报验资料样式，由第三方测量单位制定报验模板，提供施工测量单位参照使用。

5. 测量工作例会制度

建立测量工作例会制度，由建设单位主管人员主持，第三方测量单位、各施工测量单位和监理单位共同参加，会议内容为汇报工作进度、解决技术问题及安排部署后续测量工作。同时，通过例会开展测量技术交流活动，推广新技术、新方法，使轨道交通建设工程的测量技术水平得到了整体提高。

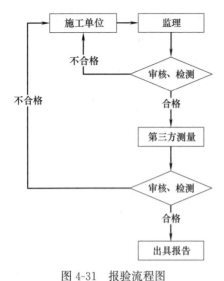

图4-31 报验流程图

4.7.4 监督检查

建立施工测量机构和管理制度后，关键要加强对施工测量的日常监督和检查工作，才能使施工测量有效地开展起来，为施工建设提供有力保障。

1. 现场巡查

从工程开工之日开始，对现场施工测量情况通过定期、不定期、重点巡查等方式掌握施工测量具体情况，检查内容包括人员到位情况、仪器精度和检定情况、测量方案执行情况，了解施工进度以及各级测量控制点使用、复核情况，以便合理安排后续各项测量工作，对于巡检过程中发现的问题及时解决，并形成书面文件上报给建设单位。

2. 日常监督管理

第三方测量项目部每周与施工单位定期联系，了解施工进度、测量工作进度及下周计划；第三方测量项目部每周对施工单位的工作进行汇总，同时定期将自身的测量检测工作进展向建设单位进行汇报。

3. 定期专项检查

建设单位、第三方测量单位对施工单位的测量工作按季度组织检查、不定期抽查（测量原始数据），对存在的问题进行通报，全线各个施工单位应对存在的问题进行学习反思，避免相似问题重复发生。

通过上述几个方面管控施工测量在地铁建设期间的工作任务，可以迅速有效地了解施工测量单位投入的技术力量，把控全线的作业标准，形成有力的质量监管体系，确保工程施工的顺利进行。同时，建设期间完成的统一标准的控制点等资料在后期线路规划竣工测量、线路结构长期稳定性监测、工程影响结构保护性监测等项目中也可以参考使用，更加容易保持建设期至运营期测量、监测资料的连续性。

4.8 小结

城市轨道交通工程测量工作参与方众多，工作涉及建设单位、设计、施工、监理等参与各方，工作接口多，工作繁杂而且贯通工程建设全过程，第三方测量对于控制施工测量质量、规范测量工作管理和控制建设工程施工质量发挥了非常重要的作用，本章节结合福州市轨道交通线路第三方测量项目实践，总结了以下几点经验。

(1) 第三方测量单位应对控制测量、关键工序和重要设备的施工测量工作进行100%检测，对建筑结构重要施工环节的施工测量项目进行不低于30%抽样检测。检测合格后，应采用施工测量的成果用于指导施工，第三方测量的检测成果仅作为施工测量质量的评定资料，不直接用于指导施工。

(2) 轨道交通建设往往会划分多标段多阶段进行管理，分成土建、铺轨、机电安装、装修等几个阶段，第三方测量单位应代表建设单位进行阶段测量成果的检测、交接，确保各阶段在统一的坐标系统、满足精度的测量控制网下施工，确保后续施工与已完成工程协调一致，同时在管理上应制定统一的测量技术标准、成果资料标准。

(3) 轨道交通工程具有线路长、工期长、多标段施工（土建、铺轨、机电、装修）的特点，测量控制点容易受到人为破坏等因素影响，在轨道交通工程施工期间，第三方测量单位对首级卫星定位控制网、精密导线网、精密水准网等应进行定期复测及维护，确保施工期间控制点的精度和有效性，避免因为测量控制点精度不足导致施工误差过大，进而影响隧道贯通、铺轨、机电设备安装等各阶段工作。

(4) 施工测量单位普遍存在专业技术人员不足、人员测量理论及经验欠缺的情况，第三方测量单位需加强对施工测量的检查和指导工作，对施工单位各阶段的测量工作进行精度检测和评价。

(5) 统一、稳定的地面测量控制网是整个工程建设的基础，而现有城市高等级控制点由于施测年代久远，点位破坏严重、点位密度低，同时限于当时的测量手段，控制网自身精度不够，且各区域精度不均匀，无法满足工程建设需要，所以建议在轨道交通建设初期建立统一的城市轨道交通工程框架测量控制网，提供持续长久的测绘基准，满足全生命周期需要。

(6) 施工测量相较于施工监测信息化水平较为落后，第三方测量单位应积极配合建设单位完善信息化施工管理，推动轨道交通工程测量技术向自动化、信息化、数字化方向不断迈进。

第 5 章 第三方监测

第三方监测是指在地铁土建施工期间,由业主委托独立于施工单位、监理单位及设计单位,且具有资质的监测单位依据相关规范、设计文件、施工方案,对施工影响范围内的工程支护结构、周围岩土体和周边环境实施独立的监测工作,行使建设单位赋予的监测相关管理职能对施工监测进行监督管理,是把控施工中的安全风险、保证地铁工程周边环境及施工自身安全质量的一项重要工作。

不同类型的施工工法,其施工风险不同,针对性的监测措施有所不同。本章将针对不同施工工法,通过对现有工程案例进行剖析,阐述第三方监测工作的实际实施过程。

5.1 工作内容

第三方监测按照合同内容及要求对工程支护结构的关键部位及重要周边环境等进行监测,其工作量一般为施工监测工作量的30%。实施内容主要包含:监测工作实施、监测数据分析、预警和风险控制、施工监测管理。

(1) 监测工作实施。第三方监测应基于项目合同、设计图纸、标准规范及施工方案等资料编制监测方案,并按通过专家评审后的方案与施工监测同步、独立开展监测及外业巡查等工作。

(2) 监测数据分析。监测成果的分析是监测工作的重点工作之一,对监测数据进行分析、研判数据的发展趋势,并及时提出相应的施工措施指导施工。

(3) 预警和风险控制。监测数据达到预警指标时或现场巡视发现涌水涌沙、地表开裂等异常情况,应及时发布预警,必要时应按方案开展应急监测措施,协助分析预警原因及数据发展趋势,提出应对措施,保障工程和周边环境安全,有效地控制风险。

(4) 施工监测管理。针对工程施工进行监测监督管理,第三方监测单位可行使建设单位赋予的监测相关管理工作和职责,主要包括审查施工监测单位资质、人员资质和施工监测方案,检查监测元器件及点位埋设的完整性、完好性,定期检查、监督、指导施工单位监测工作开展,协助施工单位对施工监测中发生的异常情况进行分析,督促施工监测工作的规范化和施工监测数据真实可靠。

其工作流程如图 5-1 所示。

第5章 第三方监测

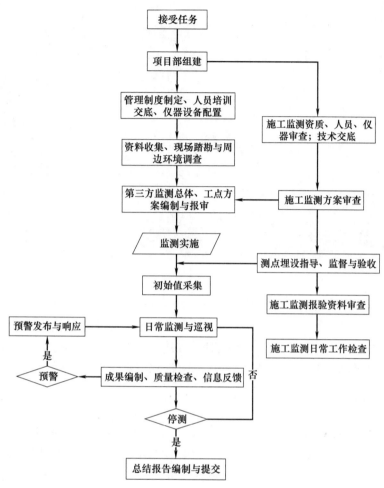

图 5-1 第三方监测工作流程图

5.2 基坑工程监测

福州市某轨道交通工程线路西二环站自西向东布置。车站为地下两层岛式车站,设计总长度为164m,标准段宽19.7m,端头井宽度23.8m。采用明挖法施工,围护结构采用800mm厚地下连续墙+内支撑形式,开挖深度约16.4~18.5m。车站共设4个出入口及2组风亭,车站位置如图5-2所示。

5.2.1 工程地质

本站场地从上至下岩土层分布主要有:杂填土、填石块、淤泥、粉质黏土、淤泥质土、残积砂质黏性土、全风化花岗岩、强风化花岗岩、强风化正长斑岩(砂土状)。车站底板主要位于全风化花岗岩和强风化正长斑岩层,地下连续墙深度约24~27m,墙趾主要位于强风化花岗岩层。

勘察场地范围内,距车站主体结构东端头井20m处存在一河流,河流宽度3~5m,

图 5-2 车站位置示意图

深度小于 3m，河底平坦，河底标高 0.5～1.5m，枯水期水深约为 1.5m，水位高程为 2.0～3.0m，水量主要受大气降水和河道水闸调节控制。近年来最高水位为 4.5m，该地表水体对本车站工程影响较小。地下水按赋存方式分为上层滞水、残积土及风化岩层中的孔隙—裂隙水（潜水或承压水）和基岩裂隙水（潜水或承压水）三种类型。

5.2.2 周边环境

西二环站基坑工程进场施工前对周边建筑及管线进行现状调查，工程施工影响范围内存在高架桥墩、住宅建筑。基坑东侧为陆庄花园，距离车站结构约 14m，西侧为陆庄高架桥墩，距离车站结构约 18.5m，采用直径 1200mm 钻孔灌注桩基础，西南侧为星城国际写字楼，距离车站结构 8m，南侧为万科登俊园（万科九如府）住宅小区，距离车站结构约 15m。车站基坑与周边建（构）筑物位置关系、车站基坑与周边建（构）筑物实景照片如图 5-3、图 5-4 所示。

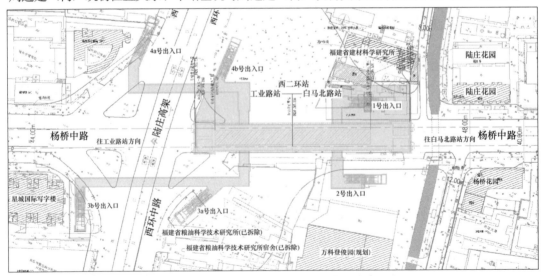

图 5-3 车站基坑与周边建（构）筑物位置关系示意图

| 陆庄高架 | 陆庄花园 |

图 5-4 车站基坑与周边建（构）筑物实景照片

经调查工程周边存在给水、燃气、雨水等管线，具体情况如表 5-1 所示。

西二环站周边地下管线情况　　　表 5-1

区域	管类	材质	规格	与基坑距离关系	埋深（m）
西二环站周边	给水	铸铁	DN300	最近 7.9m	1
	燃气	PE	DN160	最近 11m	1.5
	雨水	混凝土	DN400	最近 18m	1.9
	给水	铸铁	DN1200	最近 4.1m	1.65
	雨水	PVC	DN200	最近 24.4m	0.7
	燃气	PE	DN325	最近 3.4m	1.35

5.2.3 监测范围

工程影响分区根据基坑工程施工对周围岩土体扰动和周边环境影响的程度及范围划分为主要、次要、可能三个影响区。西二环站基坑工程影响分区如表 5-2 所示。

基坑工程影响分区表　　　表 5-2

基坑工程影响区	范围	计算标准
主要影响区	12.95m 以内	0.7H 以内
次要影响区	12.95～55.5m	0.7～3.0H
可能影响区	基坑周边 55.5m 以外	基坑周边 3.0H 范围外

注：H 取基坑开挖最大深度 18.5m。

本工程监测范围包含工程影响分区的主要影响区和次要影响区。

5.2.4 监测等级

工程监测等级根据工程的自身风险等级、周边环境风险等级和地质条件复杂程度划分。根据设计文件，本车站基坑工程自身风险等级为二级，周边环境风险等级为二级，地质条件复杂程度为中等。依据现行国家标准《城市轨道交通工程监测技术规范》GB 50911 规定，如表 5-3 所示综合评定西二环站基坑的监测等级为二级。

工程监测等级评定表 表5-3

工程名称	工程自身风险等级	周边环境风险等级	地质条件复杂程度	工程监测等级
西二环站基坑工程	二级	二级	中等	二级

5.2.5 监测内容

依据《城市轨道交通工程监测技术规范》GB 50911 及设计文件要求,西二环站基坑工程的监测内容如表5-4所示。

监测内容 表5-4

序号	监测项目	测点布置	监测设备	测点数量
1	地表沉降	按 2m、5m、8m 间距布设在基坑周边地表	电子水准仪	74
2	周边地下管线竖向位移	主要影响区按每15m布设,次要影响区按每15~30m布设	电子水准仪	94
3	周边建(构)筑物竖向位移	布设于建筑物结构外墙或承重柱上,主要影响区按每15m布设,次要影响区按每15~30m布设,外墙转角处均布设监测点	电子水准仪	10
4	支护墙顶部竖向位移	设于支护桩(墙)顶部,每隔20m布设1个监测点	电子水准仪	22
5	支护墙顶部水平位移	设于支护桩(墙)顶部,每隔20m布设1个监测点	全站仪	22
6	墙体深层水平位移	设于围护结构内,每隔20m安装1根测斜管	滑动式测斜仪	22
7	土体深层水平位移	基坑外侧土体变形较大处	滑动式测斜仪	6
8	地下水位	设于基坑围护结构外侧,每隔20m布设1个水位孔	水位仪	10
9	支撑轴力	混凝土支撑中部或1/3处,钢支撑端部	频率测读仪	30

5.2.6 监测频率

监测从基坑开挖前开始,直至基坑回填完成结束,贯穿工程施工全过程。施工监测频率按设计文件及规范要求开展,本基坑工程第三方监测频率为施工监测频率的30%,符合表5-5的规定。

监测频率表 表5-5

施工工况		施工监测频率	第三方监测频率
基坑开挖深度	≤5m	1次/3天	1次/周
	>5m	1次/1天	2~3次/周
底板浇筑后时间	≤28天	1次/1天	2~3次/周
	>28天	1次/3天	1次/周
中板浇筑后时间	≤28天	1次/3天	1次/周
	>28天至基坑回填完成	1次/7天	1次/2周

注:支撑拆除过程中及拆除完成后2天内,监测频率为1次/天。

当出现下列情况之一时,加强监测,提高监测频率,并及时向业主及相关单位报告监测结果:

(1) 监测数据出现异常或变化速率较大;
(2) 存在勘察未发现的不良地质条件,且影响工程安全;
(3) 地表、建(构)筑物等周边环境发生较大沉降、不均匀沉降;
(4) 工程出现异常;
(5) 工程险情或事故后重新组织施工;
(6) 暴雨或长时间连续降雨;
(7) 邻近工程施工、超载、振动等周边环境条件发生较大改变。

5.2.7 监测控制值

监测控制值根据设计文件、地质条件、相关规范及专家评审意见确定,本基坑工程各监测项目的监测控制值如表 5-6 所示。

监测项目控制值　　　　　表 5-6

序号	监测项目	监测控制值	
		累计变化量(mm)	变化速率(mm/d)
1	地表沉降	25	4
2	周边管线竖向位移	30(有压);40(无压)	2
3	周边建(构)筑物竖向位移	30	3
4	支护墙顶部竖向位移	25	4
5	支护墙顶部水平位移	30	4
6	地下水位	1000	500
7	支撑轴力	取 70% 的支撑承载力设计值,如第一道混凝土支撑 TZL1-1 承载力设计值为 5000kN,则控制值为 3500kN	
8	墙体深层水平位移	30	5
9	土体深层水平位移	30	5

5.2.8 监测基准网布设与测量

1. 平面基准网

平面基准网由基准点与工作基点组成,采用独立坐标系,取 Y 轴平行于基坑长边,X 轴垂直于基坑长边,布设成边角网的形式。平面基准点选取在施工影响范围外,布设于稳固的建(构)筑物上。工作基点埋设在便于观测全部测点的相对稳定区域。

西二环站平面基准网由 4 个基准点和 1 个工作基点构成。埋设 4 个小棱镜作为水平位移基准点(图 5-5),分别位于基坑影响范围外的陆庄庭院 1 号楼(JZ1)、省教学研究院 5 号宿舍楼(JZ2)、星城国际写字楼(JZ3)、万科九如府 3 号楼(JZ4),如图 5-6 所示。工作基点位于基坑西侧,布设为强制观测墩形式,如图 5-7 所示。

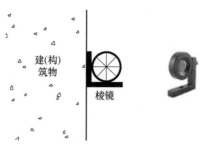

图 5-5 水平位移基准点埋设示意图

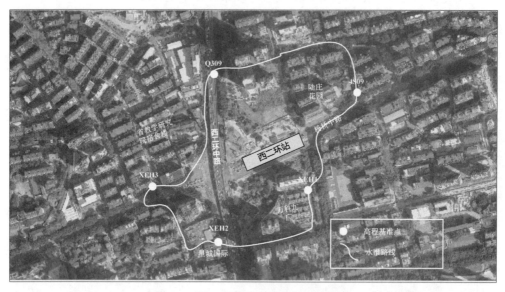

图 5-6 西二环站平面基准点位示意图

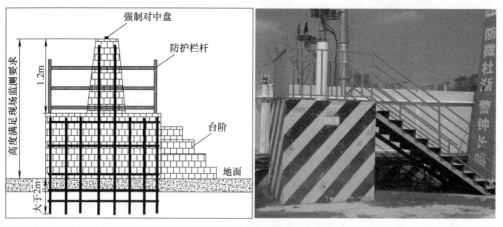

图 5-7 工作基点埋设示意图

平面基准网测量采用智能全站仪按照现行国家标准《城市轨道交通工程测量规范》GB/T 50308 中Ⅱ等及现行行业标准《建筑变形测量规范》JGJ 8 中二等测量技术要求实施，水平角采用方向观测法。主要技术要求如表 5-7、表 5-8 所示。

水平角观测限差 表 5-7

全站仪测角标称精度(″)	水平角观测测回数	半测回归零差限值(″)	一测回内2C互差限值(″)	同一方向值各测回互差限值(″)
0.5	2	3	5	3

距离观测技术要求 表 5-8

全站仪测距标称精度	一测回读数间较差限差(mm)	测回间较差限差(mm)	往返测较差限差(mm)	气象数据测定最小读数	
				温度(℃)	气压(mmHg)
$1mm+1\times10^{-6}D$	3	4.0	6.0	0.2	0.5

注：D 为距离测量值（km）。

2. 高程基准网

高程基准网采用闭合水准路线形式布设，起闭于地铁施工控制网，如图 5-8 所示。当施工控制网能满足监测要求时，可以直接引用。不能满足要求时，施工单位根据场区情况在施工影响范围外埋设基准点，并引测到施工控制网中。

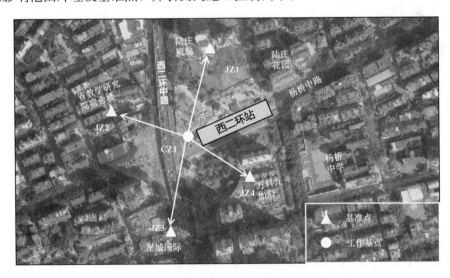

图 5-8 高程基准网水准观测路线示意图

西二环站高程基准网由 5 个基准点（Q309、4S09、XEH1、XEH2、XEH3）组成，设立于 3 倍基坑开挖深度距离外的稳定建（构）筑物上，主要位于陆庄高架桥墩及周边小区稳定的房屋承重柱上。其中 4S09 为地铁施工控制点，作为高程基准网的起算点。高程基准点标志形式采用墙上水准标识，埋设规格及样式如图 5-9 所示。

高程基准网采用电子水准仪按几何水准方式进行观测，布设成闭合水准路线。水准测量采用往返观测，往返测奇数站观测顺序为：后—前—前—后，偶数站观测顺序为：前—后—后—前。主要技术要求如表 5-9 所示。

数字水准仪观测要求 表 5-9

等级	视线长度(m)	前后视距差(m)	前后视距累积差(m)	视线离面最低高度(m)	重复测量次数(次)	两次读数所测高差之差限差(mm)
二等	≥3且≤50	≤1.5	≤3	0.55	≥2	0.7

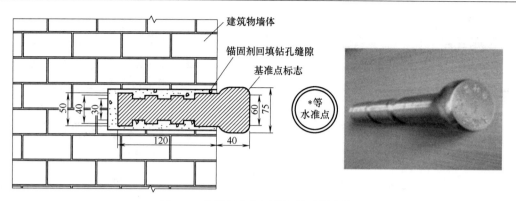

图 5-9 高程基准点埋设规格及样式图

3. 基准网稳定性分析

本项目根据场地的稳定条件,定期对基准网进行检核,每 3 个月复测 1 次,发现基准点相对关系发生变化时及时进行基准网复测。在每期监测时,根据测量结果对基准点的稳定性进行检验分析。

(1) 高程基准点稳定性检验分析

高程基准网复测后,对所用的基准点分别按两两组合,计算本期平差后的高差数据与上期使用的高差数据之间的差值。当计算的差值均不大于按下列公式计算的限差时,认为所有的高程基准点稳定:

$$\delta \leqslant 2\sqrt{2}\delta_h$$
$$\delta_h = \sqrt{n}\mu$$

式中:δ——高差差值限差(mm);

n——两个基准点之间的观测测站数;

μ——对应等级的测站高差中误差(mm),根据规范,本项目 μ 取 0.5mm。

(2) 平面基准点的稳定性检验分析

通过平差计算本期平差后的坐标数据与基准点成果之间的差值。若坐标分量较差小于 2 倍坐标中误差,认为基准点为稳定状态,否则需要更新基准点坐标。

(3) 不稳定基准点的处理

进行现场勘察分析,若确认其不宜继续作为基准点,予以舍弃,并及时补充布设新基准点。检查分析与不稳定基准点有关的各期变形测量成果,并在剔除不稳定基准点的影响后,重新进行数据处理。

西二环站从 2019 年 5 月开始监测至 2019 年 12 月结束,共进行 3 次基准点稳定性复核工作。2019 年 8 月基准网稳定性分析成果如表 5-10、表 5-11 所示。

平面基准网稳定性分析表 表 5-10

点名	2019 年 5 月 6 日(初始值)		2019 年 8 月 3 日(第一次复测)		较差(mm)		限差(mm)	是否稳定
	X(m)	Y(m)	X(m)	Y(m)	ΔX(mm)	ΔY(mm)		
JZ2	****.8930	****.8681	****.8919	****.8654	-1.1	-2.7	3.0	是
JZ3	****.9519	****.2201	****.9525	****.2221	0.6	2.0	3.0	是
JZ4	****.8946	****.7258	****.8946	****.7258	0.0	0.0	3.0	是

高程基准网稳定性分析表　　　　表 5-11

点名	2019年5月6日(初始值)		2019年8月3日(第一次复测)				
	高程值(m)	高差(m)	高差(m)	高差之差(mm)	平均测站数 n	高差限差 $\sqrt{2n}$	是否稳定
Q309	*.7630	−0.1067	−0.1072	−0.5	9	4.24	是
4S09	*.6563	−0.1669	−0.1671	−0.2	11	4.69	是
XEH1	*.4894	0.3410	0.3417	0.7	6	3.46	是
XEH2	*.8304						
XEH3	*.5481	−0.2823	−0.2826	−0.3	5	3.16	是

根据 2019 年 8 月基准网稳定性分析成果显示，本期平面基准点坐标分量较差与高程基准点高差较差均在限差范围内，基准点判定为稳定，基准点成果不进行更新。

5.2.9　监测实施

西二环站基坑监测项目包括地表沉降、地下管线竖向位移、周边建（构）筑物竖向位移、支护墙顶部竖向位移、支护墙顶部水平位移、墙体水平位移、土体深层水平位移、地下水位、混凝土支撑轴力、钢支撑轴力。为准确获取施工期间基坑及周边环境的变形情况，地下管线竖向位移、周边建（构）筑物竖向位移测点布设于管线节点、建筑角点、建筑承重柱等关键位置，其余测点沿基坑边线每隔 20～30m 布设在同一监测断面。

1. 竖向位移监测

竖向位移（沉降）监测主要包括：支护桩（墙）顶部竖向位移、地表沉降、地下管线竖向位移、周边建（构）筑物竖向位移等。

（1）竖向位移监测点位埋设

1）支护桩（墙）顶部竖向位移

西二环站基坑支护桩（墙）顶部竖向位移监测点沿基坑每隔 20m 布设，测点埋设于基坑各边中间部位、阳角部位、深度变化等关键位置的与支护桩（墙）固连的挡土墙顶部，共埋设 22 个监测点。通过钻孔埋设直径 18～22mm 的 L 型沉降钉，前部加工成约 90°的弯头，顶部加工为半球形，弯头和顶部圆头涂防锈油漆而成，测点埋深约 10cm，其边缘凸出挡土墙约 5cm，现场埋设照片如图 5-10 所示。

2）地表沉降

西二环站基坑沿平行基坑边线布设 3 排地表沉降监测点，排间距分别为 2m、5m、8m，根据基坑规模和周边环境条件选择有代表性的部位布设垂直于基坑边

图 5-10　墙顶竖向位移监测点埋设示意图

线的横向监测断面，每个断面测点数量和布设位置满足对基坑工程主要影响区和次要影响区的控制，共布设 25 个断面，74 个地表沉降点。在地表钻直径 150mm 孔破除硬壳层，打入直径 22mm 的螺纹钢，深度至原状土层且大于 1m，螺纹钢顶部加工成半球形。钢筋顶部比地表略低，钢筋周边填筑细砂，孔口加装测点盖板，埋设样式如图 5-11 所示。

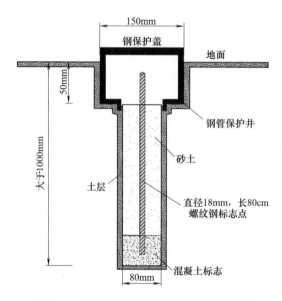

图 5-11 地表沉降监测点埋设样式示意图

3）地下管线竖向位移

西二环站周边存在燃气、雨水等多种管线，施工主要影响区按每 15m 布设，次要影响区按 15～30m 布设。在管线接头处及对沉降变化敏感位置加密布设监测点。均采用间接点法进行测点埋设，共布设 94 个监测点。测点埋设方法与地表沉降监测点一致，其规格和样式如图 5-12 所示。

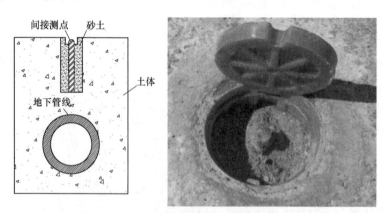

图 5-12 管线沉降监测点埋设

4）周边建（构）筑物竖向位移

西二环站周边存在高架桥墩、住宅楼等建（构）筑物。施工影响区内陆庄高架桥墩每个桥墩均布设监测点。住宅建筑沉降监测点布设于建筑物结构外墙或承重柱上,主要影响区按每15m布设,次要影响区按每15～30m布设,外墙转角处均布设监测点,共布设10个建(构)筑物竖向位移监测点。监测点采用直径22mm的螺纹钢加工件,前部加工成直角弯头,顶部加工为半球形,弯头和顶部圆头涂防锈油漆而成。埋设时注意钢钢尺的长度,避免监测点与建筑物的竖向间距不够。用冲击钻钻孔,用清水冲洗干净,并灌入水泥浆,放入监测点加工件固结而成,如图5-13所示。

图5-13　周边建(构)筑物沉降监测点埋设

(2) 竖向位移测量

竖向位移监测采用几何水准测量方法,使用电子水准仪观测。从高程基准点出发,将所有竖向位移监测点纳入水准线路中进行观测,最后闭合回高程基准点,每次测量时均附合到相邻高程基准点进行稳定性检核。初值采集时对测点进行连续三次观测,三次测点高程之差须小于±1.0mm,取平均值作为初始值。后续每期观测采用稳定的高程基准点为起算,获取各沉降点的高程值,并通过高程值计算本次沉降量、变形速率和累计沉降值。各期观测数据精度符合表5-12的规定。

数字水准仪精度指标　　　　表5-12

等级	相邻基准点高差中误差(mm)	测站高差中误差(mm)	往返较差、附合或环线闭合差(mm)	检测已测高差之较差(mm)
Ⅱ	±0.5	±0.15	$±0.3\sqrt{n}$	$±0.4\sqrt{n}$

2. 水平位移监测

(1) 水平位移监测点位埋设

西二环站水平位移测项为基坑支护桩(墙)顶部水平位移监测。监测点沿基坑每隔20m布设于支护桩(墙)顶部,埋设在临近支护桩(墙)顶部竖向位移监测点的位置与之构成同一断面。监测点采用固定监测棱镜形式布设在与支护桩(墙)固连的挡土墙顶部,监测点标志如图5-14所示。

图5-14　支护桩(墙)顶水平位移监测点标志

(2) 水平位移观测

水平位移监测点采用极坐标法进行观测,如图5-15所示,在工作基点架设全站仪,定后视方向,依次观测各测点与起始方向的角度和基点与各测点的距离,得到各监测点的坐标值,两次观测的坐标值较差就是水平位移变化量。

图 5-15 水平位移观测

3. 深层水平位移监测

深层水平位移（测斜）主要包括：支护桩（墙）体、土体深层水平位移两种。测量支护桩体和周围岩土体在不同深度上的点的水平位移，其数据与墙顶水平位移数据、墙顶沉降数据结合分析，可真实全面地反映施工期间支护体系的变形情况。

（1）深层水平位移点位埋设

西二环站墙体深层水平位移监测布设于围护结构内，每隔20m采用绑扎方式安装一根测斜管，共布设22根测斜管。在基坑外侧地质不良处、基坑阳角等位置采用钻孔方式埋设土体深层水平位移监测点，共布设6根测斜管。测斜管采用PVC工程塑料管，直径为90mm，管内有两组相互垂直的纵向导槽，其中一个方向垂直于基坑边线，另一个方向平行于基坑边线。

1）绑扎埋设：用于墙体深层水平位移监测。埋设时将测斜管在现场组装后绑扎固定在支护桩（墙）钢筋笼（图5-16），随钢筋笼一起下到孔槽内，并将其浇筑在混凝土中，浇筑之前封好管底底盖并在测斜管内注满清水，防止测斜管在浇筑混凝土时浮起，并防止水泥浆渗入管内。

图 5-16 测斜管绑扎埋设图

2）钻孔埋设：用于土体深层水平位移监测。如图5-17所示，首先在土层中预钻孔，孔径略大于所选用测斜管的外径，然后将测斜管封好底盖逐节组装，逐节放入钻孔内，并同时在测斜管内注满清水,直到放到预定的标高为止,最后在测斜管与钻孔之间的空隙内回填细砂,固定测斜管。

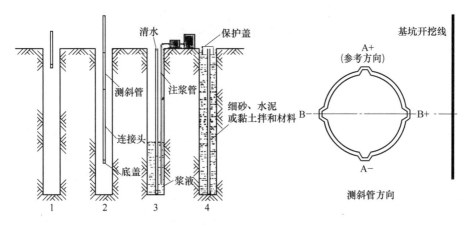

图 5-17 测斜管钻孔埋设示意图

(2) 深层水平位移观测

深层水平位移观测将测斜探头插入测斜管,使滚轮卡在与基坑边线垂直的导槽上,缓慢下至孔底,测量自孔底开始,自下而上沿导槽全长每 0.5m 测量一次,直至管口,每次测量时,将测头稳定在某一位置上。测量完毕后,将测头旋转 180°插入同一对导槽,按以上方法重复测量。两次测量的各测点在同一位置上,并检查各测点的两个读数是否数值接近、符号相反。测量方式如图 5-18 所示。

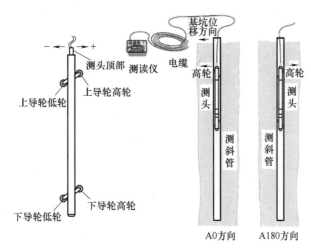

图 5-18 深层水平位移测量示意图

根据西二环站地质纵断面图及基坑围护墙埋深情况,基坑围护墙体底部未嵌入基岩,测斜管底可能会产生较大的水平位移,管顶处于基坑冠梁位置,相较管底更为稳固,墙体深层水平位移监测采用管顶作为测斜数据的起算点。西二环站土体测斜深层水平位移的计算以管底作为起算点。

在计算出本次观测及上次观测各个深度相对于稳定基准点的偏离值后,即可计算出本次观测的位移量及相对于初始观测的累计位移量,结合两次观测的间隔时间计算变化速率,再利用现场监测时采集的基坑开挖的基本信息,如基坑开挖深度、支撑道数、支撑时间等,即可编制深层侧向变形的成果表及曲线图表(表5-13)。

深层水平位移监测报表　　　　　　　　　　　　　　表5-13

监测工程名称:**工程第三方监测　　　　　　　　　　　天气:
本次监测时间:*年*月*日*时　　孔号:　　　　上次监测时间:*年*月*日*时
仪器型号:　　　　　　　仪器出厂编号:　　　　　　　检定日期:

深度 (m)	初始值 (mm)	上次累计变化量 (mm)	本次累计变化量 (mm)	本次变化量 (mm)	变化速率 (mm/d)	控制值 累计变化量 (mm)	预警等级 变化速率 (mm/d)	土质
0.0	0.0	0.00	0.00	0.00	0.00	30	3	杂填土
0.5	−20.5	0.29	0.27	−0.02	−0.01	30	3	杂填土
1.0	−35.6	0.48	0.56	0.08	0.04	30	3	杂填土
1.5	−32.7	0.81	0.82	0.01	0.00	30	3	杂填土
2.0	−30.6	1.14	1.08	−0.06	−0.03	30	3	杂填土
2.5	−31.2	1.48	1.30	−0.18	−0.09	30	3	淤泥
3.0	−33.6	1.81	1.54	−0.27	−0.14	30	3	淤泥
3.5	−34.0	2.05	1.81	−0.24	−0.12	30	3	淤泥
4.0	−32.3	2.28	2.02	−0.26	−0.13	30	3	淤泥
4.5	−30.4	2.50	2.15	−0.35	−0.18	30	3	粉质黏土
5.0	−31.2	2.63	2.21	−0.42	−0.21	30	3	粉质黏土
5.5	−29.2	2.63	2.32	−0.31	−0.15	30	3	粉质黏土
6.0	−24.7	2.58	2.25	−0.33	−0.16	30	3	粉质黏土
6.5	−22.4	2.43	2.15	−0.28	−0.14	30	3	残积砂质黏性土
7.0	−23.5	2.35	2.02	−0.33	−0.16	30	3	残积砂质黏性土
7.5	−23.4	2.19	1.91	−0.28	−0.14	30	3	残积砂质黏性土
8.0	−19.4	2.04	1.85	−0.19	−0.09	30	3	残积砂质黏性土
8.5	−13.4	1.93	1.73	−0.20	−0.10	30	3	残积砂质黏性土
9.0	−8.5	1.76	1.57	−0.19	−0.09	30	3	残积砂质黏性土
9.5	−4.4	1.64	1.54	−0.10	−0.05	30	3	残积砂质黏性土
10.0	1.2	1.54	1.45	−0.09	−0.04	30	3	残积砂质黏性土
10.5	6.6	1.46	1.36	−0.10	−0.05	30	3	残积砂质黏性土
11.0	11.9	1.40	1.32	−0.08	−0.04	30	3	残积砂质黏性土
11.5	16.0	1.29	1.18	−0.11	−0.05	30	3	残积砂质黏性土
12.0	14.5	1.20	1.01	−0.19	−0.09	30	3	残积砂质黏性土
12.5	8.8	1.22	0.99	−0.23	−0.12	30	3	残积砂质黏性土
13.0	4.1	1.37	1.18	−0.19	−0.10	30	3	残积砂质黏性土
13.5	6.3	1.40	1.24	−0.16	−0.08	30	3	残积砂质黏性土
14.0	6.4	1.37	1.16	−0.21	−0.11	30	3	残积砂质黏性土
14.5	6.3	1.46	1.27	−0.19	−0.09	30	3	残积砂质黏性土
15.0	6.8	1.49	1.31	−0.18	−0.09	30	3	残积砂质黏性土
15.5	7.1	1.48	1.35	−0.13	−0.06	30	3	全风化花岗岩
16.0	3.6	1.51	1.35	−0.16	−0.08	30	3	全风化花岗岩
16.5	2.9	1.57	1.49	−0.08	−0.04	30	3	全风化花岗岩
17.0	6.1	1.68	1.60	−0.08	−0.04	30	3	全风化花岗岩

现场监测人:　　　　　　　　　计算人:　　　　　　　校核人:
项目负责人:　　　　　　　　　监测单位:

4. 地下水位监测

（1）地下水位监测点位埋设

西二环站地下水位监测点布设于基坑围护结构外侧，每隔 20m 布设 1 个水位孔，共布设 10 个监测点。地下水位监测点的埋设深度根据设计基坑剖面图中的地层情况设定为 20m，采用工程钻机直径 130mm 钻头清水钻进，沿垂直方向钻进成孔。水位观测点布设完成后用细砂进行回填密实，并及时进行洗孔，防止泥沙等杂物落入水位孔中。水位管埋设及保护井样式如图 5-19 所示。

（2）地下水位观测

地下水位观测在基坑开始降水时利用电测水位仪采集初始值。测量时拧松水位计绕线盘螺栓，让绕线盘转动自由后，按下电源按钮，把测头放入水位管，手把持钢尺电缆，让测头缓慢向下移动，当测头触点接触到水面时，水位仪便会发出短的蜂鸣声，此时读出钢尺电缆在管口处的读数，即水位管内水面至管口的距离，再通过管口标高与水位管内水面至管口的距离计算出水位高程，观测示意图如图 5-20 所示。

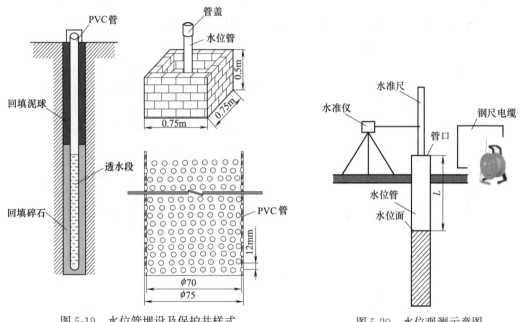

图 5-19 水位管埋设及保护井样式　　　　图 5-20 水位观测示意图

5. 支撑轴力监测

（1）支撑轴力监测点位埋设

西二环站设有 3 道支撑，每隔 2~3 根支撑布设一个轴力监测点，共布设 30 个支撑轴力监测点，12 个为混凝土支撑轴力监测点，28 个钢支撑轴力监测点。

钢支撑轴力监测元器件采用轴力计，安装时将轴力计安装架与钢支撑端头（固定端或活络端）对中并牢固焊接（图 5-21），在安装轴力计位置的围护墙钢板上焊接一块 250mm×250mm×25mm 的加强垫板，以防止钢支撑受力后轴力计陷入钢板。待焊接件冷却后将轴力计推入安装架并用螺栓固定好。安装过程中保持轴力计和钢支撑轴线在同一直线上，各接触面平整，确保钢支撑受力状态通过轴力计传递到支护结构上。

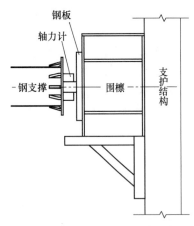

图 5-21　钢支撑轴力计安装示意图

混凝土支撑轴力采用钢筋计测量。在混凝土支撑绑扎钢筋时埋设钢筋计。为真实反映出支撑杆件的受力状况，每一个截面安装 4 个钢筋计，将钢筋计与支撑主筋串联焊接（图 5-22）。焊接时采取降温措施，以免钢筋传热引起钢筋计技术参数的变化。在浇筑混凝土前对钢筋笼上钢筋计逐一进行测量，并对同一断面的钢筋计进行位置核定、导线编号。对钢筋计及导线做好保护措施，避免混凝土浇筑过程中的损坏。

（2）支撑轴力观测方法

支撑轴力采用频率测读仪进行量测，混凝土支撑轴力在支撑强度满足设计要求后取连续 2 天测定的稳定值作为初值，钢支撑轴力在支撑架设完成并施加支撑预应力后取连续 2 次测定的稳定值作为初值。每个元器件频率值量测时尽量减少温度的影响，避免在阳光直接照射支撑结构时进行量测作业，每次选取相同时间段观测。测量时将频率测读仪的双夹钳分别夹住传感器外露的两根导线，待频率测读仪显示传感器频率后，在记录表上记录传感器编号及频率读数。

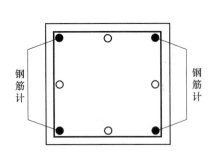 

图 5-22　混凝土支撑钢筋计安装示意图

1）钢支撑轴力计算

利用轴力计的初始频率及本次观测的频率值，计算轴力计的受力（N），公式如下：

$$N = K_1(f_i^2 - f_0^2)$$

式中：f_0——轴力计安装后的初始频率；

f_i——轴力计受力后的频率值；

K_1——轴力计的标定系数。

2）混凝土支撑轴力计算

当钢筋计受轴向力时，引起弹性钢弦的张力变化，改变了钢弦的振动频率，通过频率测读仪测得钢弦的频率变化，即可测出钢筋所受作用力大小。计算步骤如下：①利用钢筋计的初始频率及本次观测的频率值，计算单根钢筋受力；②计算整个截面内，钢筋计的平均受力；③根据弹性变形和平面假设，计算整个混凝土支撑的轴力。以西二环站 TZL1-1 支撑计算为例，具体轴力计算如表 5-14 所示。

混凝土支撑轴力计算表　　表 5-14

测点编号	传感器编号	初始频率	钢筋计拉力标定系数 K_i (kN/Hz²)	钢筋计压力标定系数 K_i' (kN/Hz²)	钢筋计直径 d (mm)	每根钢筋截面积 A_{js} (m²)	本次频率	每根钢筋应力 N (kN)	钢筋计监测平均应力 (kN)	本次混凝土支撑轴力值 (kN)
TZL1-1	1	1412.8	0.0000544	−0.0000544	22	0.00038013	1444.3	12899.737	24677.827	2501.5
	2	1403.4	0.0000563	−0.0000567	22	0.00038013	1496.6	40050.921		
	3	1493.4	0.0000562	−0.0000569	22	0.00038013	1430.0	27743.070		
	4	1468.9	0.0000573	−0.0000576	22	0.00038013	1427.8	18017.579		

注：根据设计图纸计算可得，支撑截面积为 0.64m²，其中钢筋截面积 $A_{钢}$ 为 $6.3146×10^3$ m²，混凝土截面积 $A_{混凝土}$ 为 0.633685m²。混凝土弹性模量 $E_{混凝土}$ 取 $3×10^{10}$ kN/mm²，钢筋弹性模量 $E_{钢}$ 取 $2×10^{11}$ kN/mm²。

5.2.10 现场巡视

1. 现场巡视范围

现场巡视主要对象为西二环基坑工程结构自身和周边环境。巡视的范围包括所有的现场安全监测对象以及和工程施工有关的其他对象，主要为：

(1) 基坑围护、支护结构体系的安全状况；
(2) 基坑周边环境的安全状况；
(3) 基坑作业面操作情况；
(4) 基坑周边邻近施工情况；
(5) 监测现场各作业面的安全操作、文明施工情况；
(6) 基准点和监测点等的保护及使用情况。

2. 巡视内容

基坑工程现场巡视内容包括施工工况、基坑支护结构、周边环境及监测元器件完好性，现场巡视报表如表 5-15 所示。

明挖法和盖挖法的基坑现场巡视报表　　表 5-15

监测工程名称：　　　　　　　　　　报表编号：
巡视时间：　　　　　　　　　　　　天气：

分类	巡查内容	巡查结果	备注
施工工况	开挖长度、分层高度及坡度，开挖面暴露时间		
	开挖面岩土体的类型、特征、自稳性、渗漏水量大小及发展情况		
	降水、回灌等地下水控制效果及设施运转情况		
	基坑侧壁及周边地表截、排水措施及效果，坑边或基底有无积水		
	支护桩(墙)后土体有无裂缝、明显沉陷，基坑侧壁或基底有无涌土、流砂、管涌		
	基坑周边有无超载		
	放坡开挖的基坑边坡有无位移、坡面有无开裂		
	其他		

续表

分类	巡查内容	巡查结果	备注
支护结构	支护桩(墙)有无裂缝、侵限情况		
	冠梁、围檩的连续性,围檩与桩(墙)之间的密贴性,围檩与支撑的防坠落措施		
	冠梁、围檩、支撑有无过大变形或裂缝		
	支撑是否及时架设		
	盖挖法顶板有无明显变形和开裂,顶板与立柱、墙体的连接情况		
	锚杆、土钉垫板有无明显变形、松动		
	止水帷幕有无开裂、较严重渗漏水		
	其他		
周边环境	建(构)筑物、桥梁墩台或梁体、既有轨道交通结构等的裂缝位置、数量和宽度,混凝土剥落位置、大小和数量,设施是否正常使用		
	地下构筑物积水及渗水情况,地下管线的漏水、漏气情况		
	周边路面或地表的裂缝、沉陷、隆起、冒浆的位置、范围等情况		
	河流湖泊的水位变化情况,水面有无出现漩涡、气泡及其位置、范围,堤坡裂缝宽度、深度、数量及发展趋势等		
	工程周边开挖、堆载、打桩等可能影响工程安全的其他生产活动		
	其他		
监测设施	基准点、监测点的完好状况、保护情况		
	监测元器件的完好状况、保护情况		
	其他		

5.3 盾构法隧道工程监测

福州市某轨道交通工程线路岳峰镇北站—池边站区间位于福州市晋安区塔头路、横屿路,沿塔头路、横屿路东西向布置(图5-23)。线路出车站后沿塔头路向东敷设。右线长

图5-23 区间位置示意图

度868.813m（共720环），左线长度896.788m（共743环）。区间隧道现状地形总体较平坦，场地标高为7.87～12.66m，局部地形略有起伏，隧顶埋深约10.50～18.84m（标高-1.72～-8.95）。区间设置1座联络通道兼作废水泵房，线间距16.75m，联络通道上覆土层厚度约为19.0m。

5.3.1 工程地质

岳峰镇北站—池边站区间地貌为海陆交互相冲积平原地貌和剥侵残山地貌单元，整体地势较为平坦。场地地面高程在7.87～12.66m。揭露岩土层有第四系人工填土层（主要为杂填土，局部有填石）、海积相粉质黏土、淤泥、淤泥质土层、冲积粉质黏土、残积层、燕山期花岗岩等。隧道洞身主要穿越坡积粉质黏土、全风化花岗岩、砂土状强风化花岗岩、碎块状强风化花岗岩、碎块状强风化正长斑岩、中风化花岗岩、中风化正长斑岩等，隧道综合围岩级别为Ⅳ～Ⅵ级，局部段落基岩突起、孤石。

岳峰镇北站—池边站区间地下水主要有孔隙潜水、松散岩类孔隙承压水、残积土和风化岩孔隙—裂隙潜水或承压水、基岩裂隙承压水，地层渗透性为弱～中等。勘察场地范围内，地下水位变化主要受气候的控制，每年4～7月为雨季，大气降水丰沛，是地下水的补给期，地下水水位会明显上升，而10月～次年3月为地下水的消耗期，地下水位随之下降，一般年变化幅度2～5m。场地近3～5年的地下水位可达标高9.50m，历史高水位可达标高9.88m。

5.3.2 周边环境

岳峰镇北站—池边站区间沿线的建（构）筑物主要有：保利—香槟花园48号楼、东二环泰禾城市广场一期、东二环泰禾城市广场四期、化工河小桥、岳峰高架桥、岳峰高架引桥、岩土边坡、安城汽修公司用房和境王爷庙等建筑物。区间沿线的地下管线主要有：天然气（TR DN160中压）、天然气（TR DN89中压）、天然气（TR DN325中压）、污水（WS DN1200）、给水（JS DN1200）和给水（JS DN800）等地下管线。具体情况如表5-16所示。

区间沿线建（构）筑物及管线情况表　　　表5-16

序号	管片环号	沿线建(构)筑物及管线	穿越形式	与区间隧道的关系
1	0-20	保利—香槟花园48号楼	左线侧穿	水平间距约12.6～13.06m
2	0-220	东二环泰禾城市广场一期	右线侧穿	水平间距7.8～19.4m
3	220-360	东二环泰禾城市广场四期	右线侧穿	水平间距约10～22m
4	410-450	化工河小桥	区间下穿	两侧桥桩水平间距左线约1.24～1.12m，右线约1.32～1.25m
5	475-500	岳峰高架引桥	右线侧穿	水平间距约1.9m
6	510-580	岩土边坡	左线侧穿	水平间距约15m
7	600-638	安城汽修公司用房	右线侧穿	水平间距约23m
8	638-660	境王爷庙	右线侧穿	水平间距约1.7m
9	0-310	天然气管线(TR DN160中压)	左线侧穿	水平间距约3.5m
10	480-580	天然气管线(TR DN89中压)	右线侧穿	水平间距约4.3m
11	580-715	天然气管线(TR DN325中压)	右线下穿	水平间距约3.6m
12	460-470	污水管线(WS DN1200)	区间下穿	水平间距约3.6m

续表

序号	管片环号	沿线建(构)筑物及管线	穿越形式	与区间隧道的关系
13	440-694	给水管线(JS DN800)	左线侧穿	水平间距约2.5m
14	462-730	给水管线(JS DN1200)	左线正穿	隧道正上方

5.3.3 监测范围

工程影响分区根据盾构工程施工将周围岩土体扰动和周边环境影响的程度及范围划分为主要、次要、可能等三个影响区。本工程影响分区如表5-17所示。

工程影响分区表　　　　　　表5-17

工程影响分区	范围
主要影响区	隧道正上方地面投影外侧15.4m范围内
一般影响区	隧道正上方地面投影外侧15.4～22m范围内
可能影响区	隧道正上方地面投影外侧22m范围外

5.3.4 监测等级

工程监测等级根据工程的自身风险等级、周边环境风险等级和地质条件复杂程度划分。根据设计文件，本盾构工程自身风险等级为二级，周边环境风险等级为二级，地质条件复杂程度为中等。依据现行国家标准《城市轨道交通工程监测技术规范》GB 50911规定，如表5-18所示，综合评定岳峰镇北站—池边站盾构工程的监测等级为二级。

工程监测等级评定表　　　　　　表5-18

工程名称	工程自身风险等级	周边环境风险等级	地质条件复杂程度	工程监测等级
岳峰镇北站—池边站盾构工程	二级	二级	中等	二级

5.3.5 监测内容

按照区间的设计要求，该工点监测项目以及测点数量如表5-19所示。

监测项目表　　　　　　表5-19

序号	监测项目		测点布置	监测设备	测点数量
1	周边环境	地表沉降	区间上方地表沿隧道中线每5m布设一个监测点，每90m布设一个监测断面，始发与接收范围90m内每30m布设一个监测断面，每个断面按左右隧道中心2m、3m、5m、5m、10m间距布设点	电子水准仪	257点
2		建(构)筑物竖向位移	布设于建筑物结构外墙或承重柱上，主要影响区按每15m布设，次要影响区按每15～30m布设，外墙转角处均布设点	电子水准仪	70点
3		地下管线竖向位移	主要影响区按每15m布设，次要影响区按15～30m布设	电子水准仪	59点

续表

序号	监测项目		测点布置	监测设备	测点数量
4	盾构隧道	管片结构净空收敛	每8环布设一组监测点	全站仪	195组
5		管片结构拱顶竖向位移	每8环布设一个监测点	全站仪	195点
6		管片结构拱底竖向位移	每8环布设一个监测点	电子水准仪	195点

5.3.6 监测频率

盾构工程监测工作从施工开始后开始，直至隧道施工完成后。周边建筑物、地表沉降、管线沉降监测至盾构穿越施工可能影响区为止。

（1）岳峰镇北站—池边站盾构工程隧道管片结构、周围岩土体和周边环境的第三方监测频率符合表5-20的规定。

监测频率表　　　　　　　　　　　　　　　　　表5-20

监测部位	监测对象	开挖面至监测点或监测断面的距离	施工监测频率	第三方监测频率
开挖面前方	周围岩土体和周边环境	$L \leqslant 8D$	1次/(1~2d)	2~3次/周
开挖面后方	管片结构、周围岩土体和周边环境	$L \leqslant 8D$	1次/(1~2d)	2~3次/周
		$L \geqslant 8D$	1次/7d	1次/(15~30d)

注：1. D 为盾构法隧道开挖直径（m），L 为开挖面至监测点或监测断面的水平距离（m）；
　　2. 管片结构位移、净空收敛宜在衬砌环脱出盾尾且能通视时进行监测。

（2）针对区间中重大风险源根据实际情况细化监测频率。

1）岳峰镇北站—池边站区间中要穿越的Ⅱ级风险源的第三方监测频率符合表5-21的规定。

穿越Ⅱ级风险源监测频率表　　　　　　　　　　　　　表5-21

Ⅱ级风险源监测对象	开挖面到监测点的距离		盾尾到监测点的距离	
	20~50环	0~20环	0~20环	20~50环
化工河小桥	1次/2d	1次/1d	1次/1d	1次/2d
岳峰高架桥及引桥	1次/2d	1次/1d	1次/1d	1次/2d

2）区间联络通道施工期间的第三方监测频率符合表5-22的规定。

联络通道施工期间监测频率表　　　　　　　　　　　　表5-22

监测对象	施工阶段		监测频率
周围岩土体、周边环境（含成型正线隧道）	钻孔期间		1次/7d
	冻结期间		1次/7d
	开挖期间		1次/3d
	融沉期间	前1~3个月	1次/7d
		第4~5个月	1次/15d
		第6个月	1次/30d

续表

监测对象	施工阶段		监测频率
联络通道	开挖期间		1次/3d
	融沉期间	前1～3个月	1次/7d
		第4～5个月	1次/15d
		第6个月	1次/30d

注：融沉期间，监测数据趋于稳定后，监测频率根据实际情况调整为1次/(1～3个月)。

(3) 当出现下列情况之一时，加强监测，提高监测频率，并及时向业主及相关单位报告监测结果：

1) 监测数据出现异常或变化速率较大；
2) 存在勘察未发现的不良地质条件，且影响工程安全；
3) 地表、建（构）筑物等周边环境发生较大沉降、不均匀沉降；
4) 工程出现异常；
5) 工程险情或事故后重新组织施工；
6) 暴雨或长时间连续降雨；
7) 邻近工程施工、超载、振动等周边环境条件发生较大改变；
8) 当监测数据趋于稳定时，恢复相应项目的正常监测频率。

5.3.7 监测控制值

监测控制值根据设计文件、地质条件、相关规范及专家评审意见确定，本盾构隧道各监测项目的监测控制值如表5-23所示。

盾构隧道监测项目控制值　　　　表5-23

序号	监测项目			累计值(mm)	变化速率(mm/d)
1	周边环境	地表沉降		−30, +10	±3
2		边坡竖向位移		±20	±2
3		建（构）筑物竖向位移		±20	±2
4		地下管线竖向位移	煤气管线	−20, +10	±2
			给水管线	−20, +10	±3
			污水管线	−30, +10	±3
5	盾构隧道	管片结构净空收敛		±20	±3
6		管片结构拱顶竖向位移		±20	±3
7		管片结构拱底竖向位移		−20, +10	±3

注："+"表示隆起或扩张，"−"表示下沉或收缩。

5.3.8 监测实施

1. 监测基准网布设与测量

盾构区间的高程基准网分为地面高程基准网与地下高程基准网。

岳峰镇北站—池边站地面高程基准网沿区间走向布设（图5-24），基准点埋设于施工

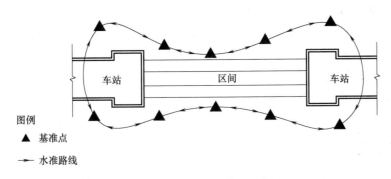

图 5-24　地面高程基准网示意图

影响范围外的稳固建（构）筑物，由 4S15、4S16、SZB1、SZB2、SZB3、SZB4、SZB5、SZB6、SZB7、SZB8 组成，地面基准网布设与测量方式与基坑工程一致。

地下高程基准网采用闭合水准路线形式布设，由地下基准点和工作基点组成。地下基准点在岳峰站（始发端）左右线大小里程端的侧墙结构上各布设 2 个基准点。工作基点随着隧道的掘进跟进布设，将成对工作基点布设在区间隧道管片上，并保证工作基点距离掌子面 300m 以上。基准点和工作基点采取必要的保护措施，并做明显标记基准点或工作基点采用"L"型沉降观测钉或"十"字测钉的形式。地下高程基准网经过实地踏勘，由 4 个地下高程基准点 YFZ1、YFZ2、YFZ3、YFZ4 及 12 个工作基点 SCG1-6、XCG1-6 构成高程基准网。地下高程基准网路线及基准点示意图如图 5-25、图 5-26 所示。

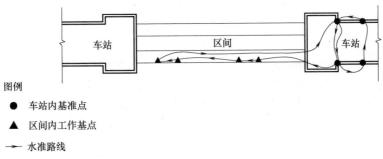

图 5-25　地下高程基准网路线示意图

图 5-26　地下高程基准点示意图

2. 竖向位移监测

盾构区间竖向位移监测主要包括管片结构拱顶竖向位移、管片结构拱底竖向位移、地表沉降、周边建（构）筑物竖向位移、地下管线竖向位移。

（1）竖向位移监测点位埋设

1）管片结构拱顶、拱底竖向位移

岳峰镇北站—池边站盾构区间管片结构拱顶、拱底竖向位移监测点（图 5-27）随盾构掘进紧跟掌子面，布置在管片结构上方和下方，每 8 环（间距为 8×1.2m=9.6m）布设一个断面。拱顶、拱底各布设 195 个监测点。

拱底竖向位移监测点布设在盾构区间管片结构上。打入顶部为半球形的沉降监测点。顶部加工成半球形并涂防锈油漆，埋设时用冲击钻钻孔，测点顶端高出管片结构约 1cm。拱顶竖向位移布设在盾构区间隧道结构顶部，通过钻孔或预埋直径 16～20mm 的钢筋（测点埋深约 10cm，并露出管片结构约 8cm），并于钢筋上焊接好钢板（不小于 7cm×7cm，厚度不低于 2mm），钢板上粘贴反射片（不小于 5cm×5cm）。

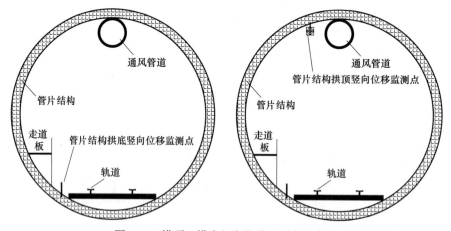

图 5-27 拱顶、拱底竖向位移监测点示意图

2）地表沉降

地表沉降监测点应沿轴线的纵断面与横断面布置，纵断面监测点应保证盾构顶部始终有监测点，横断面监测点间隔布设，断面布设范围应能反映盾构施工影响范围。

岳峰镇北站—池边站盾构区间上方地表沿隧道中线每 5m 布设一个监测点，每 90m 布设一个监测横断面。盾构区间始发与接收阶段是工程实施的重要节点，始发与接收范围 90m 内，每 30m 布设一个监测断面，侧穿岳峰高架桥、化工河小桥等高风险区域加密布设监测断面，每个断面按左右隧道中心 2m、3m、5m、5m、10m 间距布设监测点。本区间共布设 257 个地表沉降监测点。地表沉降监测点通过在地表钻孔（直径 150mm）破除地面硬壳层，打入直径 18～22mm 的螺纹钢，深度约 0.8～1.2m，螺纹钢顶部加工成半球形。钢筋顶部比地表略低，钢筋周围填筑细砂，孔口加装测点保护盖。

3）周边建（构）筑物竖向位移

岳峰镇北站—池边站盾构区间施工影响范围内存在保利—香槟花园 48 号楼、东二环泰禾城市广场一期、东二环泰禾城市广场四期、化工河小桥、岳峰高架桥、岳峰高架引桥等建（构）筑物，施工影响区内陆庄高架桥墩每个桥墩均布设监测点。住宅建筑沉降监测点主要影响区按每15m布设，次要影响区按15～30m布设。共布设监测点采用直径18～22mm的螺纹钢加工件，前部加工成约90°的弯头，顶部加工为半球形，弯头和顶部圆头涂防锈油漆而成。埋设时应注意铟钢尺的长度，避免监测点与建筑物的竖向间距不够。用冲击钻钻孔，用清水冲洗干净，并灌入水泥浆，放入监测点加工件固结而成。

4) 地下管线竖向位移

岳峰镇北站—池边站盾构区间沿线的地下管线主要有：天然气（TR DN160 中压）、天然气（TR DN89 中压）、天然气（TR DN325 中压）、污水（WS DN1200）、给水（JS DN1200）和给水（JS DN800）等地下管线，施工主要影响区按每15m布设，次要影响区按15～30m布设。在管线接头处、对沉降变化敏感位置加密布设监测点。均采用间接点法进行测点埋设，共布设59个监测点。测点埋设方法与地表沉降监测点一致。

（2）竖向位移测量

地表竖向位移类测量实施参照基坑工程采用几何水准方式进行。

3. 净空收敛监测

（1）净空收敛监测点位埋设

管片结构净空收敛每8环布设一组，与拱顶拱底监测点布设在同一断面，岳峰镇北站—池边站盾构区间共布设195组净空收敛监测点。收敛点采用反射片布设在隧道两侧拱腰上，通过钻孔或预埋直径20mm的钢筋（测点埋深约10cm，并露出管片结构外约8cm），并于钢筋上焊接好钢板（不小于7cm×7cm，厚度不低于2mm），钢板上粘贴反射片（不小于5cm×5cm），如图5-28所示。

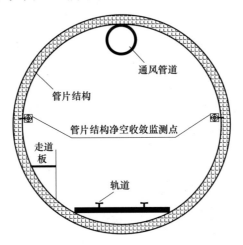

图5-28 管片净空收敛监测点示意图

（2）净空收敛测量

采用全站仪自由设站进行观测（图5-29），通过对比监测点间距离的变化得出隧道净空收敛情况。每次观测管片左拱腰点坐标（X_L、Y_L、Z_L），右线拱腰点坐标（X_R、Y_R、Z_R），计算出每次两点间的净距$=\sqrt{(X_L-X_R)^2+(Y_L-Y_R)^2+(Z_L-Z_R)^2}$，前后两期净距较差即收敛变形值。

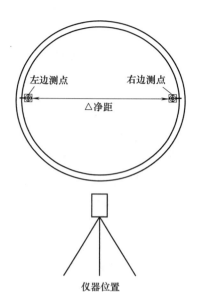

图 5-29 管片净空收敛测量示意图

5.3.9 现场巡视

1. 现场巡视范围

现场巡视主要对象为盾构隧道自身及其区间地面沿线周边环境。巡视的主要内容为：

(1) 盾构隧道管片拼装体系的质量和安全状况；
(2) 盾构隧道上方地面的周边环境的安全状况；
(3) 盾构隧道掘进作业面的操作情况；
(4) 盾构隧道周边邻近施工情况；
(5) 盾构隧道现场各作业面的安全操作、文明施工情况；
(6) 基准点和监测点等的保护及使用情况。

2. 现场巡视内容

盾构区间现场巡视内容包括施工工况、管片结构、周边环境及监测元器件完好性，巡视报表如表 5-24 所示。

盾构法的基坑现场巡视报表　　　　　　　　　　表 5-24

监测工程名：　　　　　　　　　　报表编号：
巡查时间：　　　　　　　　　　　天气：

分类	巡查内容	巡查结果	备注
施工工况	盾构始发端、接收端土体加固情况		
	盾构掘进位置（环号）		
	盾构机停机、开仓等的时间位置		
	联络通道开洞口情况		
	其他		

分类	巡查内容	巡查结果	备注
管片结构	管片破损、开裂、错台情况		
	管片渗漏水情况		
	其他		
周边环境	建(构)筑物、桥梁墩台或梁体、既有轨道交通结构等的裂缝位置、数量和宽度、混凝土剥落位置、大小和数量，设施能否正常使用		
	地下构筑物积水及渗水情况，地下管线的漏水、漏气情况		
	周边路面或地表的裂缝、沉陷、隆起、冒浆的位置、范围等情况		
	河流湖泊的水位变化情况，水面有无出现漩涡、气泡及其位置、范围，堤坡裂缝宽度、深度、数量及发展趋势等		
	工程周边开挖、堆载、打桩等可能影响工程安全的其他生产活动		
	其他		
监测设施	基准点、监测点的完好状况、保护情况		
	监测元件的完好状况、保护情况		
	其他		

现场巡查人：　　　　　　　　　　　　监测项目负责人：
监测单位：

5.4 矿山法隧道工程监测

福州市某轨道交通工程线路营前站—航城站区间（以下简称营航区间）矿山法隧道沿省道 S203 自西向东展布，区间整体地势平坦，地形起伏较小，场地地面高程在 6.48～7.81m 之间。该区间小里程端接明挖区间，大里程端接航城站。上行线全长 272.348m；下行线全长 264.253m。航城站与明挖区间主体结构施工完成后均进洞开挖，为单线单洞结构。工程地理位置如图 5-30 所示。

图 5-30　工程地理位置示意图

营航区间覆土厚度约 4.5～10.5m。矿山法区间围岩等级以Ⅳ级、Ⅴ级为主，局部为

Ⅲ级。矿山区间采用上下台阶法施工，当掌子面较破碎、自稳能力稍差时，对掌子面进行锚喷支护，保证掌子面稳定，喷射混凝土厚度为100mm，锚杆长度$L=2m$，$1m×1m$梅花形布置。初期支护在安装格栅钢架时预埋直径42mm钢管，对拱顶部位初期支护背后进行回填注浆处理，二衬混凝土浇筑时预埋直径42mm钢管，对拱顶部位的防水层和二衬之间进行回填注浆处理。

5.4.1 工程地质

根据地勘资料，营航矿山法区间围岩等级统计如表5-25所示。

营航矿山法区间围岩等级统计表　　　　　表5-25

上行线			下行线		
里程	围岩等级	长度(m)	里程	围岩等级	长度(m)
SK16+410～SK16+435	Ⅴ	25	XK16+418～XK16+446	Ⅴ	28
SK16+435～SK16+455	Ⅳ	20	XK16+446～XK16+505	Ⅳ	59
SK16+455～SK16+505	Ⅴ	50	XK16+505～XK16+539	Ⅳ	34
SK16+505～SK16+545	Ⅳ	40	XK16+539～XK16+555	Ⅳ	16
SK16+545～SK16+570	Ⅴ	25	XK16+555～XK16+585	Ⅴ	30
SK16+570～SK16+640	Ⅳ	70	XK16+585～XK16+630	Ⅳ	45
SK16+640～SK16+664	Ⅴ	24	XK16+630～XK16+635	Ⅲ	5
SK16+664～SK16+680	Ⅳ	16	XK16+635～XK16+664	Ⅳ	29
			XK16+664～XK16+680	Ⅲ	16

本区间场地揭示的地下水按埋藏条件包含上层滞水和承压水两种类型。其中，承压水按赋存介质又可分为松散岩类孔隙承压水和基岩孔隙—裂隙承压水，孔隙裂隙潜水—承压水和构造裂隙潜水—承压水之间相互接触，存在直接的水力联系，水位埋深为0.40～2.70m，稳定水位埋深为0.70～2.60m。

5.4.2 周边环境

本区间小里程端接明挖段北侧为长限村，区间段北侧为山体，南侧为长乐区自来水厂员工食堂，周围车流量较大。隧道施工范围内存在通信、雨水、燃气等管线（表5-26），周边环境较为复杂。

地下管线调查资料表　　　　　表5-26

序号	名称	直径	重要性类别	材质	埋深(m)	与工程邻近关系	里程范围
1	通信管线	—	一般	—	1.3	块埋，断面400×300（4孔），450×200（3孔），区间右线侧穿、下穿，垂直距离约6m	SK16+530～SK16+680
2	雨水	DN400	一般	PVC	1.2	区间右线侧穿、下穿，垂直距离约6.5m	SK16+600～SK16+680
3	燃气（次高压）	DM400	重要	钢管	1.3	区间右线侧穿，垂直距离约7.5m，水平距离约1.8～14m	SK16+635～SK16+680

续表

序号	名称	直径	重要性类别	材质	埋深(m)	与工程邻近关系	里程范围
4	燃气（中压）	DN315	重要	PE	1.3	区间右线侧穿,垂直距离约7.5m,水平距离约1.8～15m	SK16+635～SK16+680
5	燃气（中压）	DN200	重要	PE	1.2	区间右线侧穿,垂直距离约7.5m,水平距离约5～15m	SK16+635～SK16+680
6	雨水	DN400	一般	PVC	1.3	区间左线侧穿,垂直距离约3～10m,水平距离约2～14m	SK16+410～SK16+680

5.4.3 监测范围

监测范围包含工程影响分区的主要影响区和次要影响区。工程影响分区依据现行国家标准《城市轨道交通工程监测技术规程》GB 50911 采用 Peck 计算公式划分不同影响区域，如图 5-31 所示。

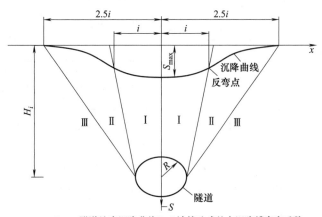

i——隧道地表沉降曲线Peck计算公式的中沉降槽宽度系数；
H_i——隧道中心埋深；S_{max}——隧道中线上方的地表沉降量

图 5-31 浅埋隧道工程影响分区

根据本地区经验结合本工程隧道开挖半径、埋深及地质情况，确定本区间沉降槽宽度参数 K 取 0.6，沉降槽宽度系数 $i=KH_i$（H_i 为隧道埋深）。因此，隧道施工主要影响区取隧道上方及 $0.6H_i$ 范围，次要影响区取隧道周边 $0.6\sim1.5H_i$ 范围，可能影响区取隧道周边 $1.5H_i$ 范围以外，如表 5-27 所示。工程监测范围包括主要影响区和次要影响区。

隧道工程影响分区表　　　　表 5-27

基坑工程影响区	范围	划分标准
主要影响区	6.3m	隧道上方及 $0.6H_i$ 范围
次要影响区	6.3～15.8m	隧道外侧 $0.6\sim1.5H_i$ 范围
可能影响区	隧道周边15.8m以外	隧道外侧 $1.5H_i$ 以外

注：H_i 为隧道埋深(m)。根据规范内相关内容并结合以往监测经验，综合分析后决定本工程 H_i 取隧道最大覆土厚度为 10.5m。

5.4.4 监测等级

工程监测影响等级根据工程的自身风险等级、周边环境风险等级和地质条件复杂程度划分。本矿山法工程自身风险等级为一级,周边环境风险等级为二级,地质条件复杂程度为复杂。依据现行国家标准《城市轨道交通工程监测技术规范》GB 50911 规定,如表 5-28 所示,综合评定营前站—航城站矿山法工程的监测等级为一级。

工程监测等级评定表　　　　　　　　　　　　　　　　　表 5-28

工程名称	工程自身风险等级	周边环境风险等级	地质条件复杂程度	工程监测等级
营前站—航城站矿山法工程	一级	二级	复杂	一级

5.4.5 监测内容

按照区间的设计要求,该工点监测项目以及监测点布置如表 5-29 所示。

区间监测项目及监测点布置表　　　　　　　　　　　　　表 5-29

序号		监测项目	代码	监测点布置
1	周边环境	地表沉降	DBC	隧道轴线监测点间距为5m,横向监测断面间距为15～90m,每个断面布设10～20个监测点
2		建(构)筑物竖向位移	JGC	布设于建筑物结构外墙或承重柱上,主要影响区按每15m布设,次要影响区按每15～30m布设,外墙转角处均布设监测点
3		管线沉降	GXC	主要影响区按每15m布设,次要影响区按15～30m布设
4		爆破振动	BP	矿山隧道施工影响范围内的建(构)筑物
5	矿山隧道	拱顶沉降	S/XGD	Ⅴ级围岩每5m一处监测断面,Ⅳ级围岩每10～15m一处监测断面,Ⅲ级围岩每15m一处监测断面
6		拱底隆起	S/XGC	Ⅴ级围岩每5m一处监测断面,Ⅳ级围岩每10～15m一处监测断面,Ⅲ级围岩每15m一处监测断面
7		净空收敛	S/XGJ	Ⅴ级围岩每5m一处监测断面,Ⅳ级围岩每10～15m一处监测断面,Ⅲ级围岩每15m一处监测断面,每断面2组监测点

地表沉降按照代码＋三位里程数＋序号(由小到大)的方式编号,管线沉降监测点按照代码＋管线序号＋两位测点编号的方式进行编号,建筑物沉降按照代码＋建筑物序号＋两位测点编号的方式进行编号,隧道拱顶沉降、拱底隆起、净空收敛按照监测项目代码＋三位里程数＋序号(由小到大)进行编号。

5.4.6 监测频率

矿山法隧道工程监测工作与施工同步,直至隧道施工完成后结束。周边建筑物、地表沉降、管线沉降监测至穿越施工可能影响区为止。本矿山法隧道工程第三方监测频率为施工监测频率的30%,监测频率符合表 5-30 的规定。

矿山区间监测频率 表 5-30

监测部位	监测对象	施工进程	施工监测频率	第三方监测频率
开挖面前方	周围岩土体及周边环境	2B<L≤5B	1次/2d	1次/7d
		L≤2B	1次/1d	1次/3d
开挖面后方	初期支护结构、周围岩土体及周边环境	L≤1B	1次/1~2d	1次/3d
		1B<L≤2B	1次/1d	1次/3d
		2B<L≤5B	1次/2d	1次/7d
		L>5B	1次/7d	1次/15d

注：B 为矿山法隧道开挖宽度，L 为开挖面至监测点或监测断面的距离。

施工关键期或异常情况时监测频率适当加密：

(1) 发现较大不均匀沉降及结构变形较大时，适当加密测；

(2) 遇超过预警值或异常情况时，根据具体情况及时调整监测时间间隔，加密监测频率，直至跟踪监测，以保证及时反馈信息；

(3) 监测过程中区分重点监测部位和非重点监测部位，对重点部位加密监测，对非重点部位可适当调整监测频率。

5.4.7 监测控制值

监测控制值根据设计文件、地质条件、相关规范及专家评审意见确定，本工程各监测项目控制值如表 5-31 所示。

区间监测项目控制值 表 5-31

监测项目	累计变形控制值		变化速率控制值
地表沉降	30mm		3.0mm/d
拱顶沉降	10mm	Ⅲ级围岩	3.0mm/d
	20mm	Ⅳ级、Ⅴ级围岩	
拱底隆起	10mm	Ⅲ级围岩	2.0mm/d
	20mm	Ⅳ级、Ⅴ级围岩	
隧道净空收敛	10mm	Ⅲ级围岩	2.0mm/d
	20mm	Ⅳ级、Ⅴ级围岩	
地下管线竖向位移	沉降变形累计绝对值控制值 20mm		2.0mm/d
建筑物沉降	沉降变形累计绝对值控制值 20mm		3.0mm/d
爆破振动	—		2.0cm/s

5.4.8 监测实施

矿山法隧道监测点项目、布设方式和测量方法与盾构法隧道基本一致，主要存在如下区别：

(1) 盾构法隧道内监测点布设于管片结构上，矿山法隧道内监测点布设于支护结构上，包括初期支护和二次衬砌，在初期支护结构完成后需及时进行监测点的布设与初始值采集。因此，矿山法对于监测点的布设时限有更严格的要求；

(2) 二次衬砌施工时，初期支护结构上的监测点将全部被破坏，为保证监测数据的连续，在二衬结构完成后，需在与初期支护结构监测相同位置处对测点进行修复；

（3）矿山法隧道需根据设计文件要求对周边的建（构）筑物进行爆破振动监测。本矿山法区间对隧道影响范围内的自来水食堂大楼进行爆破振动监测，将爆破振动仪安装于最靠近矿山隧道的食堂大楼支撑柱表面，采用石膏固定传感器。当爆破位置距离食堂大楼小于 $5B$（B 为矿山法隧道开挖宽度）时，每次爆破时进行爆破振动监测。采用爆破振动仪将测得的测点水平径向、水平切向和垂直方向上的振动速度进行记录。所记录的振动波形有时间标尺，通过计算机 USB 接口与记录仪连接，传输现场记录的振动波形数据。使用振动分析软件对波形进行分析处理，分别读取竖向、水平径向和水平切向的振动峰值、峰值主频、主振持续时间等参数。

5.4.9 现场巡视

1. 现场巡视范围

每次现场监测工作实施的同时进行现场安全巡视，并保证开挖过程中每天巡视 1 次，特殊情况加密巡视频率。矿山法隧道工程巡视检查应包括以下主要内容：

（1）矿山法隧道支护结构的质量和安全状况；

（2）矿山法隧道上方地面的周边环境的安全状况；

（3）矿山法隧道开挖面岩土体的类型、特征、自稳性，地下水渗漏及发展情况；

（4）矿山法隧道周边邻近施工情况；

（5）基准点和监测点等的保护及使用情况。

2. 现场巡视内容

矿山法区间现场巡视内容包括施工工况、支护结构、周边环境及监测元器件完好性，巡视报表如表 5-32 所示。

矿山法隧道现场巡视报表　　　　　　　　表 5-32

监测工程名称：　　　　　　　　　　　报表编号：
巡查时间：　　　　　　　　　　　　　天气：

分类	巡查内容	巡查结果	备注
施工工况	开挖步序、步长、核心土尺寸等情况		
	开挖面岩土体的类型、特征、自稳性,渗漏水量大小及发展情况		
	开挖面岩土体有无坍塌及坍塌的位置、规模		
	降水或止水等地下水控制效果及降水设施运转情况		
	其他		
支护结构	超前支护施作情况及效果、钢拱架架设、挂网及喷射混凝土的及时性、连接板的连接及锁脚锚杆的打设情况		
	初期支护结构渗漏水情况		
	初期支护结构开裂、剥离、掉块情况		
	临时支撑结构有无明显变位		
	二衬结构施作临时支撑结构分段拆除情况		
	初期支护结构背后回填注浆的及时性		
	其他		

续表

分类	巡查内容	巡查结果	备注
周边环境	建(构)筑物、桥梁墩台或梁体、既有轨道交通结构等的裂缝位置、数量和宽度,混凝土剥落位置、大小和数量,设施能否正常使用		
	地下构筑物积水及渗水情况,地下管线的漏水、漏气情况		
	周边路面或地表的裂缝、沉陷、隆起、冒浆的位置、范围等情况		
	河流湖泊的水位变化情况,水面有无出现漩涡、气泡及其位置、范围、堤坡裂缝宽度、深度、数量及发展趋势等		
	工程周边开挖、堆载、打桩等可能影响工程安全的其他生产活动		
	其他		
监测设施	基准点、监测点的完好状况、保护情况		
	监测元件的完好状况、保护情况		
	其他		

现场巡查人： 监测项目负责人：
监测单位：

5.5 监测成果及信息反馈

5.5.1 监测成果

日常监测成果的提交分为监测期报（表 5-33、表 5-34）和总结报告。在监测过程中除了要及时出具各种类型的报表、绘制测点布置位置平面和剖面图外,还应及时整理各监测项目的汇总表和各监测项目时程曲线、速率时程曲线等。当监测结果达到控制值时,立即向业主、监理进行口头报告,并在 24 小时内将书面报告（报表）递交至业主、监理单位。

报告的主要内容包括：①工程概况；②监测目的、监测项目和监测依据；③监测点布设；④采用的仪器型号、规格及设备检定资料；⑤监测数据采集和观测方法；⑥现场巡查信息,包括巡查照片、记录等；⑦监测数据报表,包括监测值、累计变化值、变化速率值、时程曲线、监测点平面位置图等；⑧监测数据、巡查信息、预警信息的分析与说明；⑨结论与建议。

××监测项目沉降类日报样表　　　　表 5-33

监测工程名称： 报表编号： 天气：
本次监测时间： 工点名称： 上次监测时间：
仪器型号：电子水准仪　　仪器出厂编号：＊＊＊＊　　检定日期：＊＊＊＊年＊月＊日

监测点号	初始值 (m)	上次累计变化量 (mm)	本次累计变化量 (mm)	本次变化量 (mm)	变化速率 (mm/d)	控制值		预警等级	备注
						累计变化量 (mm)	变化速率 (mm/d)		
DBC04-01	6.9692	−18.6	−20.2	−1.6	−0.40	30	3		

续表

仪器型号：	电子水准仪		仪器出厂编号：****					检定日期：****年*月*日		
监测点号	初始值(m)	上次累计变化量(mm)	本次累计变化量(mm)	本次变化量(mm)	变化速率(mm/d)	控制值		预警等级	备注
						累计变化量(mm)	变化速率(mm/d)		
DBC04-02	6.8892	−21.0	—	—	—	30	3		压盖
DBC04-03	6.8321	−19.9	−21.3	−1.4	−0.35	30	3		

......

变化量正负号说明：
"+"为上升"−"为下沉

监测结论及建议：

现场监测人：　　　　　计算人：　　　　　校核人：
项目负责人：　　　　　监测单位：

××监测项目力学类日报样表　　　　　　　表 5-34

监测工程名称：　　　　　报表编号：　　　　　天气：
本次监测时间：　　　　　工点名称：　　　　　上次监测时间：

仪器型号：频率测读仪			仪器编号：****			检定日期：****年*月*日		
监测点号	初始值(kN)	上次测值(kN)	本次测值(kN)	本次变化量(kN)	变化速率(kN/d)	控制值(kN)	预警等级	备注
TZL1-1	0.0	1926	2167	241	60.3	3500		
TZL2-1	0.0	1865	2054	189	47.3	3500		
TZL3-1	0.0	3243	3590	347	86.8	4200	橙色预警	
TZL1-3	0.0	3174	3348	174	43.5	5360		
TZL2-3	0.0	3344	3469	125	31.3	5360		
TZL3-3	0.0	5938	6502	564	141.0	6420	红色预警	

......

变化量正负号说明：
"+"为压力，"−"为拉力

监测结论及建议：

现场监测人：　　　　　计算人：　　　　　校核人：
项目负责人：　　　　　监测单位：

5.5.2 信息反馈

为了使工程施工处于安全可控状态，监测单位的监测信息反馈必须及时、准确、可靠，以便相关各方能够及时采取正确的处理措施。

（1）各工点监测工作开展前，与业主、监理、施工和设计单位沟通，建立正常沟通渠道和紧急工作联系沟通渠道，保证联系工作的及时顺畅。

（2）设立专门的信息反馈组，负责信息成果反馈工作，所有书面成果汇总进行统一管理，由小组负责统一登记、盖章、送出和办理签收。

（3）监测单位完成当天的现场监测及安全巡视后，及时处理监测信息数据、提出监测成果分析意见、编制监测信息报表，并在 8 小时内上传至监测信息平台。

（4）当监测数据出现异常时，第一时间通知业主、施工、监理、设计单位，在 4 小时内将数据上传至监测信息平台（图 5-32），并在 24 小时内出具书面监测报告。

图 5-32　监测信息平台

5.5.3 监测预警

1. 预警分类及分级标准

预警分为监测数据预警、巡视预警及综合预警。

（1）监测数据预警

根据制定的"双控"（变化速率及累积变形值）控制指标值，将监测点的预警状态按严重程度由小到大分为三级，即黄色预警、橙色预警和红色预警。监测预警分级标准符合表 5-35 的规定。

监测预警分级标准 表 5-35

预警级别	预警状态描述
黄色预警	"双控"实测值均达到相应监测对象及项目控制指标值的 70%(含)以上,或者"双控"实测值之一达到控制指标值的 85%(含)以上
橙色预警	"双控"实测值均达到相应监测对象及项目控制指标值的 85%(含)以上,或者"双控"实测值之一达到控制指标值(含)以上
红色预警	"双控"实测值均达到相应监测对象及项目的控制指标值(含)以上

(2)巡视预警

巡视预警是指在施工过程中通过巡视,发现安全隐患或不安全状态而进行的预警,按严重程度由小到大分为黄色预警、橙色预警、红色预警。明挖法、盾构法及矿山法施工巡视预警参考如表 5-36～表 5-38 所示。

明挖法施工巡视预警参考表 表 5-36

巡视内容		巡视状况描述	安全状态评价		
			黄色预警	橙色预警	红色预警
开挖面土质情况	土层性质及稳定性状况	支撑或锚杆周围出现土体塌落范围大,严重影响围护体系的稳定,土方滑坡			★
		土体塌落范围较大,影响围护体系的稳定		★	
		其他部位,土体塌落范围较小,仅局部影响围护体系发挥,但不影响稳定性	★		
		导致桩(锚、土钉)无法钻进、成孔等,影响施工工艺适应性和设计功能需求		★	
		导致锚杆、土钉握裹力不够,引起土压力增大、土体自稳能力降低等,减小设计、规范要求的安全系数	★		
	开挖面土体渗漏水情况	大股涌水并带砂,或导致周边地面局部塌陷			★
		大股涌水,影响边坡稳定,有恶化情形			★
		小股涌水,引起边坡较大变形,暂时稳定		★	
		小股涌水,未引起边坡变形	★		
	地下水控制效果	抽水持续出砂,附近地面有明显沉陷			★
		地下水位降不下去,施工安全性受到影响	★		
		降水系统能力不足	★		
支护结构体系	渗漏水情况	大股涌水并带砂,或导致周边地面局部塌陷			★
		大股涌水,影响边坡稳定,有恶化情形			★
		小股涌水,引起边坡较大变形,暂时稳定		★	
		小股涌水,未引起边坡变形	★		
	支护体系开裂、变形变化情况	安全风险较高部位(如阳角、明暗挖结合等关键部位)支护与背后土出现脱开,且有扩大情形		★	
		其他部位支护与背后土出现脱开,且有扩大情形	★		
		安全风险较高部位(如阳角、明暗挖结合等关键部位)支护与背后土出现脱开,暂无扩大情形	★		
		支撑明显扭曲变形			★

续表

巡视内容		巡视状况描述	安全状态评价		
			黄色预警	橙色预警	红色预警
支护结构体系	支护体系开裂、变形变化情况	支撑目视可见变形、移位		★	
		锚头滑脱或损坏		★	
		施工造成腰梁混凝土开裂、与土脱开,且有扩大情形		★	
		施工造成腰梁混凝土开裂、与土脱开,暂无扩大情形	★		
		开挖施工造成面层开裂,且有扩大情形		★	
		开挖施工造成面层开裂,暂无扩大情形	★		
		施工造成冠梁与桩身较大脱开,或护壁开裂,且有扩大情形			★
		施工造成冠梁开裂,或施工造成护壁开裂,暂无扩大情形	★		
	支护体系施工质量缺陷	支撑装设、螺栓衔接、焊接或围檩、支撑补强不符合规定	★		
		土钉安装不符合设计及规范要求	★		
		安全风险较高部位(如阳角、明暗挖结合等关键部位)出现断桩、严重夹泥			★
		其他部位出现断桩、严重夹泥	★		
	支护体系施作及时性情况	支撑(或锚杆、土钉)施作不及时	★		
施工工艺	开挖坡度	土钉墙或边坡不符合设计,出现直坡、逆坡现象,或较大范围内超出设计坡度30%以上		★	
		土钉墙或边坡较大范围内坡度超出设计坡度 10%~30%	★		
		土钉墙或边坡坡度超出设计的其他情况	★		
	基坑开挖面暴露时间	开挖面暴露时间过长,局部土体出现剥落、开裂,支护产生较大变形		★	
		开挖面暴露时间过长,局部土体出现剥落、开裂	★		
		开挖面暴露时间过长,支护产生较大变形	★		
	工序	工序不符合施工组织设计,引起土体、支护体系出现较大位移		★	
		工序不符合施工组织设计,影响工程和周边环境的安全性		★	
		工序不符合施工组织设计	★		
	超挖	靠近围护侧,大范围内超挖超过 1m,一定程度上影响支护结构或周围土体的稳定		★	
		靠近围护侧,局部超挖超过 1m,其他位置大范围内超挖超过1m	★		
		其他位置大范围超挖超过 1m	★		
基坑周边环境	基坑影响区域内超载情况	基坑强烈影响区荷载超出设计,围护受力变化大,支护体系产生不利影响		★	
		基坑强烈影响区外荷载超出设计,围护受力变化较大,支护体系产生不利影响	★		
	地表积水	强烈影响区大面积积水,地面硬化不完善,且截排水系统不完善,流入开挖区或下渗、冲刷或淘空,或引起支护结构受力变化,可能严重影响安全系数		★	
		显著影响区大面积积水,地面硬化不完善,且截排水系统不完善,地表水下渗,影响安全系数	★		

盾构法施工巡视预警参考表　　　　　　　　　　　　表 5-37

巡视内容	巡视状况描述	安全状态评价		
		黄色预警	橙色预警	红色预警
铰接密封情况	渗水～滴水(包括滴水的颜色等)	★		
	滴水(水质混沌,含沙或泥)～小股流水/流沙(泥)		★	
	严重漏水、涌沙或涌泥			★
管片破损情况	一般破损(管片表面出现裂纹、裂纹较浅,仅伤及管片部分保护层,对隧道安全影响较小,今后修复即可)	★		
	较严重破损(管片出现裂缝,裂缝有一定宽度,穿过保护层厚度;或管片大面积掉块、内部钢筋裸露等;对隧道安全影响较大,需要立即修复)		★	
	严重破损(管片出现贯通的裂缝,对隧道安全影响严重,立刻停工组织专业人员抢修)			★
管片错台情况	5～10mm	★		
	10～15mm		★	
	>15mm			★
管片间渗漏水/沙/泥等情况	渗水～滴水(包括滴水颜色等)	★		
	滴水(水质混沌,含沙或泥)～小股流水/流沙(泥)		★	
	流水、涌泥或涌沙			★
盾尾漏浆情况	一般流浆	★		
	浆液喷出(喷出长度<0.5m)		★	
	浆液剧烈喷出(喷出长度>0.5m)			★
橡胶止水条的位移情况	橡胶止水条错位或扭曲,位移小于其宽度的一半	★		
	橡胶止水条错位或扭曲,位移大于其宽度的一半		★	
	橡胶止水条错位或扭曲,且大面积损坏、完全脱离管片			★

矿山法施工巡视预警参考表　　　　　　　　　　　　表 5-38

巡视内容		巡视状况描述	安全状态评价		
			黄色预警	橙色预警	红色预警
开挖面土质情况	土层性质及稳定性状况	局部冒顶塌方			★
		工作面掉块、岩块,无故尘土飞扬		★	
		拱顶少量漏砂		★	
		掌子面出现土体坍塌			★
		边墙出现土体坍塌			★
	开挖面土体渗漏水情况	工作面渗水,渗水量 10～25L/(min·10m)	★		
		工作面小股涌水,渗水量 25～125L/(min·10m)		★	
		工作面大股涌水,且含砂			★
	降水效果	抽水持续出砂,附近地面有明显沉陷		★	
		地下水位降不下去,施工安全性受到影响	★		
		降水系统能力不足	★		

续表

巡视内容		巡视状况描述	安全状态评价		
			黄色预警	橙色预警	红色预警
支护结构体系	渗漏水情况	工作面渗水,渗水量10～25L/(min·10m)	★		
		工作面小股涌水,渗水量25～125L/(min·10m)		★	
		工作面大股涌水,且含砂			★
	支护体系开裂、变形变化情况	初期支护结构出现扭曲变形			★
		掉拱			★
		喷混凝土出现裂缝,且裂缝有扩大趋势			★
		喷混凝土出现离层或剥离	★		
		临时支撑脱开		★	
	支护体系施工质量缺陷	临时支撑安装、螺栓连接、焊接、挂网、连接筋焊接、喷混凝土不符合规定	★		
		临时支撑的拆除过早,且后续工序未及时进行	★		
		临时支撑一次拆除范围超过1倍洞径且后续工序未及时进行,拆除范围超过要求时		★	
		钢拱架安装、喷混凝土不符合规定	★		
		锁脚锚管规格尺寸、施作等不符合规定	★		
		背后注浆施作质量达不到要求	★		
		超前支护施作与实施性施工组织设计不符	★		
	支护体系施作及时性情况	超前支护施作不及时			★
		初期支护施作不及时,未封闭成环	★		
		锁脚锚管施工不及时	★		
		拱架螺栓连接处(局部超挖)没有及时回填注浆		★	
		临时支撑安装不及时		★	
		联络通道施工与正洞交叉处未及时进行超前支护		★	
	支护体系拱背回填情况	衬砌背后空洞,未进行回填			★
		拱背回填材料不符要求	★		
施工工艺	开挖进尺	开挖进尺超过施工组织要求,多部开挖时超过1～1.5倍洞径	★		
		多部开挖各部工作面距离不满足规定	★		
		核心土的尺寸不符合规定	★		
	工序	施工工序不符合施工组织要求	★		
		特大断面施工顺序不正确,由于群洞施工影响,引起围岩变形过大		★	
		特大断面工序安排不合理,或者漏序	★		
		特大断面复杂工法工序转换中,不平衡力产生过大变形			★
	超挖	径向超挖超过规定(5cm),且未采取措施	★		

（3）综合预警

综合预警是根据监测数据、巡视信息及施工现场情况，综合判定出工程风险不安全状态而进行的预警。综合预警等级根据工程对象存在风险程度及危险征兆情况，参考监测预警和巡视预警的等级、数量及分布范围等，进行综合分析判定，按严重程度由小到大分为黄色、橙色和红色综合预警三级，分级标准如表 5-39 所示。

综合预警分级标准　　　　表 5-39

综合预警等级	基本条件(安全风险状态)	参考标准	
		监测预警	巡视预警
黄色	存在一定风险	橙色或红色	较多黄色、橙色或红色
橙色	存在较高风险，且出现危险征兆	红色	
红色	风险不可控或出现严重危险征兆	红色	

2. 预警流程及响应

监测预警或巡视预警发生后，监测单位将相关预警信息上传至轨道交通安全管控平台，平台自动生成预警通知单，并向参建各方发送预警短信。根据预警等级，由监理单位组织各相关参建单位召开预警分析会，并在会议中制定预警处置措施及消警条件，现场执行层加强监测、巡视，及时进行预警处置。当满足消警条件后，由施工单位在平台上发起消警申请，由业主、监理及第三方监测单位进行确认后方可消警。监测预警及响应流程如图 5-33 所示。

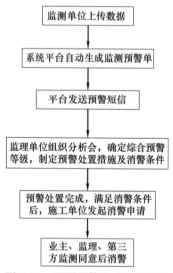

图 5-33　监测预警及响应流程图

5.6　施工监测管理

5.6.1　施工监测单位资质与人员设备审核

施工单位需根据监测任务、工程规模配置监测人员、监测仪器及监测元器件。施工监测进场前,需将相关单位资质、人员及仪器的相关证明材料报送至监理单位及第三方监测单位,审核满足要求后方可进场实施监测。此外,日常监测实施过程中,监理单位及第三方监测单位对施工监测单位人员在岗情况、仪器、设备是否在检定有效期、是否建立仪器管理台账等进行监督管理。单位、人员、仪器设备报审流程如图5-34所示。

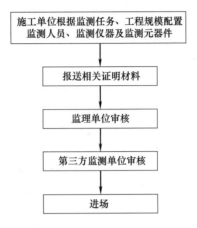

图5-34 单位、人员、仪器设备报审流程

5.6.2 施工监测方案的审核

施工监测方案编制完成后,经施工监测单位内部审核和施工单位审核通过后报验至第三方监测单位及监理单位。第三方监测单位及监理单位针对方案中测点布设合理性、监测方法的可靠性等内容进行审核并出具书面意见。经监理单位组织专家对经修改后的施工监测方案进行评审通过后,方可实施监测。施工方案审核流程如图5-35所示。

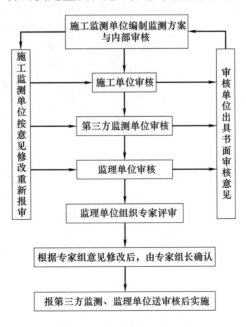

图5-35 施工方案审核流程

5.6.3 现场测点埋设监督和验收

施工单位应按照监测方案进行监测点位布设,并留存埋设过程影像资料备查。监理单位及第三方监测单位对不低于30%的测点进行旁站监督及过程技术指导,隐蔽测点(轴力计、钢筋计、测斜管等)需100%旁站监督。测点埋设完成且施工单位自检合格后,由监理单位组织第三方监测单位、设计单位、建设单位对测点进行验收,形成测点埋设记录表(图5-36),验收合格后方可采集初值。测点埋设监督及验收流程如图5-37所示。

测点埋设记录表

工程名称	福州地铁5号线东岭站E3出入口便民补短板工程		
监测点号	TZL11-1(共计:1个)	监测项目	支撑轴力
埋设部位	混凝土支撑三分之一处	埋设时间	2023年10月11日
埋设说明:	轴力计安装混凝土支撑三分之一处。		
现场图片/点位示意图: 			
验收意见:			
埋设人员:	施工监测负责人:		施工单位:
第三方监测单位:	监理单位:		日期:

图 5-36 测点埋设记录表

第三方监测单位应督促施工监测单位做好测点的日常保护工作。对于现场施工破坏的监测点,施工单位应及时对测点进行修复并报验第三方监测单位。

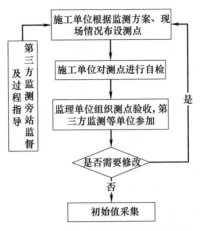

图 5-37 测点埋设监督及验收流程

5.6.4 施工监测定期检查

监测工作检查是监测管理的关键环节，通过检查发现施工监测单位工作中存在的问题，并督促其改进，降低工程安全风险。第三方监测单位除对施工监测进行日常监督外，还应对施工监测工作定期进行监督检查，一般一个季度1次，检查内容如表 5-40 所示。

施工监测工作检查表　　　　　　　　　　　　　表 5-40

序号	检查项目	检查内容与常见问题
1	单位资质	超出单位资质等级许可范围承揽业务；存在转包或违法分包；监测单位与监测工程相关的施工单位有隶属关系或存在利害关系
2	监测人员	监测人员未建立台账；监测人员不足、经验资历不符合要求；监测人员资料不全；监测人员未经过相关技术培训，无上岗证；人员变更未及时报验
3	监测仪器设备	仪器设备未建立台账；仪器设备未检定或检定证书过期；仪器检定证书送检单位与监测单位名称不符；检定证书日期与仪器台账检定日期不一致；检定证书只有复印件，无原件；仪器未报验；仪器设备数量、类型不满足监测要求；各类测试元器件无合格证、标定证书；实际使用仪器与方案中仪器不符，未报审
4	管理制度	未建立或未落实监测管理制度；未建立或未落实监测责任制和相应考核、奖惩制度
5	监测方案编制	监测项目和巡视对象内容不全；监测及巡视频率、周期不明确，或不能满足工程要求；测点埋设方法和要求不具体；现场监测和巡视方法描述不全或可行性差；监测项目无控制指标值或控制指标值不全；监测项目控制值不合理或无依据；监测项目无监测预警标准；信息反馈对象、流程不具体；监测点布设平面、剖面图等相关图件不齐全；缺少监测项目技术要求及计算方法；无风险等级、风险源描述以及有针对性的监测措施
6	监测方案审查	监测方案未经过专家论证；监测方案未经单位技术负责人、项目负责人签字或签字人未授权；监测方案未加盖单位报告专用章；监测方案编制依据不足或不准确；第三方监测和施工方监测控制值不一致；方案和报告控制值不一致；监测方案专家意见未闭合；监测布点图缺测项、测点；监测布点图不清晰或者没有及时更新；监测重、难点分析不全
7	测点埋设及保护	基准点或工作基点埋设数量或位置不符合相关要求；现场监测点（或孔）埋设数量及位置与监测方案或工程实际情况不符，且未进行方案调整并经审批；监测点（或孔）埋设方法及保护措施不符合要求；监测点（或孔）编号或类型标识不清晰；监测点（或孔）损坏，未及时进行恢复或补救；监测点被遮挡、覆盖；监测点布置（或者布点图）缺项漏项；测点变更，未履行审批手续；构筑物未布置监测点；基坑分段施工未增设监测点；建筑物裂缝未进行布点监测；监测布点图未及时更新；管线点与地表点随意共用

续表

序号	检查项目	检查内容与常见问题
8	监测实施	未按方案实施监测和巡视;基准点使用前缺少复核联测;监测项目初始值读取不及时;未结合工程进度及监测频率要求进行现场监测或巡视;监测数据或巡视信息不连续;现场监测项目或巡视内容不全面;监测点编号与布点图不符;巡查记录表无人员签字;监测负责人签字与合同不符;监测数据异常,无信息反馈;基准点联测无结论,未报验;监测项目未布点,漏测;停测,未办理报批手续
9	监测成果报告	监测报表中监测时间、工点名称、工况、仪器设备、气象条件等表头信息不全,或监测人员签字不全;监测报告未盖章,或缺少项目技术负责人签字;报告中缺监测项目控制值;未结合工况对各监测项目数值变化或巡视信息进行全面分析,缺少相应变化曲线;未结合监测数据或巡视信息对工程安全状态作出分析评价;报告未体现监测数据是否异常、预报警情况;报告结论与数据预警情况不相符;巡视记录表与报表监测点情况不一致;巡视记录表与报告封面负责人签名不一致;监测报告未报送第三方;工况描述简单;测项控制值缺漏;日报、周报监测数据预警未按黄、橙、红分级
10	信息反馈	日常监测、巡视信息反馈不及时,无签收记录或签收记录不齐全;监测数据或巡视信息达到预警状态,未及时向有关单位报告
11	资料归档管理	监测数据文件、巡视信息、成果报告等资料无统一编号,管理不规范;未建立监测资料档案管理,或归档有缺失

5.7 小结

第三方监测根据设计文件、工程自身及周边环境的情况,有针对性地开展监测。对监测数据进行分析、研判数据的发展趋势,并及时提出相应的施工措施,指导施工。同时,行使建设单位赋予的监测相关管理职责,对施工监测单位进行管理,使其监测工作标准化,获取真实可靠的监测数据,通过监测数据指导施工,可及时、有效地发现和规避施工风险,确保地铁安全施工。监测实施过程中存在如下要点:

(1) 第三方监测应对施工过程中的风险点加强监测,重点关注。如盾构始发阶段、隧道下穿既有线、基坑工程拆除支撑等关键节点,通过加密监测点布设、加强监测频率等措施加强监测,必要时对重点部位开展专项监测。

(2) 监测是发现工程隐患的眼睛,是工程安全的重要保证。数据的及时性是第三方监测实施的关键,第三方监测单位应通过采用先进设备,优化数据采集手段,监测数据信息化等措施提高作业效率,及时反馈监测信息。

(3) 监测点的保护与及时修复是监测数据延续的重要保障,亦是监测数据真实可靠的前提。施工过程中,第三方监测除了对工程自身及周边风险进行关注外,还需对监测点加强关注,并督促施工单位做好测点的日常保护工作。针对被施工器械经常性遮挡压盖的监测点、矿山隧道掌子面附近的监测点等,应要求施工监测单位重点保护,及时修复破坏的监测点。

(4) 对施工监测单位的管理是第三方监测工作的重点之一。应对施工单位的监测实施标准化管理,如提前筹划监测点埋设、初始值采集、监测点保护等工作,并要求施工监测单位按统一的资料模板、规范的流程进行报验,施工现场的监测点标识牌、测点埋设等应进行标准化验收。

第 6 章 规划竣工测量

城市轨道交通工程作为城市公共交通的重要组成部分，一般由多条线路在相对狭窄的城市地下、地上空间交织成错综复杂的交通网络，规划、国土等主要职能部门亟须掌握一套完整的批前批后、建前建后资料。科学有序地开展轨道交通规划竣工测量，核实工程建设是否满足规划要求，对轨道交通后期运营维护、线路结构安全保护及周边建（构）筑物施工有着重要的意义，有利于更加科学合理地开展城市规划及管理工作。本章以福州市某轨道交通线路规划竣工测量项目为例，阐述轨道交通竣工测量项目实施技术流程，主要内容包括沿线竣工地形图测绘、规划条件核实测量及地下管线测量等。

6.1 工作内容

福州市某轨道交通工程线路全线整体呈东西走向，西起闽侯县苏洋村，途经上街大学城片区、仓山区、闽江北岸商务中心区、鼓楼区，东至晋安区鼓山镇下院。线路所经区域主要为文教科研区、主要工业区、福州市历史文化中心、大型居住区。

线路全长 29.289km，均为地下敷设，共设车站 22 座，其中有 6 座换乘车站，最大站间距 2.842km，最小站间距 0.701km，平均站间距 1.331km。全线设竹岐停车场和下院车辆段。控制中心与 1 号线共址，设主变电站 2 座及配套机电系统工程。线路走向如图 6-1 所示。

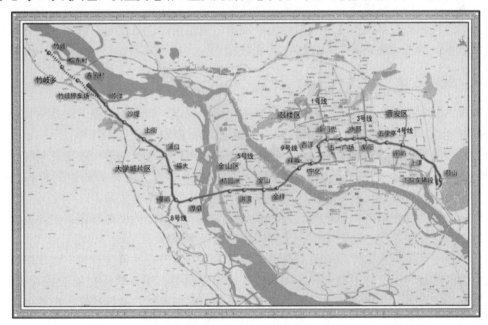

图 6-1 线路示意图

城市轨道交通工程规划竣工测量内容主要包括以下四个方面：

(1) 控制测量

控制测量作业范围根据相关规范及线路长度进行，主要作业内容包括地面控制测量、车站主体控制测量、轨行区控制测量以及附属设施控制测量等。控制测量按从整体到局部、从高级到低级的原则进行布设。

(2) 竣工地形测量

本项目地形测量作业区域为用地红线范围及轨道交通结构两侧边线外延至50m控制保护区范围，主要作业内容包括沿线1：500地形图测绘、地面四小件测量（出入口、风亭、冷却塔、垂直电梯）等。

(3) 规划条件核实测量

车站主体结构、车站地面附属结构、轨行区结构、线路出入段（场）附属建筑结构测量等。

(4) 地下管线测量

地下管线探测作业范围为用地红线范围内所有管线，探测因轨道交通施工而造成的地下管线迁改、新增的管线及用地红线范围内未迁改的管线等；对车站范围内管线全部探测，对区间施工迁改、新增的管线进行探测。本项目主要作业内容：沿线所有地下管线，包括给水（管径≥75mm）、排水（管径≥200mm或方沟≥400mm×400mm）、电力、通信、路灯、石油、温泉、综合管沟、天然气及不明管线等。

6.2 前期准备

根据规范要求，竣工测量一般需施测地下车站主体、附属设施、轨行区等土建部分的平面位置、中心线、纵横断面，描述地下总体空间，内部建筑物可不作细分。通过竣工测量，与城市规划管理部门批准的规划建筑红线图、建筑指标进行比对，更新轨道交通周边的管线数据，为工程规划竣工验收提供基本数据。

6.2.1 资料收集

收集内容包括城市高等级控制点、已有的地面控制点、加密控制点、联系测量控制点及区间控制点、沿线地形图、沿线管线图、线路的设计资料、报批图件等。

(1) 收集控制测量资料：成果表、点之记、展点图和技术总结等；收集资料时尽可能查明施测年代、作业单位、坐标系统、施测等级和成果精度。收集到的控制资料坐标系统、高程系统不一致时，还要收集、整理这些不同系统间的换算关系。

(2) 收集的地形图资料包括测区范围内及周边地区各种比例尺地形图，主要查明地形图的比例尺、施测年代、作业单位、坐标系统和高程系统等。

(3) 收集原管网数据库中轨道交通沿线及其周边管线已有的管线资料；收集轨道交通沿线各管线的设计图、施工图、竣工图、技术说明资料等，了解轨道交通沿线管线种类、分布情况、起止点。收集轨道交通沿线顶管、拉管的详细资料，掌握顶管、拉管施工人员的联系方式，争取各管线权属单位或施工方熟悉管线的人员到场。

(4) 收集审批后的红线图、总平面图、工程规划许可证等审批资料。

(5) 收集相关的设计图纸。

6.2.2 现场踏勘

组织相关人员对轨道交通沿线进行现场踏勘，了解沿线地形、地貌情况，为下一步控制测量、地形测量、管线探测等野外工作的开展提供相关信息。携带收集到的测区地形图、控制展点图、点之记等资料到现场踏勘。踏勘主要了解以下内容：

（1）原有城市卫星定位控制点、精密导线控制点、施工加密控制点、水准点、线路控制点及铺轨基标控制点，了解标志的现状及埋石质量，以便决定有无利用价值；

（2）原有地形图是否与现有地物、地貌一致，着重关注沿线高层及地下建（构）筑物；

（3）调查测区内交通状况，以便确定合理的测量方案；

（4）了解测区的气象、水文及地质情况。

6.2.3 现有资料分析与利用

（1）控制测量资料

可供利用的平面控制测量成果主要有：福州市连续运行参考站、线路地面平面控制点。经现场踏勘有部分点因房屋拆除、道路改建等原因导致点位破坏，有 47 个平面控制点可以利用。轨行区控制点主要利用施工时所保留的铺轨基标控制点、CPIII点等。原测地面平面控制网如图 6-2 所示。

线路沿线附近可供利用的高程控制测量成果：本次共收集到线路等级水准点 55 个，经现场踏勘有部分点因房屋拆除等原因导致点位破坏，有 39 个水准点可以利用。

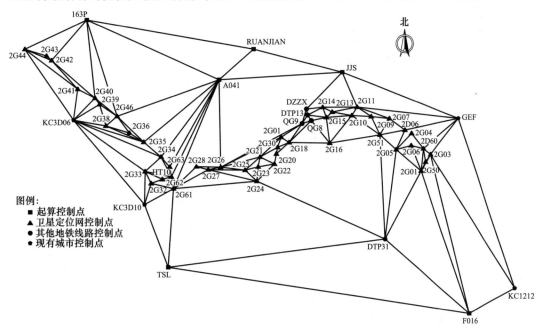

图 6-2 原测地面平面控制网

(2) 地形图、管线数据

收集线路 1∶500 地形图数据，根据现场变化情况进行修补测，并更新 1∶500 基础数据库。收集现有管线数据，根据现场变化情况结合设计文件进行探测，并更新管线数据库。

(3) 设计图件资料

根据设计总平图，提取关键点坐标与实测坐标进行比对；利用设计线位图，提取线路曲线信息，生成中桩、边桩坐标。

(4) 规划相关资料

根据《建设工程规划许可证》中的相关信息，如总建筑面积、总地上建筑面积、总地下建筑面积等相关规划指标信息，作为规划竣工测量相关指标核验的依据，核实建筑面积的计算范围、计算依据。

6.3 竣工地形图测量

地面竣工地形图采用无人机倾斜摄影测量方法，获取线路沿线影像数据，利用配套软件进行空三解算、三维重建，制作三维模型、数字正射影像、数字表面模型等数字产品，项目总体技术路线如图 6-3 所示。

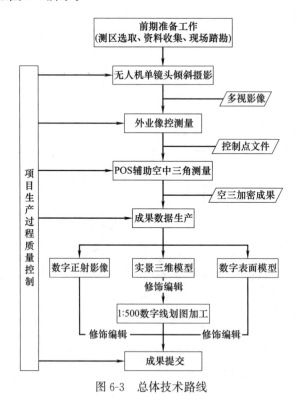

图 6-3　总体技术路线

6.3.1 倾斜摄影

本工程根据线路分布特点、作业有效范围共分为 15 个作业区，每个作业区宽度 300m

且至规划审批的结构外边线外侧 50m，结合无人机相机参数，在确保影像质量合格的前提条件下，规划航线设计参数符合表 6-1 的规定。

规划航线设计参数表　　表 6-1

摄区名称	轨道交通某线路	垂直影像地面分辨率	优于 5cm
无人机类型	Phantom 4RTK	焦距(mm)	8.8mm
设计航向重叠度	80%	设计旁向重叠度	70%
镜头倾斜角度	60°	相对航高	80m
GSD	2.19	备注	采用 POS 辅助

为保证安全生产、影像质量，作业实施满足以下条件要求：

(1) 风速条件

1) 无人机起飞和降落时，地面风力 1~2 级；

2) 无人机飞行具备 4 级风力气象条件下安全飞行的能力；

3) 飞行时的风速小于飞行平台最大可承受风速。

(2) 能见度条件

当空气能见度较差时，降低航高或增加感光度以保证影像质量。

(3) 光照条件

航摄时，光照度应充足，太阳高度角和阴影倍数符合表 6-2 的规定。

作业区域太阳高度角和阴影倍数　　表 6-2

地形类型	太阳高度角(°)	阴影倍数
平坦地	≥20	<3
丘陵地和一般城镇	≥25	<2.1
山地、高山地和大、中城市	≥40	≤1.2

注：本项目位于高层建筑物密集的城区，飞行作业在正午前后各 1 小时内进行。

(4) 管制条件

航飞应符合国家及作业地区相关法律法规要求，同时在飞行活动过程中与相关管制单位建立可靠的通信联系，及时通报情况。

6.3.2　像片控制点布测

1. 像片控制点布设

本项目采用的无人机配备了实时差分 RTK 模块并拥有惯性导航系统，可使每张无人机影像拥有高精度定位定姿数据。项目采用 IMU/GNSS 辅助航摄，降低外业像片控制点布设密度，在测区内及相邻测区间均匀布设少量控制点用于对成果进行精度评定。

像片控制点目标影像清晰，易于判别和立体量测，同时是高程起伏较小、常年相对固定且易于准确定位和量测的地点。弧形地物、阴影、高大建筑物以及高大树木附近，与周边不易区分的地点等不作为像片控制点。现状地物像片控制点选择示例如图 6-4 所示。

无合适的现状地物作为像片控制点时，航飞前需布设像片控制点标志，一般选择白色或者红色油漆画"L"形标志，并在航摄飞行之前试飞几张影像，确保标志能在倾斜影像

图 6-4　现状地物像片控制点选择示例

上正确辨识。人工布设像片控制点示例如图 6-5 所示。

图 6-5　人工布设像片控制点示例

标志尺寸以无人机的空中视角来说，地面标志相当小，不同分辨率的照片对地面标志的大小要求不同，地面分辨率在 5cm 时，像片控制点标志宜在 50cm×50cm 以上的尺寸，便于在无人机拍摄的像片上清晰可见。

2. 像片控制点测量

像片控制点平面测量利用福州市 GNSS 综合服务系统，以固定解状态进行测量；观测前应对仪器进行初始化，初始化后应设置相应的数据采集参数，具体采集数据要求如表 6-3 所示。观测值应在得到 RTK 固定解且收敛稳定后开始记录。像片控制点每个点位观测 2 个测回，取 2 个测回的平均值为最终成果。

平面控制采集要求　表 6-3

项目	卫星高度截止角	PDOP	有效的观测卫星数（个）	经纬度（"）	平面坐标（m）	高程（m）
精度	≥15°	<6	≥5	0.00001	0.001	0.001

像片控制点高程测量按现行国家标准《工程测量标准》GB 50026 中五等水准网的技术要求进行，具体如下：

（1）每千米水准测量高差偶然中误差≤±7.5mm；

(2) 每千米水准测量高差全中误差≤±15mm；

(3) 测段、区段、路线往返测高差不符值以及附合路线或环线闭合差≤30$\sqrt{L}$mm。

6.3.3 数据处理

数据处理主要包括前期数据准备、空中三角测量、实景三维模型制作等步骤，三维建模技术路线如图 6-6 所示。

1. 前期数据准备

在模型构建中，所需要的原始数据主要包括足够重叠度的多视角影像数据、POS 数据和像片控制点测量成果（若有高精度的 POS 数据，可免像片控制点测量）。建模前需检查影像质量是否存在大面积阴影、成像效果是否清晰，POS 数据是否满足规范要求等。检查合格后将数据导入三维建模软件中进行处理。

2. 空中三角测量

为了能够将无序的影像在空间中相互对齐并构建与真实状态相接近的统一的空间模型，就需要对影像进行空中三角测量加密操作。该操作过程是倾斜摄影建模的核心步骤，其内部处理流程如图 6-7 所示。

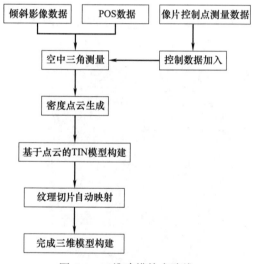

图 6-6　三维建模技术路线

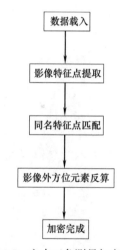

图 6-7　空中三角测量加密流程

3. 实景三维模型制作

采用大疆智图软件平台生产测区实景三维倾斜模型，该平台基于数字摄影测量原理，对大重叠度的影像进行空中三角测量加密、密集匹配等过程，最终生成真三维模型。

建模过程依次按照密集点云生成、TIN 模型构建和纹理自动映射三个步骤进行。根据空中三角测量运算出的影像外方位元素，通过多视角影像密集匹配可获取高密度的数字点云。密集点云数据量较大，需要先将数据分块后再进行不同层次细节度下的 TIN 模型构建；再根据三角网所构成曲面的曲度变化对 TIN 模型数据进行简化。将优化后的 TIN 模型和纹理影像进行配准和贴图，经过一系列处理之后可获得所需的实景三维模型（图 6-8）。

图 6-8　实景三维模型

6.3.4　数字线划图数据采集

带状地形图测绘主要基于 EPS 软件三维测图模块，结合已有矢量地形图数据，利用制作完成后的实景三维模型空间量测功能，进行地形、地物的采集（图 6-9）。

图 6-9　地形、地物采集

1. 数字线划图数据采集

（1）数据采集采用先内业测图、后外业调绘，再编绘成图。

（2）房屋不允许综合，应逐个采集，区分不同性质、不同层次、不同高度，采集以最高层开始，保证上层完整，再逐渐向下层采集，注意不同高度的房屋不能合并采集，采集时测标中心应切准房角线。

（3）单位、小区等院落外围的围墙要完整、准确地采集，注意院落的封闭性，避免出现不合理的开口。靠围墙搭建的棚房、简易房屋，应以围墙为主，保证围墙的完整性。

(4) 原则上铺装路面全采用双实线表示；不能界定边界的乡间小路、未铺装路面且无路肩道路用乡村路符号表示，未铺装路面但有路肩的道路以路肩线代替路边线，路肩高差大于 0.5m 的路肩线用坎线代替。

(5) 公路、简易公路、大车路和城区主要街道的中心，实地距离每 15m 应注意采集高程注记点，主要道路交叉口、变坡处及转折处也应采集高程。

(6) 电杆、电线架、铁塔按模型准确采集其定位位置，连线方向用 4mm 短线指示。

(7) 道路（街道）的各类检修井、雨水箅子应表示，花圃或路边草丛中的检修井、雨水箅子不表示；单位和小区内部的消火栓和大型阀门应表示，各类检修井、雨水箅子可不表示。

(8) 散树应适当采集，公路、街道、河渠边的行树注意采集。

2. 数字线划图的外业调绘

(1) 调绘前，对内业测图采集的数据进行检查，主要检查采集的数据是否有遗漏或综合取舍是否合理。

(2) 调绘时，对内业判读和采集数据进行实地核查，对错漏等进行修改，补测内业测图无法或不能准确采集的要素，如新增地物、阴影区地物、隐蔽部位、地形复杂部位等。并实地补调内业无法获取的地理名称和地貌要素属性及注记。

(3) 调绘本着走到、看到、量到、问清、绘准的原则，判读准确，描绘清楚，符号运用恰当，各种注记准确无误。

(4) 调绘成果使用的符号、文字参考相关图式标准的要求，所用符号、文字统一、清楚、整饰清晰。

6.3.5 竣工带状图编制

根据数字线划图数据采集成果进行竣工测量带状地形图编制。竣工测量带状地形图可采用自由分幅，长度不宜大于 1000mm，也可采用 A3、A4 幅面。本项目竣工测量带状图的成图比例尺为 1∶500，按道路带状图的形式进行分幅，含有如下内容：地形地貌要素、地面附属结构（出入口、风亭、冷却塔、垂直电梯）、轨道中心线、车站和轨行区的结构外边线。

将竣工地形图叠套规划控制线后，采用彩色喷绘输出，打印图框选择简单实线图框，打印比例为 1∶500。除常规地形测量要素外，新增地铁相关符号，如地铁出入口符号、地铁符号、地铁注记等，新增的符号如图 6-10 所示。

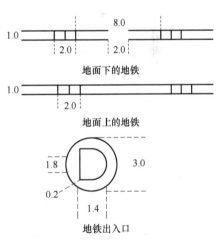

图 6-10 新增地铁相关符号

6.4 规划条件核实测量

规划条件核实测量是以建设工程规划许可证中的规划许可指标为依据进行测量核实的一项工作，其测量成果反映了工程设计与实际尺寸的差异，是明确实际尺寸是否超规划指标范围的数据体现。轨道交通线路建筑结构规划条件核实测量的主要对象有：车站主体结构、车站附属结构、轨行区结构、线路出入段（场）线等。

作业内容主要包括控制测量、工程各建筑结构碎部点测量以及规划条件核实测量成果编制，作业实施流程如图 6-11 所示。

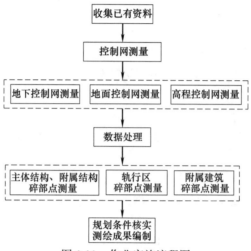

图 6-11 作业实施流程图

6.4.1 控制网测量

根据城市轨道交通工程在空间分布上的特点和规划竣工核实测量各测项的作业内容，首要的是结合已搜集的线路控制网成果进行复测，按从地面至地下、从整体至局部的顺序进行检核。经检核后满足要求的控制点可直接利用，若可利用的控制点仍无法满足使用需求时，须按要求增加布设控制点。

1. 地面平面控制测量

以线路建设期的卫星定位控制点作为起算依据，采用 8 台天宝 R4 测量型双频 GNSS 接收机，按城市轨道交通二等精度要求进行观测；卫星定位控制网的主要精度指标和外业观测技术指标要求如表 6-4、表 6-5 所示。

卫星定位测量控制网主要精度指标　　　　　　表 6-4

等级	基线平均长度(km)	固定误差 a(mm)	比例误差系数 b(mm)	最弱边相对中误差
二等	2	≤5	≤5	1/100000

卫星定位测量控制网外业观测主要技术要求　　　　表 6-5

项目	二等	项目	二等
接收机类型	多频或双频	同时观测有效卫星数	≥4
卫星高度角(°)	≥15	点位几何图形强度因子(PDOP)	≤6
接收机标称精度	≤($5mm+5\times10^{-6}\times D$)	每站独立设站数(次)	≥2
有效观测时段长度(min)	≥60	同步观测接收机台数	≥3
采样间隔(s)	10~30		

注：D 为距离测量值（km）。

(1) 外业观测

在外业观测作业之前，对 GNSS 接收机和天线等设备进行常规检查，检查内容应包括：仪器检定结果、电池容量、光学对中器、基座水准气泡、接收机内存容量等。观测要求如下：

1) 按时段计划时间进行同步观测作业；
2) 天线对中整平时，对中误差不大于 2mm；
3) 观测时天线定向标志线指向正北；
4) 天线高度观测前后各量取一次，前后两次测量仪器高之差不大于 3mm 时，取平均值作为最后结果；
5) 观测时防止人员或其他物体触动天线或遮挡信号；
6) 接收机记录数据过程中 50m 范围内不使用手机、对讲机等无线设备；
7) 在现场按规定作业顺序填写观测手簿，不得事后补记；
8) 经检查所有规定作业项目全部完成，且记录完整无误后再迁站；
9) 每日观测结束后，将外业数据文件及时转存到存储介质上。

(2) 基线处理

本次卫星定位控制网观测了 13 个时段，共 364 条基线解算通过。基线平差前对观测数据进行预处理。

1) 基线处理软件：采用天宝 Business Center V2.5；
2) 基线解算采用卫星广播星历；
3) 截止高度角为 15°，历元间隔为 15s；
4) 基线解算采用双差相位观测值和双差固定解；
5) 对个别周跳较多的数据，采取卫星删除或截取时间段的方法进行基线解算。

本次对解算通过的独立基线进行重复基线、环闭合差的检验统计结果如表 6-6、表 6-7 所示。

基线解算精度统计一览表　　　　　　　　　　　　　　　表 6-6

项目	重复基线较差		环闭合差							
			W_x		W_y		W_z		W	
	最大值 (mm)	限差 (mm)	最大值 (mm)	限差 (mm)	最大值 (mm)	限差 (mm)	最大值 (mm)	限差 (mm)	最大值 (mm)	限差 (cm)
GNSS 控制网	16.5	22.9	−18.8	±30.64	9.5	±37.44	12.4	±30.15	26.01	±52.87

异步环闭合差精度统计表　　　　　　　　　　　　　　　表 6-7

线路各点名	X 闭合差限差 (mm)	X 闭合差 (mm)	Y 闭合差限差 (mm)	Y 闭合差 (mm)	Z 闭合差限差 (mm)	Z 闭合差 (mm)	S 闭合差限差 (mm)	S 闭合差 (mm)	线路总长度 (m)
2GJW-2G23-2G21	34.83	−10.1	34.83	−16.9	34.83	−16.5	60.33	25.69	1565.3197

(3) 控制网平差

1) 平差软件

GNSS 数据处理软件 CosaGPS Ver5.21。

2) 三维无约束平差

将全部独立基线构成闭合图形，以三维基线向量及其相应方差协方差阵作为观测信息，以城市框架控制点（城市二等 GNSS 点）在 CGCS2000 坐标系下的三维坐标作为起算数据，在 CGCS2000 坐标系中进行三维无约束平差，并提供 CGCS2000 坐标系的三维坐标、坐标差观测值的总改正数、基线边长及点位精度信息，如表 6-8 所示。

三维无约束平差精度统计一览表　　　　　　　　　　　　　　　　　　　　表 6-8

最弱点位中误差		最弱边相对中误差		基线向量改正数					
点号	最大值(cm)	边长	最大值	$V_{\Delta X}$(cm)	限差(cm)	$V_{\Delta Y}$(cm)	限差(cm)	$V_{\Delta Z}$(cm)	限差(cm)
2G14	3.2	2G30-2G20	1/64000	−0.8	±0.92	0.6	±0.92	0.7	±0.92

3) 二维约束平差

本次线路整网以 2G01、2G16、2G24、2G61、2G41、2G44 共 6 点参与约束，进行二维约束平差，计算各点平面坐标，精度如表 6-9 所示。

二维约束平差精度统计情况一览表　　　　　　　　　　　　　　　　　　　　表 6-9

项目	二维约束平差	
最弱点位中误差	2G40	9.6mm
最弱边相对中误差	2G39-2G40	1/118000

2. 地下平面控制测量

(1) 主要技术要求

结合已搜集的轨行区控制点资料，其中轨行区部分以车站附近的平面控制点（联系测量控制点、区间加密控制点、铺轨基标控制点）为起算点，按两站一区间分段进行精密导线测量，全线共 22 车站，左、右线合计观测 42 条导线；车站站厅层、站台层及设备层部分，利用车站出入口附近经复核的控制点引测至车站各层，具体技术要求如表 6-10 所示。

导线测量的主要技术要求　　　　　　　　　　　　　　　　　　　　　　　　表 6-10

等级	闭合环或附合导线总长度(km)	平均边长(m)	测距中误差(mm)	测距相对中误差	测角中误差	方位角闭合差(″)	全长相对闭合差
二级	2.4	250	±15	1/14000	±8	$16\sqrt{n}$	1/10000

(2) 观测方法

导线观测使用全站仪采用三联脚架法进行，此方法能有效地减弱仪器对中误差和目标偏心误差对测角和测距的影响，提高导线测量的工作效率。施测时将全站仪安置在测站 B 的基座中，带有觇牌的反射棱镜安置在后视点 B1 和前视点 B2 的基座中。当测完一站向下一站迁站时，测站点 B 和 B2 的脚架和基座不动，只是从基座上取下全站仪和带有觇牌的反射棱镜，在 B2 上安置全站仪，在 B 上安置带有觇牌的反射棱镜，并在 B3 点上架起脚架，安置基座和带有觇牌的反射棱镜，直到整条导线测完。

(3) 平差计算

每条附合路线或者闭合环观测完成后，进行单导线平差计算，各项闭合差大于限差值的 2/3 时分析原因；对于闭合差超限的情况，在内业数据分析后，组织外业重测。本次导线共观测 42 条,精度统计如图 6-12 所示。

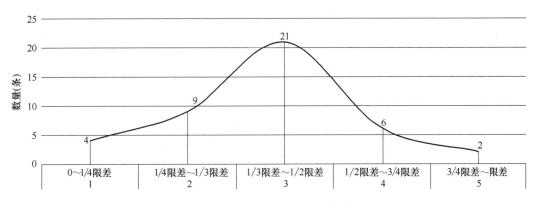

图 6-12 二级导线角度闭合差分布图

3. 高程控制测量

高程控制测量分为地面高程控制测量和地下高程控制测量。其中,地面高程控制测量以线路已有的水准点作为起算数据,按乌龙江、闽江为分界划分闽侯区、仓山区、主城区三条水准路线;地下高程控制测量以轨行区已有车站附近的高程控制点(联系测量高程控制点、铺轨基标控制点、区间加密高程控制点)为起算点,按两站一区间以附合水准线路形式进行施测;此外,车站各层高程控制测量可利用地面已有的高程控制点引测,也可从轨行区引测。高程控制点分布如图 6-13 所示。

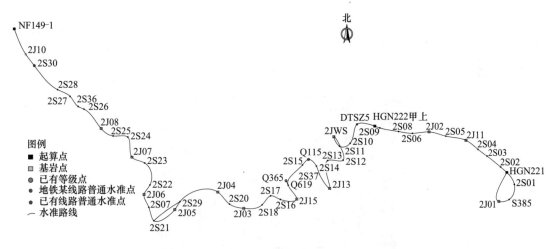

图 6-13 地面高程控制点分布图

本次采用数字水准仪按四等水准的精度要求进行测量,主要技术要求如表 6-11、表 6-12 所示。

水准测量的主要技术要求　　　　　　　　　　表 6-11

等级	全中误差(mm)	线路长度(km)	观测次数	附合差(mm)
四等	10	≤1.5	往一次	$20\sqrt{L}$

151

数字水准仪观测的主要技术要求　　　　　　　表6-12

等级	视线长度(m)	前后视距差(m)	前后视距累积差(m)	视线离地面最低高度(m)	测站两次观测的高差较差(mm)	数字水准仪重复测量次数
四等	100	≤3	≤10	≥0.35	≤5.0	2

平差计算前对原始观测成果进行100%检查,按测线长度的定权方式进行平差,成果分析及评价如表6-13所示。

地面四等水准精度统计表　　　　　　　表6-13

测线	线路长度(km)	附合差(mm)	限差(mm)	评价
2S30~2J07	9.5	−21.2	±61.6	符合要求
2J07~2J05	8.4	15.8	±58.0	符合要求
2J05~2J15	10.5	24.4	±64.8	符合要求
2J15~HGN222	8.3	−13.8	±57.6	符合要求
HGN222~2S01	9.2	16.8	±60.7	符合要求

6.4.2 车站主体结构测量

本线路车站均为地下车站,本次是通过测量车站主体结构内侧边线特征点,再结合主体侧墙设计厚度,获取规划核实竣工测量所需求的主体结构外侧边线。绘制车站主体结构时,需按车站层数,分层绘制。

1. 测量方法

车站主体结构内侧边线特征点测量方法是利用已检核或已布设在车站各层的平高控制点为起算点,采用全站仪极坐标法,对车站主体结构内侧边线特征点进行数据采集(图6-14)。特征点主要包括车站结构角点、结构拐点或轴线点等。

图6-14　车站主体结构内侧边线测量

2. 面积计算

根据外业采集的车站结构内侧边线特征点数据,在内业成图后,即可获取车站主体结构内侧边线图。结合设计墙体厚度信息,按设计厚度将内侧边线外扩,从而得到车站主体结构外侧边线。再将规划红线与主体结构外侧边线套合,计算出车站主体结构外侧边线占地面积及其红线内、外的面积。

6.4.3 车站附属结构测量

1. 测量方法

车站附属结构主要包括出入口、风亭、垂直电梯和冷却塔。目前地面附属结构测量的主要方法主要有：无人机摄影测量、RTK 测量和全站仪极坐标法。

（1）无人机摄影测量

利用竣工地形倾斜摄影数据（图 6-15），直接获取或绘制车站附属结构数字线划图。

图 6-15 无人机影像车站附属结构绘制示意图

（2）RTK 测量

部分禁飞区域或需要调绘补测区域，可利用城市 CORS 站（或利用已有控制点使用 1+1 模式），采用动态测量标称精度优于 $10mm \pm 5 \times 10^{-6}$ 的双频 GNSS 接收机进行外业数据采集，从而获取附属结构特征点数据信息。

（3）全站仪极坐标法

无法直接利用 RTK 测量的区域，采用高精度全站仪以极坐标法对车站附属结构进行数据采集，获取结构特征点信息。

2. 面积计算

根据竣工地形测量数字线划图中地面附属结构特征点数据，绘制车站附属结构图，将规划红线套合附属结构图，计算出车站附属结构占地面积及其红线内、外面积。

6.4.4 轨行区结构测量

1. 测量方法

轨行区特征点采集方法主要有两种，分别为全站仪解析法和三维激光全断面扫描法。

（1）全站仪解析法

采用全站仪以水平杠尺测量方法进行特征点数据采集。根据隧道内的条件，定制一把在放水平位置时不受隧道两边管道及走道板影响的杠尺，在杠尺中间贴一张反射片，如图 6-16、图 6-17 所示。

令其中水平杠尺长度 $AB=s$，反射片中心到杠尺下边缘的高度 $CD=d_1$，管片内半径 $OA=r$，反射片中心 D 到管片中心 O 的高度为 d_2，则有：

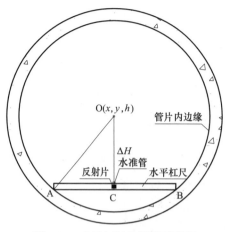

图 6-16 水平杠尺法测量示意图

图 6-17 水平杠尺法测量现场作业图

$$d_2=\sqrt{r^2-\left(\frac{s}{2}\right)^2}-d_1$$

假设现场采集反射片中心 D 的高程为 h_1，实测管片中心 O 的高程为 h，则 $h=h_1+d_2$；而反射片中心 D 的平面坐标即管片中心 O 的平面坐标，故采用水平杠尺法所获得的实测管片中心 O（x, y, h）三维坐标即为：

$$\begin{cases} x=x_1 \\ y=y_1 \\ h=h_1+\sqrt{r^2-\left(\frac{s}{2}\right)^2}-d_1 \end{cases}$$

计算完成后，绘制横断面图，并提供结构特征点坐标、横断面尺寸以及与设计值比较成果等一系列所需的成果资料。

全站仪解析法需先结合设计资料放样断面里程，而后再进行特征点解析测量，需要耗费较大的人工成本和时间成本，效率偏低。

（2）三维激光全断面扫描法

1) 标靶布设与测量

① 布设：测量标靶（图 6-18）作为三维激光点云数据解算的起算，区间断面测量标靶布设间距设置为 100~200m，可满足竣工测量点云数据处理需求。布设位置一般在隧道断面两侧，成对布设。

图 6-18 标靶样式示意图

② 测量：标靶坐标和高程数据获取是通过采用高精度全站仪，以已检核布设的区间平高控制点为已知点，按极坐标法对其进行数据采集，并经内业平差解算获得。

2) 断面特征点数据采集

采用移动式三维激光扫描仪（标称精度优于 10mm）对轨行区进行全断面扫描，如图 6-19 所示。

3) 点云数据校核与处理

为提高点云数据处理精度，可增加精度较高的多余观测量，采用高精度全站仪以极坐标法对测量区域内的轨面按一定间距采集三维坐标。将其成果坐标参与点云数据校正，结合点云起算数据标靶坐标和高程，采用点云融合处理软件和航位推算软件对点云数据进行整体平差计算。

（3）数据提取与成果输出

采用配套软件编制断面特征点数据提取程序，结合断面间距设置要求、设计隧道半径和结构厚度，如图 6-20 所示，提取断面特征点，按断面里程输出断面特征点数据成果报表（表 6-14）和成果图。

图 6-19 移动式三维激光扫描仪现场作业

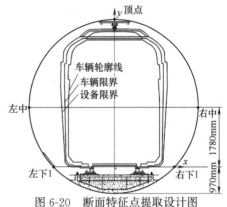

图 6-20 断面特征点提取设计图

断面特征点测量成果表 表 6-14

工点（站、区间） 紫五区间下行线　　　　　　　　　　　　　隧道类型：盾构隧道

测量时间：2021 年 5 月 24 日　　　　　　　　　　　　　制表时间：2021 年 6 月 17 日

断面里程		实测断面				实测高程		备注
		左		右		顶点		
		L(mm)	H(m)	L(mm)	H(m)	(m)		
ZK31+411.000	中	2750	−7.2135	2776	−7.1992	−4.4891		
	下 1	2095	−8.9918	2126	−8.9809			
	轨顶	*.5223	*.8267	*.0452	*.3936	*.9877	*.9850	

2. 面积计算

根据外业采集轨行区结构内侧边线的特征点数据拟合隧道中线，结合隧道设计外径（本项目盾构外径为 3.1m，矿山法隧道按中线至设计外壁宽度计），将拟合成的中线分别在左右两侧偏移对应的半径数值，即可获取隧道结构外侧边线。再将规划红线套合隧道结构外侧边线，计算出隧道结构外侧边线占地面积及其红线内、外的面积，如图 6-21 所示。

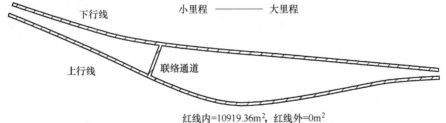

红线内=10919.36m², 红线外=0m²

图 6-21 线路某区间面积测算平面示意图

6.4.5 附属建筑测量

附属建筑包括线路出入段（场）管理用房、主变电站等。附属建筑规划竣工测量主要步骤包括规划要素测量及规划指标计算。规划条件核实的内容如下：

（1）平面布局：核查建设用地红线、建筑位置、建筑间距以及与周围建筑物或构筑物等平面关系是否符合规划要求。

（2）空间布局：核查建筑物层数、建筑高度、建筑层高是否符合规划许可内容。

（3）主要技术指标：核查建筑面积、容积率、建筑密度等主要指标是否符合规划要求。

（4）建设项目配套设施：公共建筑配套设施、物业管理设施、停车设施、公用设施等是否按照规划要求进行建设。

（5）建筑功能：核查建筑内部功能是否符合规划要求。

1. 规划要素测量

（1）平面位置验测

1）退距、间距以手持测距仪实地丈量为主，竣工地形图作为参考；

2）作为测区范围线、涉及退让关系的围墙、栅栏、坎等，平面位置要准确表达；

3）涉及退让关系的，测区外的建（构）筑物平面位置要准确；

4）间距、退距测量至少实量 2 次，取平均值。

（2）建筑高度验测

1）悬高测量法：测量时确保测量目标点和棱镜在同一铅垂线上；为减少垂直角测量精度的影响，在地势起伏较小地方架设全站仪进行施测。

2）比高测量法：地坪面标高点选择在主入口处；采用 RTK、三维模型或全站仪免棱镜模式直接测量特征点高程，选取至少 3 处位置采集数据，取平均值作为最终值；同一座楼可在不同站点采集数据，相互检核。最终屋面高度＝屋面高程－地坪高程，建筑高度＝女儿墙高程－地坪高程。

3）直接测量法：直接量测采用钢尺、手持激光测距仪等设备，采用皮尺或钢尺应注意起始刻度值，采用手持激光测距仪注意仪器起始测距位置；测量时垂直于目标位置。至少选取 3 处位置采集数据，取平均值。

2. 规划指标计算

（1）建筑面积计算

1）根据现场实测数据，勾绘建筑外轮廓及配套用房边界线，作为基础计算数据。

2）建筑面积计算：当测量边长扣除抹灰和装饰厚度后，与设计边长的较差限差满足表 6-15 的规定时，可按设计长度进行计算，否则采用实测值参与面积计算。

实测边长与图纸标注边长的限差　　　　表 6-15

边长范围 D	限差(m)
$D \leqslant 10$	$\leqslant 0.03$
$10 < D \leqslant 30$	$\leqslant 0.003D$
$D > 30$	$\leqslant 0.1$

注：D 为房屋边长（m）。

3）使用相关软件进行面积计算、统计、尺寸标注，生成图廓，并输出面积分层图CAD文件及规划面积计算表。

4）计算每层各面域的面积，统计该层面积总和，并标注在分层图中。

(2) 建筑占地面积计算

1）采用设计图中建筑底层外轮廓数据，作为基础计算数据。

2）计算占地面积总和，填入各面积计算表对应栏位。加盖建筑物计入建筑占地面积，并在总体指标表中作单列说明。

6.4.6 规划条件核实测量成果编制

报告编制中规划条件核实信息总体指标的各项数值需与规划许可证一一对应，对于各类需要特别说明的部分面积，需在总体指标备注栏中单列出来。报告内容含：规划条件核实信息（总体指标）、竣工测量带状图、平面位置关系图、剖面图、分层面积图等。

1. 规划条件核实表

规划条件核实的信息主要由总建筑面积、总地上建筑面积、总地下建筑面积三个部分组成。规划条件核实信息表及分站建筑规划条件核实表分别如表6-16、表6-17所示。

规划条件核实信息表　　　　　　　　　表6-16

建设单位			***地铁集团有限公司	建设项目	土建01标段(沙堤站)
建设工程规划许可证号			建字第3501212****号		
建设工程规划条件核实情况		核实内容	规划许可指标	竣工核实指标	备注
		总建筑面积(m^2)	****.73	****.38	
	其中	总地上建筑面积(m^2)	****.55	****.88	
		总地下建筑面积(m^2)	****.18	****.50	
		住宅面积(m^2)	—	—	
		商业面积(m^2)	—	—	
	其中	阳台面积(m^2)	—	—	
		夹层面积(m^2)	—	—	
		配套面积(m^2)	—	—	
		屋面层(m^2)	—	—	
	不计容建筑面积(m^2)		—	—	
		架空面积(m^2)	—	—	
	其中	转换层面积(m^2)	—	—	
		地下室面积(m^2)	—	—	
		其他面积(m^2)	—	—	
	其他应说明的面积(m^2)		—	—	
	结论：				

分站建筑规划条件核实表　　　　　　　表 6-17

建筑名称：轨道交通 2 号线土建 01 标段—沙堤站

核实内容	审批指标		修测指标		备注
	红线内（工规证）	红线外（工规证）	红线内	红线外	
总建筑面积(m²)	＊＊＊＊.85	＊＊＊＊.88	＊＊＊＊.38	0	
地上建筑面积(m²)	＊＊＊＊.15	＊＊＊＊.40	＊＊＊＊.88	0	
地下建筑面积(m²)	＊＊＊＊.70	＊＊＊＊.48	＊＊＊＊.50	0	

2. 验测平面位置详图

轨道交通竣工验测平面位置详图（图 6-22）的编制主要针对车站，成图比例为 1：500 或 1：1000，主要包含如下要素：车站主体内侧边线、车站主体外侧边线、轨道线、相关退距关系、规划路网（含规划道路红线、河道蓝线及绿线）、注记、图例等。

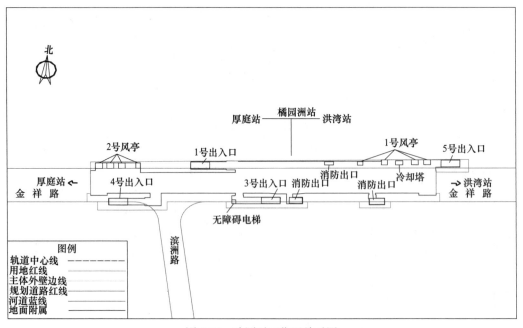

图 6-22　验测平面位置关系图

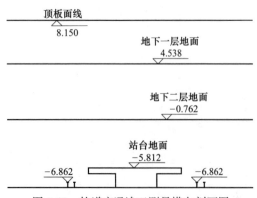

图 6-23　轨道交通竣工测量横向剖面图

车站剖面图的绘制以整体美观为原则，采用任意比例绘制横向剖面图、纵向剖面图。横向剖面位于站台中心处，方向垂直于轨道中心线；纵向剖面图位于轨道中心线上，方向平行于轨道线；剖面图所在的位置、方向在平面位置关系示意图中体现，绘制的内容如图 6-23 所示。

3. 规划面积测量分层图

车站规划面积测量分层图（图 6-24）主要体现站台层、站厅层、设备层的建筑面积。图中红线内和红线外线型要区分,填充颜色要明确,面积需注记清晰。规划面积测量分层图成图比例尺为任意比例尺。

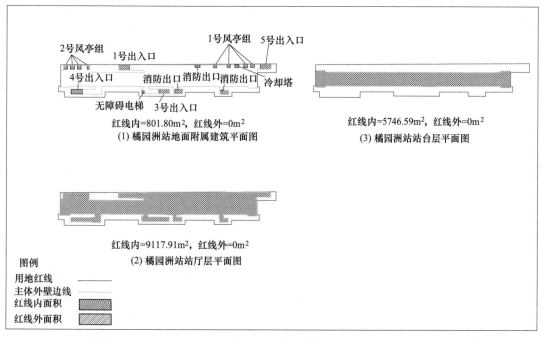

图 6-24 车站规划面积测量分层图

4. 坐标成果表

根据所测的主体内边线结合设计图纸中墙体的厚度推算出主体外边线;比较主体外边线、轨道中线与设计坐标的偏移量,生成站厅层、站台层、区间三部分的轨道交通规划竣工测量成果表(表6-18)。表中的点号由3位数字组成,如201,第一位表示地下第2层,最后两位表示点的序号,从西北角开始顺时针编号。

规划竣工测量坐标成果表　　　　　　　　　　　　　　　　　表 6-18

验测位置:橘园洲站站厅层

桩号	设计坐标(m)		实测坐标(m)		偏距(cm)
	X	Y	X	Y	
101	****.2749	****.5433	****.2656	****.5554	1.5
102	****.8184	****.6841	****.8118	****.6787	0.9
103	****.5837	****.6019	****.5820	****.6184	1.7
104	****.3959	****.6343	****.3985	****.6145	2.0
105	****.8557	****.2239	****.8611	****.2084	1.6
106	****.2681	****.6560	****.2760	****.6543	0.8
107	****.5007	****.0691	****.5089	****.0544	1.7
108	****.7028	****.4718	****.7210	****.4678	1.9
109	****.2955	****.6386	****.3062	****.6483	1.4
110	****.0412	****.7954	****.0449	****.7966	0.4

续表

桩号	设计坐标(m)		实测坐标(m)		偏距(cm)
	X	Y	X	Y	
111	****.1889	****.4781	****.1986	****.4761	1.0
112	****.9677	****.7617	****.9835	****.7715	1.9
113	****.4195	****.5400	****.4127	****.5322	1.0
114	****.5407	****.3427	****.5298	****.3344	1.4
115	****.2798	****.9934	****.2706	****.0411	4.9

5. 成果提交

成果资料包含：测量报告、建筑规划条件核实表、规划面积测量分层图、验测平面位置详图、规划许可证、规划总平图、用地红线图等参考图件及内外业原始资料。

6.5 地下管线测量

地下管线竣工测量工作在管线覆土并铺设完路面、绿地后进行，主要通过管线井位调查和仪器探查相结合的方式，采集管线属性数据（包括地下管线的类别、埋深、连接走向、材质、管径、断面尺寸、孔数、附属设施等），并测量各管线特征点的平面位置和高程。测量内容主要包括施工拆除、废弃、改迁等已有管线和新建管线，管线类型有输水、排水（含雨水、污水、雨污合流）、燃气、供电、路灯、温泉、综合管廊以及共通、电信、移动、联通、铁通、网通、榕网、广电、交通信号等。

管线探查前，应收集管线迁改、废弃、新建、变更等设计施工资料，以及相关的已有管线资料。通过资料分析，了解拆移、新建等管线的分布情况，以及管线竣工测量的修测边界、管线数量、管线类别、管线路径以及其他管线信息。

地下管线探测应满足相应规范标准，其中新建管线应全部探测，探测至接入车站点或管线附属物、出地等位置，管线竣工测量修测边界内的拆除、废弃管线要结合所收集的设计施工资料及已有管线资料进行数据更新处理，改迁管道应探测全部新增部分至修测边界外原管接管点；探测过程中还要注意将探测结果与所收集资料作比较分析，避免管线探测错漏。遇到管线探测疑难点时，尽可能邀请相关管线单位人员到现场指导协助解决问题。

本项目的地下管线竣工测量报告编制包括：探测说明、管线成果图及管线成果表。其中，探测说明对修建边界、作业依据及成果说明进行详细描述；管线测量成果图（图 6-25）表示所有探测的现状管线平面位置及相应地形背景，其中废弃管线不体现，仅用于数据库更新；管线测量成果表（表 6-19）包含所有采集的管线属性数据。

管线测量成果表 表 6-19

管线种类：输水

图上点号	连接点号	特征点	附属物名称	坐标(m)		高程(m)		管线埋深(m)	管径或断面尺寸(mm)	材质	管线长度(m)	备注
				X 坐标	Y 坐标	地面高程	管线高程					
SS1	SS2	一般管线点		****.645	****.314	6.00	4.99	1.01	DN300	铸铁	27.827	
SS2	SS1	一般管线点		****.191	****.531	6.21	5.26	0.95	DN300	铸铁	27.827	

续表

图上点号	连接点号	特征点	附属物名称	坐标(m) X坐标	坐标(m) Y坐标	高程(m) 地面高程	高程(m) 管线高程	管线埋深(m)	管径或断面尺寸(mm)	材质	管线长度(m)	备注
SS5	SS4	三通		＊＊＊.292	＊＊＊.207	6.11	5.26	0.85	DN300	铸铁	2.566	
SS5	SS6	三通		＊＊＊.292	＊＊＊.207	6.11	5.26	0.85	DN300	铸铁	0.798	
SS6	SS5	变坡点		＊＊＊.981	＊＊＊.272	6.08	4.87	1.21	DN300	铸铁	0.798	
SS6	SS7	变坡点		＊＊＊.981	＊＊＊.272	6.08	4.87	1.21	DN300	铸铁	0.682	
SS7	SS6		阀门	＊＊＊.652	＊＊＊.396	6.08	4.87	1.21	DN300	铸铁	0.682	
SS7	SS8		阀门	＊＊＊.652	＊＊＊.396	6.08	4.87	1.21	DN300	铸铁	6.725	
SS14	SS13	预留口		＊＊＊.819	＊＊＊.621	6.43	4.98	1.45	DN300	铸铁	2.921	

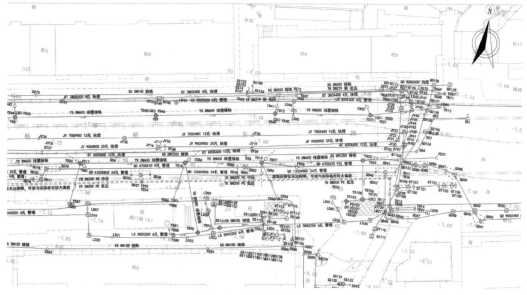

图 6-25 管线测量成果图

6.6 小结

（1）规划竣工测量一般在工程建设尾声阶段进行，此时进行全线路地上地下控制测量条件困难且工作量巨大。因此，在实施前应搜集并充分利用建设期已有的控制测量成果，包括：地面平高控制网、施工加密控制网、联系测量控制成果、区间平高控制网、铺轨控制网资料等。

（2）由于设计图纸时有存在变更情况，资料搜集时要明确图纸版本。在图纸引用上要准确无误，利用最新图纸进行检核，防止误测、漏测。

（3）在项目实施过程中，三维激光扫描全断面数据采集在轨行区中的应用，在快速实现特征点提取的同时，还可建立隧道实景三维模型，服务于后期运维管理，提高数据利用率。

第 7 章 线路结构长期稳定性监测

随着轨道交通快速发展,在大规模的轨道交通运营过程中,轨道自身结构风险及外部环境影响因素,包括列车长期运营振动、围岩应力重新分配导致的次固结沉降、既有与新建线路差异沉降、线路周边工程建设活动等,均可能对运营安全产生重大影响。如何保障城市轨道交通运营过程中结构设施、周边岩土体及环境安全,成为城市轨道交通发展中不容忽视的问题。

线路结构长期稳定性监测,为运营期常态化的定期"体检"式监测,主要目的在于监测轨道线路结构在长期运营过程中的健康状况。在运营过程中对结构实施长周期性的稳定性监测,通过准确测量隧道结构局部或整体变形的具体位置、方向,掌握地铁隧道结构和地铁运营安全影响的程度,及时发现影响隧道结构安全的隐患,以便采取有针对性的预防措施,同时通过监测数据的积累和分析,全面掌握结构的变形规律,为运营管理提供依据。

本章以福州市某轨道交通工程线路结构长期稳定性监测项目为例,对线路结构长期稳定性监测项目的技术路线、方案编制、实施方法、信息反馈等内容进行阐述,可为其他类似项目的开展提供参考。

7.1 技术路线

项目以福州市某运营的轨道交通线路结构为监测对象,线路全长约 24.98km,北起新店北部秀峰路,南至火车南站。沿线共设 21 个站点,车站最大站间距为 1.896km,最小站间距为 0.869km,平均站间距 1.237km,线路敷设方式为全地下,隧道施工工法类型包括盾构法和矿山法,车站均为明挖法施工。线路走向如图 7-1 所示。

图 7-1 线路示意图

本工程运营期结构变形监测范围包括：全线车站、区间隧道、出入场（段）线、车辆段（停车场）等。线路结构长期稳定性监测对象主要包括：轨道的道床结构、隧道结构衬砌、其他需要监测的附属建筑。具体技术路线如图7-2所示。

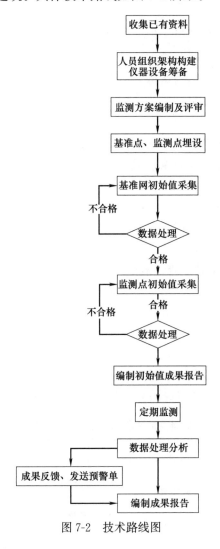

图7-2 技术路线图

7.2 监测内容

根据业主及设计要求，本工程监测内容为线路沉降监测、隧道净空收敛监测，以及附属房屋建筑沉降监测。

（1）线路沉降监测：对车站结构、区间隧道和出入段线进行沉降监测，掌握全线各地段线路道床和衬砌结构的沉降值、沉降速率以及不同地段的沉降差异值。

（2）隧道净空收敛监测：对采用盾构法、矿山法施工的隧道进行断面净空收敛监测，掌握隧道结构断面的变化量及变化速率。

（3）附属房屋建筑沉降监测：对黄山主变电站、茶亭主变电站、新店车辆基地和清凉山停车场附属房屋建筑进行沉降监测,掌握其垂直位移的变化量及变化速率。

7.3 方案设计

线路结构长期稳定性监测项目,根据项目委托方要求、结构类型、地质资料、线路设计资料、已有控制点资料等编写监测方案。监测方案包括下列主要内容:

(1) 工程概况,包括线路结构类型、地质条件、所在位置、周边环境等;
(2) 已有成果资料及其分析;
(3) 监测目的及依据;
(4) 监测项目、精度要求和数学基础;
(5) 基准点、监测点布设及观测方案;
(6) 监测周期及频率;
(7) 监测人员及仪器设备;
(8) 监测数据处理和信息反馈;
(9) 变形控制值及预警方式;
(10) 质量、作业安全及其他管理制度;
(11) 监测应急预案。

7.4 监测周期和频率

长期稳定性监测根据地质条件、结构形式、环境复杂程度确定监测频率,频率不低于表 7-1 的规定,每年度在相同的时段内完成各区段、各项目的监测。

长期稳定性监测的监测频率要求 表 7-1

地质分区	监测频率			
	运营期前 2 年	运营第 3 年起		
		沉降监测		收敛监测
		地下段及地面段	高架段	
软土地段	第一年 4 次 第二年 2 次	2 次/年	1 次/年	2 次/年
基岩地段		1 次/年	1 次/2 年	1 次/年
一般地段		1~2 次/年	1 次/(1~2)年	1~2 次/年
特殊地段(地裂缝、岩溶)	4 次/年			

注:1. 软土地段指淤泥、淤泥质土、砂土等软弱土层区域;2. 基岩地段指风化岩与岩石区域;3. 一般地段指介于软土与基岩之间的土层区域。

项目监测周期共 3 年,线路沉降监测、隧道净空收敛监测、附属房屋建筑沉降监测均在观测点布设完成之后实施初始值测量,初始值独立测量 2 次,满足限差及精度要求后取其平均值作为初始值,基准网按照每年 1 次的频率实施复测。监测对象包括线路结构和附属建筑两类,其监测频率如下:

(1) 线路结构监测项目包括沉降、隧道收敛两部分,监测频率为开通运营第一年每季度监测1次，第二年每半年监测1次，第三年监测1次，共开展监测9次，其中包含初始值采集2次，周期性监测7次。

（2）附属建筑沉降监测，监测频率为每年1次，共开展监测5次，其中包含初始值采集2次，周期性监测3次。

项目进度计划如图7-3所示。

实施项目\日期	××市轨道交通××号线运营期结构监测项目进度计划图																		
	2016年									2017年									
	4月	5月	6月	7月	8月	9月	10月	11月	12月	1月	2月	3月	4月	5月	6月	7月	8月	9月	10月	11月	12月
方案编制及评审																					
基准点、监测点位埋设																					
第1次基准网测量（初始值）																					
第1次监测网数据采集（初始值）																					
第2次基准网测量（初始值）																					
第2次监测网数据采集（初始值）																					
第3次监测网数据																					
第4次监测网数据																					
第5次监测网数据																					
第3次基准网测量																					
第6次监测网数据																					
实施项目\日期	2018年												2019年						
	1月	2月	3月	4月	5月	6月	7月	8月	9月	10月	11月	12月	1月	2月	3月	4月	5月	6月	7月	8月	9月
第7次监测网数据																					
第4次基准网复测																					
第8次监测网数据																					
第5次基准网复测																					
第9次监测网数据																					
备注	① 进度计划按照每周不少于4个作业点制定，若作业点不足工期将按实际情况顺延。 ② 附属房屋监测布点和初始值采集按照上表时间执行，3次定期监测时间分别与表中第6、8、9次监测时间一致。																				

图7-3 结构监测项目进度计划图

7.5 基准网布设及测量

长期稳定性监测的对象是城市轨道交通全线路结构，涉及的监测范围广、结构类型复杂，而变形监测基准点一般要求布设在变形体之外的稳定区域，因此长期稳定性监测基准网必须结合点位稳定性要求、线路结构特点进行专门设计，既要保证基准点在长周期的监测过程中的稳定性，也要考虑监测作业开展的高效性和便利性。

7.5.1 监测基准网的布设

根据轨道交通车站隧道的结构特点，在车站或隧道内设立深埋基岩的基准点会破坏其整体防水性能和钢筋混凝土结构，无法实施。而将监测基准点全部设在车站或隧道外，因每次均需要实施地上地下联测，会大大增加测量工作量，也不可取。为保证监测基准的稳定性，且最大限度地减少测量实施工作量，本项目监测基准网分两级进行布设：地面基准网、轨行区基准网。

1. 地面基准网

以建设期工程控制网中深埋钢管水准基准点为骨架，每隔3km左右设置1个深埋钢管水准基准点。同时，沿线路走向在每个车站附近变形影响区以外的高层建筑承重结构位置设置1个地面基准点，全线共布设24个地面基准点。

地面深埋钢管水准基准点布设如图 7-4 所示。

图 7-4 监测基岩点布设示意图

地面深埋钢管水准基准点标志的埋设规格如图 7-5 所示，按下列要求实施。

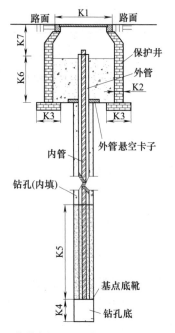

K1—井盖直径；K2—井壁厚度；K3—井底垫圈宽度；K4—钻孔底封堵厚度；K5—基点底靴厚度；K6—井底垫圈面距基准点顶部高度；K7—基准点顶部距井盖顶高度

图 7-5 深埋钢管水准基准点标志

（1）保护井壁宜采用砖砌，井壁厚度宜为 240mm，井底垫圈宽度宜为 370mm，井深宜为 1000mm；井盖宜采用钢质材料，井盖直径宜为 800mm；井口标高与地面标高大致相同。

（2）基准点分为内管和外管，且外管直径 75mm，内管直径 30mm，基准点顶部距离井盖顶 300mm，井底垫圈面距基准点顶部高度 700mm。

（3）基准点采用钻机钻孔的方式埋设，基准点底部埋设深度应至相对稳定的土层，钻孔底封堵厚度 360mm，基点底靴厚度 1000mm。

2. 轨行区基准网

考虑到轨道交通车站周边有围护结构，并且已经进行过地基处理，可以将车站看作一个巨大的稳定刚体，变形量相对较小，因此可以选择在车站轨行区内布设轨行区基准点，并在布设基准点时严格注意避免设备侵入限界。每个车站在左、右线各布设 1 个基准点，即每个车站布设 2 个高程基准点，既方便左、右线测量作业，亦可保证点位破坏时有足够的高程起算依据。新店车辆段和清凉山停车场各布设 2 个，共布设轨行区基准点 46 个。

7.5.2 监测基准网的测量

城市轨道交通运营前完成基准点布设和初始值测量。初始值独立测量两次，较差不大于测量中误差的 2 倍时，取其平均值作为初始值，后续按照每年 1 次的频率实施基准网复测。基准网测量包括地面基准网测量、地上至地下高程联系测量、轨行区基准网测量三部分内容，布设如图 7-6 所示。地面基准网测量由线路起点新店车辆段基准点出发，沿线路串联所有车站附近地面基准点，附合至线路终点清凉山停车场基准点；高程联系测量为每个车站独立进行，即将车站附近地面基准点与地下基准点进行联测；轨行区基准网测量与沉降监测同步进行,将全线车站轨行区基准点进行联测,以保证全线基准网的数据可靠性和稳定性。

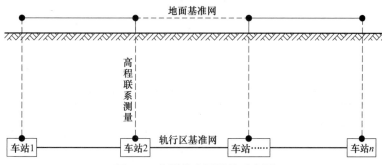

图 7-6 监测基准网测量示意图

为保证基准往地下传递的精度,地面基准网测量按照现行国家标准《国家一、二等水准测量规范》GB/T 12897 中一等水准测量相关技术要求实施。采用数字水准仪进行观测,数字水准仪使用期间每次测量前检测水准仪 i 角,水准仪 i 角不大于±15″。测站观测顺序和方法为:往(返)测时,奇数测站的观测顺序为:后—前—前—后,偶数测站的观测顺序为:前—后—后—前。由往测转向反测时,互换前后水准标尺。主要技术要求如表 7-2、表 7-3 所示。

地面基准网测量精度要求 表 7-2

等级	每千米高差中误差		测段、区段、路线的往返测高差不符值	附合路线或环线闭合差	检测已测测段高差之差
	偶然中误差 M_Δ	全中误差 M_W			
一等	≤0.45	≤1	±2$\sqrt{L_s}$	±2$\sqrt{L}$	±3$\sqrt{L_i}$

注:L_s 为测段、区段或线路长度(km);L 为附合路线或环线长度(km);L_i 为检测测段长度(km)。

地面基准网测量测站设置技术要求 表 7-3

类型	视距(m)	前后视距差(m)	前后视距累积差(m)	视线高度(m)	两次读数所测高差的差(mm)	检测间歇点高差的差(mm)
数字水准仪	≥4且≤30	≤1.0	≤3.0	≤C−0.2且≥0.65	0.4	0.7

注:C 为水准尺长度(m)。

高程联系测量、轨行区基准网测量按现行国家标准《国家一、二等水准测量规范》GB/T 12897 的二等水准测量技术要求执行,主要技术要求如表 7-4~表 7-6 所示。

高程联系测量、轨行区基准网测量精度要求 表 7-4

类型	精度类别	精度指标(mm)	限差类别	限差指标(mm)
高程联系测量	水准点间高差中误差	±1.0	往返较差、附合或环线闭合差	±0.3$\sqrt{n}$
	测站高差中误差	±0.3	检测已测高差之较差	±0.4$\sqrt{n}$
轨行区基准网测量	每千米测量偶然中误差	±1.0	往返较差、附合或环线闭合差	±4.0$\sqrt{L}$
	每千米测量全中误差	±2.0	检测已测高差之较差	±6.0$\sqrt{L}$

注:L 为水准线路长度(km),n 为测站数。

高程联系测量、轨行区基准网测量测站设置技术要求 表 7-5

类型	视距(m)	前后视距差(m)	前后视距累积差(m)	两次读数所测高差的差(mm)	检测间歇点高差的差(mm)
高程联系测量、轨行区基准网测量	≤50	≤1.5	≤6.0	0.6	1.0

注：重复测量次数≥2次。

高程联系测量、轨行区基准网测量视线高度要求 表 7-6

视线长度(m)	数字水准仪的视线高度(m)
$D \leqslant 15$	三丝均能读数
$15 < D \leqslant 30$	$\geqslant 0.3$ 且 $\leqslant C-0.2$
$30 < D \leqslant 50$	$\geqslant 0.55$ 且 $\leqslant C-0.2$

注：C 为水准尺长度 (m)。

7.5.3 监测基准点的稳定性分析

每周期高程基准网复测后进行基准点的稳定性检验分析，对所用的基准点应分别按两两组合，计算本周期平差后的高差数据与上周期平差后的高差数据之间的差值。当计算的差值均不大于按下列公式计算的限差时，认为所有的高程基准点稳定。

$$\Delta \leqslant 0.4\sqrt{n}$$

式中：Δ——高差差值限差（mm）；

n——两个基准点之间的观测测站数。

项目高程基准网以每年 1 次的频率进行复测，南段、北段各进行高程基准网测量 4 次，附属管理用房高程基准网测量 3 次。通过比对相邻两周期之间各高程基准点间的高差之差，来判断是否对高程基准点高程进行更新。监测基准网稳定性分析如表 7-7 所示。

监测基准网稳定性分析成果表 表 7-7

序号	区间	相邻基准点	第1周期 相邻基准点高差(m)	第2周期 相邻基准点高差(m)	第2周期 相邻基准点高差之差(mm)	第3周期 相邻基准点高差(m)	第3周期 相邻基准点高差之差(mm)	高差差值限差(mm)
1	新店车辆段—象峰站(出段线)	XD1 XF-S	−18.1103	−18.1108	−0.5	−18.1102	0.6	2.9
2	新店车辆段—象峰站(入段线)	XF-S XD1	18.1121	18.1111	−1.0	18.1125	1.4	2.9
3	象峰站—秀山站上行线	XF-S XS-S	−7.3056	−7.3048	0.8	−7.3048	0.0	2.4
4	象峰站—秀山站下行线	XS-X XF-S	7.1764	7.1743	−2.1	7.1748	0.5	2.4
……	……	……	……	……	……	……	……	……
26	上藤站—三叉街站下行线	SCJ-X ST-X	−1.8181	−1.8187	−0.6	−1.8176	1.1	2.1

7.6 监测网布设及测量

线路结构长期稳定性监测内容主要包括线路沉降监测、隧道净空收敛监测、房屋建筑沉降监测，主要目的在于掌握线路结构变形程度和长期形变趋势，评估线路结构在长期运营过程中的健康状况，以便及时采取有效措施，确保正常、安全运营。

7.6.1 线路沉降监测

线路沉降监测包括道床结构沉降监测、隧道结构沉降监测等，对车站结构、区间隧道和出入段线进行沉降监测，掌握全线各地段线路道床和衬砌结构的沉降值、沉降速率以及不同地段的差异沉降值。

1. 沉降监测点的布设原则

线路沉降监测点包括车站、区间轨行区内的线路沉降点，布设于隧道整体道床面和衬砌结构位置，具体如下：

（1）车站沉降监测点布设

1）每个车站两端断面左、右线各布设 1 个监测点，与隧道一端断面的沉降监测点组成差异沉降监测点，监测点布设在道床或衬砌结构位置。

2）以车站中间为一个断面，分别向两端每隔 50m 在左、右线道床或结构侧边布设一个点，至两端断面处若不足 50m 但大于 25m 时则于间隔中部布设一个断面；每侧布设时，道床和结构侧边依次交替间隔布设，若遇有减震道床或浮置板道床，则监测点均埋设于结构侧边。

（2）区间隧道沉降监测点布设

1）约 16 环（20m）一个监测断面，每个断面布设 1 点，间隔布设于道床和衬砌结构上，即一个断面点布设于道床，下一断面点布设于衬砌结构，位置交替布设；若遇有橡胶减震道床或浮置板道床，则将点布设在隧道衬砌结构上，隧道首尾两环必须布点。

2）在不同施工工艺如明挖法与暗挖法交接处、盾构法与矿山法交接处、车站与区间隧道交接处等两侧均埋设监测点。

3）每个联络通道布设 2 个沉降监测点，和联络通道中心相交的隧道中心处布设 1 个沉降监测点，且布设在同一横断面。

4）在地质条件不良地段、施工阶段已出现较大差异变形地段、出现过事故地段、施工采取过特殊处理地段、隧道出现大面积渗漏地段、管片破坏地段、正在进行病害治理地段适当加密布点，在每隔 16 环（20m）一个常规断面的基础上内插一个断面（每隔 8 环）的方式布设，加密方式也为道床和衬砌结构间隔布设。

2. 沉降监测点的布设方法

沉降监测点以镶嵌固定在隧道整体道床面上的方式布设，采用主体直径 14mm、埋入长度为 6cm 的 316 型不锈钢材质按照统一规格制作（图 7-7），露出道床约 10mm，并避开道床伸缩缝、隧道结构变形缝、道床上层钢筋。布设监测点时严格注意避免侵入设备限

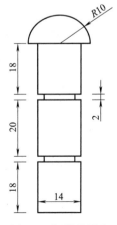

图 7-7 沉降监测点标志规格样式

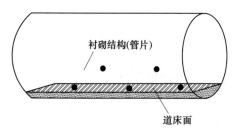

图 7-8 盾构隧道沉降监测点布设示意图

界，不影响轨道上其他重要设施的使用功能，并根据现场实际情况对监测点位置进行调整。

(1) 盾构隧道沉降变形监测点：不大于 20m 设定 1 个点，每个断面布设 1 点，间隔布设于道床和衬砌结构上，即一个断面点布设于道床，下一断面点布设于衬砌结构，位置交替布设，如图 7-8 所示。

(2) 地下车站主体结构沉降监测点布设：在地下车站站台层纵向的 1/4、1/2、3/4 处及两端各布设 1 个监测横断面，每个断面的左、右线上各布设 1 个监测点，点位交替布设在道床中间或结构侧边，如图 7-9 所示。车站长度大于 200m 时，按 50m 间距增设沉降监测点。

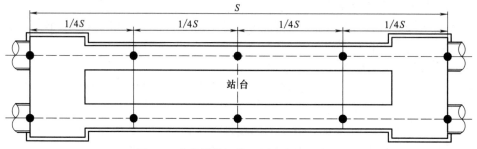

图 7-9 车站结构沉降监测点布置示意图

(3) 不同工法结构交接处、车站与区间隧道交接处、变形缝处的差异沉降监测点布设，对运营线路控制差异沉降尤为重要。因此，在车站与区间隧道交接处、盾构隧道与矿山法隧道等不同工法结构交接处、隧道变形缝处两侧道床或结构衬砌位置，各布设 1 个监测点，如图 7-10 所示。

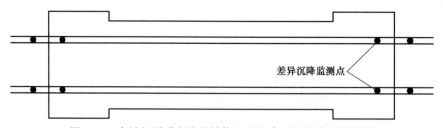

图 7-10 车站与隧道交接处结构差异沉降监测点布置示意图

(4) 联络通道沉降监测点布设：每个联络通道布设 2 个沉降监测点，且和联络通道中心相交的隧道中心处布设 1 个沉降监测点，便于监测联络通道和隧道的差异沉降值，如图 7-11 所示。

本项目车站沉降监测点共埋设 289 个，区间（含出入场、段）沉降监测点共埋设 3055 个。

3. 沉降监测数据采集

沉降监测采用 DINI03 电子水准仪进行测量，在保证仪器正常检定外，每次测量前，对仪器进行检校，保证仪器满足精度要求。

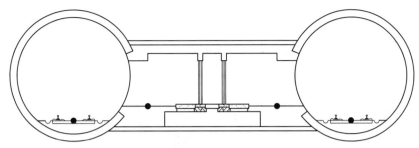

图 7-11 区间联络通道沉降监测点布置示意图

监测前先对基准点间的高差进行检测,确认基准点稳定的情况下,方可进行监测。监测时以位于两车站的高程基准点为基准,将部分观测点纳入水准路线进行观测,其余观测点作为中视点同步观测,以两个车站和一个区间为一个监测单元,使基准点和区间的沉降监测点形成附合水准路线进行监测,即从一车站的基准点出发,经区间沉降监测点,附合于另一车站的基准点,构成附合水准路线:基准点—沉降监测点—基准点。其技术要求符合现行国家标准《国家一、二等水准测量规范》GB/T 12897 中二等水准测量的相关规定,主要观测技术要求如表 7-8 所示。

沉降监测水准观测技术要求 表 7-8

等级	仪器类型	视线长度	前后视距差	任一测站上前后视距累积差	视线高度	重复测量次数
二等	DINI03 电子水准仪	≥3m 且 ≤50m	≤1.5m	≤6.0m	≤2.80m 且 ≥0.55m	≥2 次

作业过程中严格遵守规范,采用电子水准仪自带的存储卡进行观测数据记录,所有观测数据均按规范规定要求的各项限差进行控制,并满足以下规定:

(1) 采用数字水准仪进行观测期间,每次测量前检测水准仪 i 角,水准仪 i 角不大于 $\pm 15''$;

(2) 历次观测时,尽量满足测站固定、转点固定,并在初次测量时对每个测站仪器安置所对应的环号或里程位置做记录,后续测量可参照记录将仪器安置在同一位置;

(3) 立尺时借助尺撑,使标尺上的气泡居中,标尺竖直;

(4) 隧道内的水准观测,采用辅助照明措施时需保证水准仪视场内的尺面光照均匀;

(5) 水准测量技术要求如表 7-9 所示。

沉降监测水准测量技术要求 表 7-9

类型	精度类别	限差指标(mm)	精度类别	限差指标(mm)
沉降监测	点位高程中误差	±0.5	每千米水准测量偶然中误差	±1.0
	往返较差、附合或环线闭合差	$\pm 0.3\sqrt{n}$	每千米水准测量全中误差	±2.0

注:n 为测站数。

区间隧道段观测方法:4 个点一组,1、4 号点立尺,2、3 号点间视,仪器架中间位置(2、3 号点中间第 8 环中间缝位置)。观测测站作业方法及作业实景如图 7-12、图 7-13 所示。

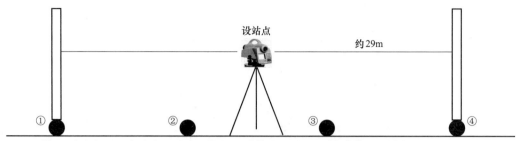

说明：4个点为一组，每站挂测一组点，其中两端①④号点为转点，中间②③号点为间视点。

图 7-12　区间隧道段沉降观测测站作业方法示意图

图 7-13　沉降观测现场作业实景图

4. 沉降监测数据处理

采用合格的外业观测数据先计算测段高差、水准路线闭合差，满足规范要求后，再进行严密平差和精度评定，得出各监测点高程值，然后与前次高程、初始高程求较差，获取本次沉降量、累计沉降量。沉降测量成果表包括观测点高程、本次沉降量、累计沉降量等，沉降监测观测精度统计如表 7-10 所示。

沉降监测观测精度统计表　　　　　　表 7-10

区间	最弱点高程中误差（mm）	
	上行、出段、场线	下行、入段、场线
象峰站—新店车辆段	0.25	0.48
象峰站	0.39	0.32
象峰站—秀山站区间	0.48	0.32
秀山站	0.48	0.27
秀山站—罗汉山站区间	0.44	0.02
罗汉山站	0.48	0.40
罗汉山站—火车站站区间	0.10	0.46
火车站站	0.29	0.48
……	……	……
火车南站站—清凉山停车场区间	0.45	0.47

由表 7-10 可以看出沉降监测精度较好，满足相关指标要求。

7.6.2 隧道净空收敛监测

隧道结构净空收敛监测针对采用盾构法、矿山法施工的隧道进行，掌握隧道结构断面的变化量及变化速率。

1. 净空收敛监测点的布设原则

隧道结构净空收敛监测点布设于盾构隧道和矿山法隧道的结构体上，且与线路沉降监测点布设在同一断面。其布设原则为：

(1) 区间隧道每隔 16 环（20m）埋设 1 个断面；
(2) 在不同施工工艺如明暗挖、盾构法与矿山法等交接处等两侧均埋设监测点；
(3) 区间隧道的第一环、最后一环布设收敛断面；
(4) 在地质条件不良地段、施工阶段已出现较大差异变形地段、出现过事故地段、施工采取过特殊处理地段、隧道出现大面积渗漏地段、管片破坏地段、正在进行病害治理地段适当加密布点，在每隔 16 环（20m）一个常规断面的基础上内插一个断面（每隔 8 环）的方式布设。

2. 净空收敛监测点的埋设方法

对隧道主体进行收敛观测，为判断隧道空间的稳定性提供可靠的信息。本工程隧道净空收敛监测断面和沉降监测断面重合布设，每个断面布设 3 点，即拱顶布设 1 点，两侧拱腰位置各布设一点，与底部沉降监测点组成 2 条收敛基线（水平收敛基线 A、竖向收敛基线 B）。隧道断面收敛监测点布设示意图如图 7-14 所示。

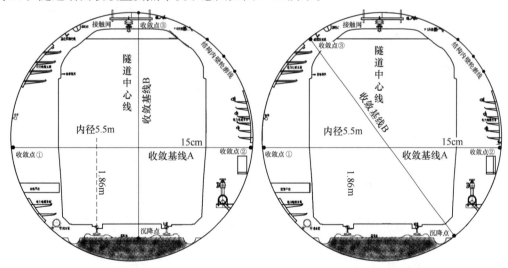

图 7-14 隧道断面收敛监测点布设示意图

根据隧道现场条件进行有针对性的布点，其中水平方向收敛基线 A 采用在收敛测线两端固定精密监测小棱镜的方式布设收敛点。另外，考虑运营监测周期长，顶部监测点经历长时间发展存在脱落风险，易对行车形成安全隐患，因此顶部收敛点采用定制反光标靶反光片布设，并与道床上沉降监测点形成竖直方向收敛基线 B。布设监测点严格注意避免侵入设备限界，不影响轨道上其他重要设施的使用功能，并根据现场实际情况对监测点位置进行调整，收敛基线布设示意图如图 7-15 所示。

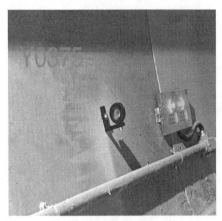
水平收敛小棱镜示意图

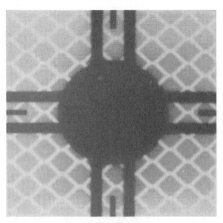
拱顶反光标靶示意图

图 7-15　收敛基线布设示意图

全线共布设 2539 个收敛断面，共计 7617 个收敛监测点，其中精密监测小棱镜 5078 个，拱顶反光标靶 2539 个。

3. 净空收敛数据采集

收敛断面由水平收敛基线 A、竖向收敛基线 B 共 2 条收敛基线组成，其观测方法分别如下：

（1）水平收敛基线 A 采用高精度自动化全站仪进行监测，每 7 个断面为一组，在第 4 个断面的沉降点位置上架设仪器，每站观测前后各约 60m 范围内共 14 个收敛点。净空收敛观测示意图如图 7-16 所示。

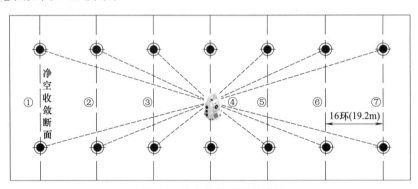

图 7-16　净空收敛观测示意图

每次收敛测量按盘左、盘右两个盘位观测 1 个测回的方式进行三维坐标信息的自动采集。盘左、盘右两个盘位坐标观测较差不大于±2mm 时取均值，否则应重测。现场实景照片如图 7-17 所示。

（2）竖向收敛基线 B 采用具备蓝牙功能的激光测距仪（测距精度 1.0mm）进行数据采集。主要方法是：先将前期设计并于现场完成埋设的点名、位置、观测次数、限差要求等导入 PC 端监测大数据平台项目中；然后利用移动设备下载监测平台的专用 APP，开启蓝牙设备与激光测距仪连接匹配；最后将激光测距仪安置于已布设在断面处的沉降监测点

图 7-17　净空收敛测量现场实景照片

上，利用测距仪激光瞄准拱顶反光标靶，在移动设备端控制测距仪进行数据采集。为保证数据采集精度，每条基线独立采集 3 次，3 次独立观测较差不大于 ±2mm 时，取均值作为观测成果。现场实景照片如图 7-18 所示。

图 7-18　激光测距仪净空收敛测量现场实景照片

4. 净空收敛数据处理

水平收敛基线 A 根据每个断面左右 2 个监测点的三维空间位置（X、Y、Z）坐标，计算两点之间收敛线的长度，两期之间固定收敛线的长度差值即为收敛变形值。收敛线的长度计算公式如下：

$$S=\sqrt{(X_A-X_B)^2+(Y_A-Y_B)^2+(Z_A-Z_B)^2}$$

其中，S 为固定收敛线的长度，X_A、X_B、Y_A、Y_B、Z_A、Z_B 为观测点的坐标分量。

竖向收敛基线 B 的长度为测距仪 3 次符合限差要求的成果求取均值得出。净空收敛监测精度如表 7-11 所示。

7.6.3　房屋建筑沉降监测

房屋建筑沉降监测针对主变电站、车辆基地和停车场等区域的附属房屋建筑进行，掌握其垂直位移的变化量及变化速率。

净空收敛监测精度统计表　　　　　　　表 7-11

区间	基线长度中误差(mm)	
	最大值	最小值
象峰站—新店车辆段（出段线）	0.90	0.80
象峰站—新店车辆段（入段线）	0.91	0.82
象峰站—秀山站区间（上行线）	0.92	0.84
象峰站—秀山站区间（下行线）	0.93	0.82
秀山站—罗汉山站区间（上行线）	0.92	0.83
秀山站—罗汉山站区间（下行线）	0.93	0.83
罗汉山站—火车站站区间（上行线）	0.92	0.82
……	……	……
火车南站站—清凉山停车场区间（入场线）	0.87	0.81

1. 房屋建筑沉降监测点布设

沉降观测点布设在能够反映建（构）筑物变形特征和变形明显的部位，标志应稳固、明显，结构合理，不影响建（构）筑物的美观和使用，且点位避开障碍物，便于观测和长期保存，如图 7-19 所示。其布设原则如下：

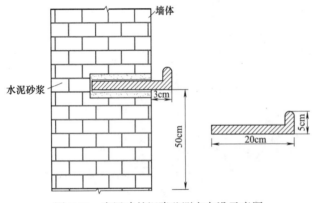

图 7-19　房屋建筑沉降监测点布设示意图

（1）布设高度在室外地坪以上 0.5m 左右，且上边 2m 内无遮挡物，便于标尺气泡居中观测；

（2）特别考虑到装修阶段因墙或柱饰面施工而破坏或掩盖观测点的情况，使装修完成后能保证观测点头部露在外面；

（3）点位要布设在拐角点、承重柱或墙上，具体点位可视情况予以调整；

（4）采用 L 型不锈钢螺栓式沉降标志，规格在直径 15mm 以上，观测点在墙内 10cm 以上，并务必保证点位的稳定性；

（5）标志的立尺部位应加工成半球形或有明显的突出点，并涂上防腐剂，标志的设置避开雨水管、窗台线、散热器、暖水管、电气开关等有碍设标与观测的障碍物。

本项目房屋建筑沉降监测点共埋设 99 个，分别是清凉山停车场埋设 40 个，新店车辆基地埋设 54 个，黄山主变电站埋设 5 个。

2. 房屋建筑沉降观测方法

沉降监测采用 DINI03 电子水准仪进行测量，在保证仪器正常检定外，每次测量前，对仪器进行检校，保证仪器处于最佳状态，满足精度要求。

首先对基准点间的高差进行检测，确认基准点稳定的情况下，方可进行监测。每期监测均以同一个高程基准点为基准，将房屋转角、承重柱等关键特征位置的沉降监测点纳入水准路线进行往返观测,取两次观测高差中数进行平差,其余沉降点作为中视点进行观测。作业过程中严格遵守规范,并满足以下规定:

(1)采用数字水准仪进行观测期间每次测量前检测水准仪 i 角,其不大于 $\pm 15''$;

(2)作业过程中严格遵守规范,在测量的同时用红油漆在地面对每次仪器的安置位置做出标记;

(3)立尺时应借助尺撑,使标尺上的气泡居中,标尺竖直。

3. 房屋建筑沉降数据处理

采用电子水准仪自带的存储卡进行观测数据的记录,所有观测数据,均按规范规定要求的各项限差进行控制。将观测数据按闭合水准作平差处理,计算得出各监测点高程值,然后与前次高程和初始高程相求取较差,得出本次沉降量及累计沉降量。房屋建筑监测精度统计如表7-12所示。

房屋建筑监测精度统计表 表7-12

序号	区间	高差闭合差(mm)	总长度(km)	限差(mm)	最弱点高程中误差(mm)	评价
1	清凉山停车场	−1.25	3.81	7.81	1.10	合格
2	新店车辆段	1.19	4.64	8.61	1.09	合格
3	黄山变电站	0.1	0.99	3.98	0.07	合格

7.6.4 监测点管理和维护

城市轨道交通线路的监测点数量庞大、测项类型多样,需建立统一规范的监测点管理规则,以保证监测数据的准确性。另外,基准点、监测点的完好性是监测实施的首要条件,亦是监测过程关键所在。长期监测需对监测点进行常态化普查及维护,对被破坏、被损毁以及被遮挡的点进行修复、补充、完善,以保证在长周期运营下监测数据的延续性。

1. 监测点管理

(1)车站区间简码

区间以前后车站首字拼音的首字母组成简码,车站以站名前两字字母拼音的首字母组成简码,出现重复代码时以其他字母取代,如表7-13所示。

车站区间简码统计表 表7-13

序号	车站/区间	简码	序号	车站/区间	简码
1	新店车辆段	XD	2	达道站—上滕站区间	DT
3	象峰站—新店车辆段区间	DX	4	上滕站	ST
5	象峰站	XF	6	上滕站—三叉街站区间	TS
7	象峰站—秀山站区间	XX	8	三叉街站	SC
9	秀山站	XS	10	白湖亭站	SB
……	……	……	……	……	……
23	达道站	DD	24	清凉山停车场	QL

(2) 监测点的命名

监测点名称全线统一编号，以"区间（车站）简码＋沉降点代码 C、收敛点代码 S＋S（上行线）、X（下行线）＋3 位数顺序编号（其中，车站沉降点：Z＋2 位数顺序编号、联络通道沉降点：L＋2 位数顺序编号）"组成，例如：三叉街站上行线 3 号沉降点用"SC-C-SZ03"命名；排下站—城门站下行区间 25 号沉降点用"PC-C-X025"命名；树兜站—屏山站下行区间 17 号收敛断面用"SP-S-X017"；葫芦阵站—黄山站区间上行联络通道沉降点用"HH-C-SL01"命名。

监测点埋设完成后，根据点位埋设的实际里程绘制监测点位布置图。在线路前进方向左侧，距道床约 1.5m 高处设置监测点标示牌，以标示监测点编号和里程号，沉降点与收敛点共用一块标示牌，监测点标示牌如图 7-20 所示。

2. 监测点维护

每期监测前，首先需对高程基准点进行现场调查确认，监测实施过程中需对监测点逐个进行实地调查，确保所有高程基准点和监测点的完好性和可用性。

图 7-20　监测点标示牌

（1）调查步骤

1）将已有资料成果展示在地形图或影像图上作为调查的工作底图；

2）在监测实施过程中对监测点逐个进行实地调查，并记录；

3）调查结束后按点位类型进行汇总，形成现状调查成果。

（2）调查内容

1）基准点：标志面的完整性，标志面的方框、字迹是否残缺或模糊不清，标志是否稳定；标志附近地面是否有因施工、采石、雨裂、空洞、山体滑坡等危及控制点标志稳定性的因素存在；调查基准点周围情况是否影响后续测量质量要求。

2）监测点：调查监测点是否完好、牢固，监测点附近是否有因施工等影响监测点牢固的因素存在。

（3）维护方法与要求

1）监测点标志面、中心标志完好时，清理标志面用红油漆填描标志面标记；

2）调查已确认标志损坏而要重新埋设标志的基准点，按新埋基准点处理；

3）清除基准点附近 1m 范围内杂物、杂草等，清除需通视方向的障碍物；

4）对维护后的基准点标志、觇标或周围环境分别拍照，并对维护的内容进行汇总；

5）墙水准点的指示标记字迹模糊时，用红色油漆填描指示标记上的字迹，做到字迹清晰、便于寻找；

6）对于被破坏的监测点，根据各类监测点埋设方法进行重新埋设，并记录好维护的内容。

7.7　重点区域监测

线路结构长期稳定性监测范围覆盖整条轨道交通线路，从技术实施、经济成本等角度考量，往往无法在全线路做到高密度布点、高频率监测。但因为地质条件差异、施工工艺不同、结构损伤、病害治理等因素导致部分区域相对于其他区段，理论上可能存在较大的变形风险，需要对这些重点区域制定有针对性的监测措施，以防范潜在风险，保证运营结构安全。

7.7.1 重点区域的设定

结合设计要求及相关工程经验，轨道交通结构出现下列情况的将其列为重点区域实施监测：

(1) 出现变形量或变形速率较大、明显差异沉降等情况；
(2) 出现隧道大面积渗漏、管片损伤、道床结构变形等异常；
(3) 正在进行病害治理及进行过病害治理的区段；
(4) 下穿较宽水域、近距离穿越、施工或运营期间采取过特殊处理措施等其他高风险区段。

本工程重点加密监测区域具体如下：

(1) 新店车辆段出入段线：DK1+542 至 DK1+568（盾构施工时遇孤石）。
(2) 罗汉山站至福州火车站站区间：K03+130 至 K03+585（下穿大量民房）、K3+283 至 K3+323（矿山法施工至 XK3+303 时掌子面涌水涌砂，后期对 K3+283 至 K3+323 范围内区间周边土体进行大面积注浆加固）。
(3) 斗门站至树兜站区间：K04+464 至 K05+478（位于淤泥地层）。
(4) 树兜站至屏山站区间：K06+556 至 K06+743（位于淤泥地层）。
(5) 南门兜站至茶亭站区间：K9+881 至 K10+553（位于不良地质段）。
(6) 茶亭站至达道站区间：K11+036 至 K11+400（下穿世茂茶亭地下空间，位于地质不良段）。
(7) 达道站至上藤站区间：K12+410 至 K14+108（下穿棚户区、矿山法区间、闽江段，位于地质不良段）。
(8) 上藤站至三叉街站区间：K14+870 至 K14+954（隧道掘进遇孤石，地面较大变形）。
(9) 三叉街站至白湖亭站区间：K15+850 至 K16+594（位于地质不良段，施工阶段出现过变形较大地段）。
(10) 白湖亭站至葫芦阵站区间：K16+884 至 K17+168、K17+389 至 K17+536、K17+674 至 K17+754（均位于地质不良段）。
(11) 葫芦阵站至黄山站区间：K18+044 至 K18+174、K18+288 至 K18+547（均位于地质不良段）。
(12) 黄山站至排下站区间：K19+529 至 K19+671（位于地质不良段）。
(13) 排下站至城门站区间：K20+128 至 K20+427（位于地质不良段）。
(14) 城门站至三角垱站区间：K21+236 至 K21+355（位于地质不良段）。
(15) 三角垱站至胪雷站区间：K23+000 至 K23+288（位于地质不良段）。
(16) 福州火车南站站至清凉山停车场出入场线区间：CK1+078 至 CK1+624（位于地质不良段）。

7.7.2 加密监测频率

一般情况下,监测频率可根据变形速率在1次/周～1次/季度的范围内合理选取。隧道出现严重渗漏或严重变形等情况时,加大监测频率,必要时采用自动化监测。病害治理施工期间,结合施工工序确定监测频率。病害治理施工完成后,根据变形速率确定监测频率。加密监测数据表明变形已趋于稳定时,可逐渐降低监测频率,直至结束加密监测。

7.8 监测信息反馈

线路结构长期稳定性监测不仅需要采用科学的技术方法准确地获取各监测项目的监测数据,还要同步建立高效合理的信息反馈机制,实现监测过程的信息化上报,及时反馈与结构安全有关的监测信息,供有关运维管理人员及工程技术人员决策使用,以保障轨道交通的安全运营。

7.8.1 监测项目控制值

监测项目控制值一般依据工程特点、地质特征、设计要求及相关经验确定,并要满足轨道交通结构安全状态得到合理有效控制的要求。设计文件中未明确监测项目控制值时,以各行业现行规范标准为依据确定,针对重要的、特殊的或风险等级较高的区段,还需结合现状调查与结构检测,通过分析计算或专项评估确定监测项目控制值。本工程监测项目控制值如下。

(1) 线路结构沉降监测控制值:累计沉降量控制值±20mm,隧道累计差异沉降控制值 $0.04\%L_S$ mm (L_S 为沿隧道轴向相邻两监测点距离)。

(2) 盾构隧道净空收敛监测控制值:累计收敛控制值±20mm。

(3) 附属管理用房沉降监测控制值:累计沉降量控制值±50mm。

7.8.2 监测预警及应对措施

线路结构长期稳定性监测需按照明确的预警标准及时发出预警,并建立顺畅、快捷的信息反馈渠道,实现监测过程的信息化,及时、准确地测定各监测项目的变化量及变化速率,及时反馈获取的监测信息,供运营管理人员、设计人员决策使用,保证运营结构安全。

1. 预警等级划分

监测项目在作业过程中,当结构单次沉降量达到±5mm或累计沉降量达到控制值60%以上即进行沉降监测预警,当隧道单次净空收敛量达到±5mm或累计净空收敛量达到控制值60%以上即进行净空收敛监测预警。预警等级划分及应对管理措施符合表7-14的规定。

另外,在观测过程中,如发现有线路附近进行如基坑建设等施工、隧道附近地表荷载突然增减、隧道内渗漏水突然加剧、隧道结构出现异常裂缝等情况,及时增加观测次数。当隧道突然发生大量变形、不均匀沉降或严重裂缝时,进行连续观测。具体采取措施如下:

监测预警等级划分及应对管理措施 表7-14

预警等级	监测比值 G	应对管理措施
A	$G<0.6$	可正常运行
B	$0.6 \leqslant G<0.8$	监测预警,并采取加密监测点或提高监测频率等措施加强对城市轨道交通结构的监测
C	$0.8 \leqslant G<1.0$	立即上报运营管理部门,各方共同制定相应的安全保护措施,并经组织审查后,开展后续工作
D	$1.0 \leqslant G$	启动安全应急预案

注:监测比值 G 为监测项目实测值与结构安全控制指标值的比值。

(1) 经过相关数据分析、结构计算、地质调查和环境观测对报警数据做出解释;
(2) 对重点部位和区域加密监测点,并增加监测频率;
(3) 增加相关数据采集人员和数据分析人员;
(4) 必要时采取自动化监测等连续监测措施;
(5) 按照应急预案的各项要求立即启动应急监测预案。

2. 预警反馈流程

当出现预警时,第一时间将主要信息利用监测大数据平台、网络、电话、短信等快捷工具上报相关人员,并在24小时内出具书面报告。在警情报送的同时,组织人员加强监测及巡视或增加监测项目、加密监测点,密切关注现场情况的变化,并将每次监测情况以简报的形式以短信、电话或网络通信等方式快速发送到相关人员。变形预警单样式如表7-15所示。

变形预警单样式 表7-15

市轨道交通号线长期稳定性监测项目变形预警单

编号:

委托单位:	**市地铁集团有限公司	预警等级:	□黄色预警 □橙色预警 □红色预警
监测单位:	**市勘测院有限公司		
工程名称:	**市轨道交通**号线2023年运营期结构监测项目		

预警内容:
  本次为第12周期监测,上期于2022年11月3日进行。本期该区间共发生线路累计沉降预警48个(黄色预警5个、橙色预警3个、红色预警40个),其中新增预警2个、预警升级4个;发生线路差异沉降预警52个(黄色预警9个、橙色预警5个、红色预警38个),其中新增预警5个、预警升级7个;发生净空收敛预警14个(黄色预警11个、橙色预警1个、红色预警2个),其中新增预警1个、预警升级1个。
  附件1:本期预警汇总表
  附件2:累计变化量曲线图

监测单位意见:
  1号联络通道附近(SK22+425~SK22+444、XK22+445~XK22+465)本期沉降速率较大,该区域主要穿过粉质黏土地层,易受地下水位、地铁行车振动等因素影响,且可能受周边施工影响,土体固结时间较长,导致预警发生。

监测建议:
  1. 在运营期结构巡查中给予重点关注,尤其注意是否出现结构破损、渗漏等情况。
  2. 加强对周边的巡查,尤其注意是否存在不规范施工活动或降水等情况。
  3. 隧道内施工需注意按要求实施,确保结构安全。
  4. 必要时积极采取相关措施,确保运营安全。

                  项目负责:
                  日 期: 年 月 日

运营单位签收:

                  签收人:
                  签收单位:**市地铁集团有限公司
                  日 期: 年 月 日

为实现顺畅、快捷地反馈监测信息的目的，如果处理计算过程中发现监测数值过大，达到预警值，将迅速通知各方，由业主、专家组、设计等有关单位决定采取措施，启动监测应急预案，并积极配合应急处置。监测信息反馈流程如图7-21所示。

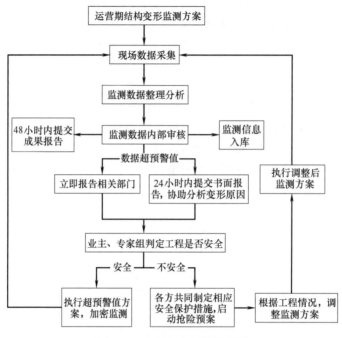

图7-21 监测信息反馈流程图

7.8.3 监测消警

监测预警之后，立即上报运营管理等部门，根据各方共同制定的保护措施进行安全处理，待监测数据稳定并符合消警条件之后，由监测单位提出消警申请，报运营单位等管理部门，经各方同意后消警，并签署消警单。监测消警之后，监测单位按照监测技术方案持续进行监测工作。消警流程如图7-22所示。

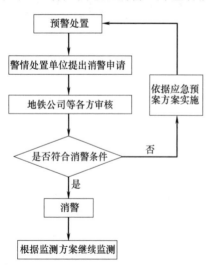

图7-22 消警流程图

7.8.4 监测数据管理

监测资料主要包括监测方案、监测数据、监测报告等。由于既有线路长期监测时间跨度长、精度要求高、数据量大，为防止资料丢失导致补测工作量大，需坚持长期、连续、定时资料整理和存档，用专用表格做好记录，做到签字齐全，需要将相关电子化资料上传至监测大数据平台存档。监测大数据平台如图7-23所示。

利用监测大数据平台对收集的资料和监测数据进行管理，绘制各种类型的表格和曲线图，对监测结果进行一致性和相关性分析，预测最终变形值，

第 7 章 线路结构长期稳定性监测

图 7-23 监测大数据平台

预测结构物的安全性，及时反馈指导运营管理部门和设计施工相关人员。

7.8.5 监测成果

对于现场采集到的各项监测数据，首先利用统计模型进行粗差探测检验，确认不含粗差后再进行整体平差计算及测量精度统计，采用科学、合理的数据处理方法对监测成果进行整理分析，最终形成监测成果报告。

监测成果报告中包含技术说明、监测时间、使用仪器、依据规范、监测方案及所达到精度，列出监测值、单次变化值、累计变化值、变形速率、变形曲线等，并根据规范及监测情况提出结论性意见。监测成果报告及最终总结报告以书面形式报送。

各监测项目成果必须能以直观的形式（如表格、图形等）表达出运营过程中的监测信息等，监测结果一目了然，可读性强。

1. 监测成果阶段性报表的内容（每期 1 次）

（1）概述，内容包括工程进度概况和本次监测内容、时间等；

（2）监测主要结果，给出各项目监测结果的最大值，判别是否达到警戒值；

（3）分析、评价及建议，对监测结果作出分析、评价，提出建议意见；

（4）监测点点位布置平面图；

（5）监测成果表（表 7-16）；

（6）变化速率、变化量与时间等变形因子相关的关系曲线图。

2. 监测最终总结报告的内容

工程结束时应提交完整的监测报告，监测报告是监测工作的回顾和总结，监测报告主要包括如下几部分内容：

（1）工程概况；

（2）监测依据；

（3）监测精度和控制值；

监测数据报表样表 表 7-16

**　　市轨道交通　　号线长期稳定性监测项目　沉降监测成果表**

项目编号：＿＊＊＊＿　观测期次：＿＊＊＊＿　日期：＿＊＊＊＿

项目负责：＿＊＊＊＿　观测者：＿＊＊＊＿　计算者：＿＊＊＊＿　检查者：＿＊＊＊＿

＿＊＊＊＿站至＿＊＊＊＿站　＿＊＿行线（代码：＿＊＊＿）

监测点编号	管片环号	里程	初始高程值(m) ×年×月×日	上次高程值(m) ×年×月×日	本次高程值(m)	本次变化量(mm)	累计变化量(mm)
HH-C-X001	1	XK18+045	−8.1995	−8.1991	−8.2017	−2.6	−2.2
HH-C-X002	9	XK18+054	−8.2267	−8.2253	−8.2304	−5.1	−3.7
HH-C-X003	18	XK18+065	−8.2605	−8.2594	−8.2657	−6.3	−5.2
HH-C-X004	25	XK18+073	−8.3132	−8.3133	−8.3196	−6.3	−6.4
HH-C-X005	33	XK18+083	−8.4122	−8.4128	−8.4191	−6.3	−6.9
HH-C-X006	41	XK18+093	−8.5329	−8.5329	−8.5391	−6.2	−6.2
HH-C-X007	49	XK18+102	−8.6854	−8.6854	−8.6910	−5.6	−5.6
……	……	……	……	……	……	……	……

注：沉降量为"+"，表示监测点上浮；沉降量为"−"，表示监测点下沉。

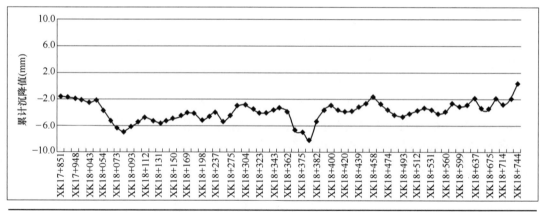

第＊＊页，共＊＊页　　　　　　　　　　　　　　　监测单位：＊＊＊＊＊＊＊

（4）监测项目和各监测点的平面和立面布置图；

（5）所采用的仪器设备和监测方法；

（6）数据处理和分析（监测数据处理方法和监测结果汇总表和有关汇总和分析曲线等）；

（7）对监测结果的评价和建议。

7.9　精度评价

项目自开始以来，全线共实施 6 次长期线路沉降监测和长期隧道收敛监测，根据智能化监测大数据平台对数据精度进行统计分析，证明项目实施精度及预警反馈效果可以满足线路长期稳定性监测的要求。

7.9.1 线路沉降监测

线路沉降监测精度统计表　　　　　　　　　　表 7-17

精度区间(mm)	[0,0.5]	[0.5,1]	[1,1.5]	[1.5,2]	[2,2.5]	[2.5,3]
监测点次	18948	5647	433	215	2	0
区间占比	75.06%	22.37%	1.72%	0.85%	0.01%	0.00

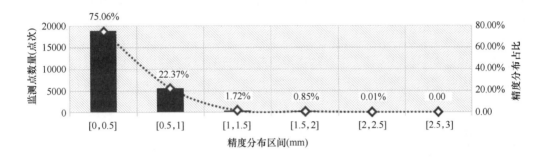

图 7-24　线路沉降监测精度统计图

本项目沉降监测共 25245 点次，由表 7-17 和图 7-24 可见，高程中误差在 0.5mm 以内的占比 75.06%，1mm 以内的占比 97.43%，实施精度良好。

7.9.2 隧道净空收敛监测

隧道净空收敛监测精度统计表　　　　　　　　表 7-18

精度区间(mm)	[0,0.5]	[0.5,1]	[1,1.5]	[1.5,2]	[2,2.5]	[2.5,3]
监测点次	3786	9874	2285	341	16	6
区间占比	23.22%	60.55%	14.01%	2.09%	0.10%	0.04%

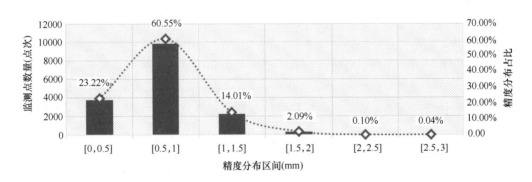

图 7-25　隧道净空收敛监测精度统计图

本项目收敛监测共 16308 点次，由表 7-18 及图 7-25 可见，测线长度中误差在 0.5mm

以内的占比 23.22%,1mm 以内的占比 83.77%,2mm 以内的占比 99.87%,实施精度良好。

7.10 预警反馈

项目在监测周期内,对超过预警标准区域通过智能化监测大数据平台共发出 17 次监测预警。结合地质条件、施工工艺、地下水情况等因素分析,得出这些区域隧道发生变形的原因,部分是受地铁周边在建项目的影响,部分是由于周边地质条件和地下水的周期变化产生的,也有部分是受列车运行影响而发生的,预警的发生基本与以上影响因素呈现一定的相关性。由此表明,本项目监测实施技术科学合理,达到了识别结构安全风险隐患的目标。针对隧道变形预警区域,配合隧道维修管理部门进行了隧道病害处理,总计进行了 5 个周期的加密监测,至病害处理结束且隧道稳定后停止监测。具体预警信息汇总如表 7-19 所示。

预警信息汇总表　　　　表 7-19

序号	预警区段	原因分析
1	新店出入段线	下沉区域地质为花岗岩残积土,全风化岩遇水极易崩解
2	罗汉山站—火车站站段	下行线下沉监测点在矿山法和盾构法交接竖井位置处,该处渗水严重,可能存在结构差异沉降
3	火车站—斗门站—树兜站—屏山站段	地质条件较差,主要为淤泥,该地层含水量高、孔隙比大、灵敏度高,受地下水位(特别这一段为温泉水活跃地带)变化和列车运行震动影响较大
4	南门兜站—茶亭站区间	地质条件较差,主要为淤泥,该地层含水量高、孔隙比大、灵敏度高,受列车运行震动影响较大;周边靠南门兜站一侧受 2 号线车站及隧道在建项目施工影响
5	三角埕站—胪雷站—火车南站段	地质条件较差,主要为淤泥,该地层含水量高、孔隙比大、灵敏度高,受列车运行震动影响较大;周边存在中央大道和胪雷河在建项目施工影响

7.11 小结

本项目针对轨道交通全线路结构开展周期性监测,结合智能化监测大数据平台进行数据处理、管理及分析,建立了高效、顺畅的监测预警和信息反馈机制。实践证明,将项目相关技术实施方法应用于同类型实际工程中,能达到高精度且能准确识别变形风险的效果,完全能满足城市轨道交通运营期线路结构长期稳定性监测的要求。总结本项目实施特点如下。

1. 复杂地质条件区域的地面高程基准网建立

由于福州地质条件复杂,且以淤泥、粉细砂等软弱地层为主,为保证地面高程基准网的可靠性,本项目采用地铁 1 号线施工阶段埋设的 8 个基岩水准点作为地面高程基准,其中包括了线路两端以及部分计划换乘站附近的基岩水准点,以保证高程基准框架的有效性和可复原性。同时,不同线路之间采用同一套高程基准,为今后建立全福州市统一的地铁线路运营高程基准打下了基础。

2. 一体化地上地下高程控制网联测更新机制

本项目开始监测前先将车站基准点与地面基准网基岩水准点进行地上地下联系测量，整体组网平差后得到各车站高程基准点。为提高车站高程基准点的高程精度，地面基准网测量和高程联系测量作业按照现行国家标准《国家一、二等水准测量规范》GB/T 12897 中一等水准测量相关技术要求进行。同时在每个车站布设 2 个高程基准点，既方便上下行测量作业，亦可预防点位破坏时有足够的高程起算依据。此外，每年对地上地下高程基准点进行联测，利用多重基准网数据检核流程，及时对不稳定的控制点高程进行更新，保障了监测数据的可靠性和准确性。

3. 自主创新的自动化监测采集工艺

隧道结构水平收敛监测采用高精度测量机器人，配合自动测量软件，由仪器自动搜寻目标并完成数据采集工作，简化了操作过程、减少了人为因素造成的精度损失，实现了快速、高精度的数据采集流程。

隧道结构竖向收敛监测采用定制的数据采集 APP，将测距仪测量结果录入 APP 中，并通过蓝牙传输模块，将数据传输至服务器端，经过计算得到最终的结果。APP 集外业数据录入、数据传输处理、结果生成为一体，极大程度简化了生产过程。同时，为保证监测数据的精度，本项目所采用的测距仪均加装了自主研发的固定支架和水准气泡，以减小仪器姿态的不同对各期测量成果的影响。

4. 基于结构特点设计有针对性的监测断面设置方法

本项目监测断面的设置除了满足相关规范要求之外，还考虑了隧道所处地层情况，并参考了施工期资料，对地质不良地段、施工阶段出现过变形较大地段、施工期间出现过事故地段、出现过大面积渗漏地段进行加密布点，增加监测断面的设置。此外，地铁隧道作为地下轨道交通车辆通行的线性建筑物，为保证列车的通行平稳与安全，隧道结构间的差异沉降也是隧道安全评估的重要指标。因此，本项目在不同施工工法结构交接处、车站与区间隧道交接处、变形缝处以及隧道与联络通道两侧均设置监测断面，对隧道的差异沉降进行监测。

第8章 工程影响结构保护性监测

近年来,轨道交通建设已成为我国现在乃至未来很长一段时间内基础建设的重要方面。轨道交通周边建筑、工程施工的开展以及轨道交通自身结构、地质条件等因素都会导致轨道交通结构发生形变,不仅会对轨道交通的正常运行造成影响,甚至可能引发不可估量的安全事故。为保证轨道交通结构的安全稳定,需对轨道交通结构进行监测,对获取的监测数据及时进行处理、分析、反馈,总结分析变形规律,及时发现及预报险情。通过智能全站仪、静力水准仪、传感器等先进设备开展自动化监测,并建立监测平台实现轨道交通结构安全风险的及时感知、早期预警、高效应对和正确决策,提高监测数据获取与服务管理效率,强化轨道交通安全运营保障能力,为城市的精细化、智能化运维与管理提供支撑。

本章以福州市某轨道交通工程影响结构保护性监测项目为例,对保护性监测项目的技术流程、工作准备、方案编制、作业方法、现场巡查、信息反馈、提交成果等内容进行阐述,可为其他类似项目的开展提供借鉴。

8.1 技术路线

福州市某房建项目包括B、D、E、G、I、K等7个地块基坑工程施工,项目位于福州市仓山区盖山镇,场地北侧为浦口新城,东侧为螺洲大桥,南侧距闽江最近,约400m,南侧及西南侧为轨道交通5号线。地块邻近福州市轨道交通5号线当埔路站—欢乐谷站区间、欢乐谷站、欢乐谷站—帝封江站区间及4、5号线换乘站帝封江站。项目基坑开挖深度约3~9.5m,轨道交通隧道的底板埋深约17~19m,基坑底与轨道交通隧道顶垂直标高相差约14~15m。项目与轨道交通相对位置关系如图8-1所示。

图 8-1 项目总平面图

工程影响结构保护性监测项目开展需建设单位、地铁公司、施工单位、设计单位、监测单位等多个部门协调配合,包括前期准备、数据采集、日常监测、数据处理等诸多步骤,主要技术路线流程如图8-2所示。

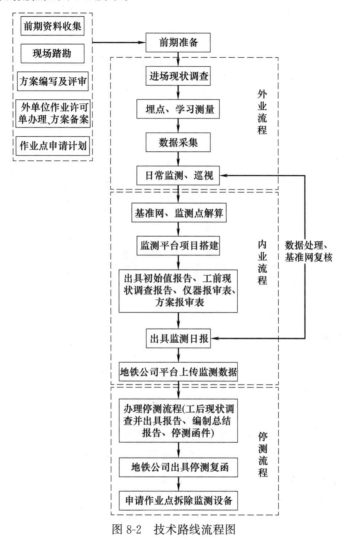

图8-2 技术路线流程图

8.2 前期准备

8.2.1 资料收集

收集外部工程设计资料:工程总平图、基坑总平图、基坑支护设计图、基坑剖面图、工程地质图、专项施工方案、施工工期。

收集外部工程影响地铁结构的安全评估报告。

收集外部工程影响地铁结构的资料:地铁结构总平图、地铁结构地质图、地铁结构立面图、地铁施工结构图、地铁结构设计资料、地铁已有的长期监测数据等。

地铁病害资料：现场踏勘检查地铁结构现有病害情况。

8.2.2 监测方案编写

根据前期收集的资料、相关规范及管理制度、安全评估报告等材料，编写工程影响结构保护性监测技术方案，并组织监测技术方案专家评审。方案编写要点如表 8-1 所示。

监测方案编写要点　　　　　　　　　　　　　　　　　表 8-1

1 项目概况	10 现场巡查
2 监测依据	11 监测控制值和预警、消警
3 监测目的和风险分析	12 监测成果与信息反馈
4 工程影响风险等级	13 监测应急预案
5 监测范围及监测内容	14 质量保证措施
6 监测等级及精度指标	15 安全、环境职业健康保证措施
7 监测周期及频率	附件 1 项目监测点布点图
8 项目组织	附件 2 仪器检定证书
9 监测实施	附件 3 监测人员证书

经过评审的监测技术方案报送至地铁公司、运营公司及建设单位备案，同时向地铁运营部门申请作业窗口进行现状调查、埋点及监测。

8.2.3 现状调查

地铁结构现状调查指对施工影响范围内地铁结构现状进行调查记录，并以此作为工程施工是否对地铁结构造成影响的依据之一。

（1）人工调查

施工开始前需组织建设单位、施工单位、地铁运营监管单位等进行地铁结构现状调查，对轨道交通结构进行现状调查时，按从整体到局部进行调查，做到看到、记到、拍到。拍摄现场照片时，对监测区域现有的湿迹、修补、渗漏、裂缝等情况进行全方位拍照，并在调查表格中记录相片的原始编号。地铁现状调查记录表包括：调查名称、调查位置、编号、调查时间、概略里程、尺寸、建筑物位置略图和现状描述。现场调查结束后依据现状情况编制现状调查报告，如表 8-2 所示。

（2）三维激光扫描

通过高精度的三维激光扫描仪实现轨道交通结构自动扫描，对结构几何尺寸及限界进行完整的测量，自动识别结构的变形、裂缝、破损、渗漏、错台、剥落等病害，提供高精度的病害及净空收敛等可视化、可量化的现状信息。

项目 BDEGI 地块影响的当埔路站—欢乐谷站区间外部项目进场施工前隧道未铺轨，采用架站式扫描仪对影响范围内隧道结构进行扫描。K 地块影响的欢乐谷站—帝封江站区间外部项目进场施工前隧道已铺轨施工完成，采用推车式扫描仪对影响范围内隧道结构进行移动扫描，如图 8-3 所示。

欢乐谷—帝封江区间三维激光扫描病害识别展开图如图 8-4 所示。

欢乐谷—帝封江区间三维激光扫描隧道净空断面图如图 8-5 所示。

第8章 工程影响结构保护性监测

现状调查记录样表　　　　　　　　　　　　　　　　表 8-2

调查名称	渗漏	调查位置	某地铁隧道
编号	DJ01	调查时间	****年8月8日 02:48
概略位置	上行线 400 环 2 点位	现场描述	管片接缝存在渗漏痕迹

图 8-3　区间隧道移动扫描

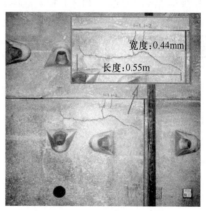

图 8-4　病害识别展开图

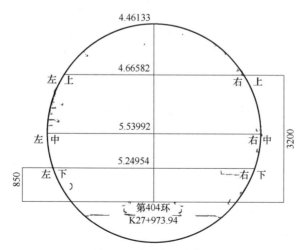

图 8-5　隧道净空断面图

8.3 工程影响风险等级

工程影响风险等级可按表 8-3 划分为特级、一级、二级、三级、四级；其中，靠近程度、工程影响分区指标按表 8-4、表 8-5 确定。

工程影响风险等级划分　　　　　　　　　　表 8-3

外部作业的工程影响分区	接近程度			
	非常接近	接近	较接近	不接近
强烈影响区(A)	特级	特级	一级	二级
显著影响区(B)	特级	一级	二级	三级
一般影响区(C)	一级	二级	三级	四级

注：本表适用于围岩级别为Ⅳ～Ⅵ的情况；围岩级别为Ⅰ～Ⅲ的情况，表中的影响等级可降低一级；围岩级别为Ⅵ的软土地区，表中的影响等级应提高一级，特级时不再提高。围岩级别应按现行行业标准《铁路隧道设计规范》TB 10003 中的有关规定确定。

城市轨道交通结构处于复杂的工程地质条件或存在工程地质灾害的情况，其外部作业影响等级应结合当地具体的工程经验综合确定，不宜低于一级。

接近程度的判定标准　　　　　　　　　　表 8-4

城市轨道交通结构的施工方法	相对净距	接近程度
明挖、盖挖法	<0.5H	非常接近
	0.5～1.0H	接近
	1.0～2.0H	较接近
	>2.0H	不接近
矿山法	<1.0W	非常接近
	1.0～1.5W	接近
	1.5～2.5W	较接近
	>2.5W	不接近
盾构法或顶管法	<1.0D	非常接近
	1.0～2.0D	接近
	2.0～3.0D	较接近
	>3.0D	不接近

注：1. H 为明挖、盖挖法城市轨道交通结构的基坑开挖深度；W 为矿山法城市轨道交通结构的隧道毛洞跨度；D 为盾构法或顶管法城市轨道交通结构的隧道外径，圆形顶管结构的外径或矩形顶管结构的长边宽度。2. 相对净距指外部作业的结构外连线与城市轨道交通结构外连线的最小净距离。3. 外部作业采用爆破法实施时，应根据相关工程经验和爆破专项安全评估成果进行适当调整。

明挖、盖挖法外部作业的工程影响分区　　　　　　表 8-5

工程影响分区	区域范围
强烈影响区间(A)	结构正上方及外侧 $0.7h_1$ 范围内
显著影响区间(B)	结构外侧 $0.7～1.0h_1$ 范围
一般影响区间(C)	结构外侧 $1.0～2.0h_1$ 范围

注：h_1 为明挖、盖挖法外部作业结构底板的埋深。

第 8 章　工程影响结构保护性监测

以 B 地块施工为例，B 地块基坑边线距离隧道边线最近约 9.97m，基坑与 5 号线当埔路站—欢乐谷站区间隧道相对净距处于 2 倍隧道外径范围内，接近程度判定为接近，基坑开挖深度最深约 7.27m，地铁隧道处于 2 倍基坑开挖深度范围内，属于一般影响区，外部作业影响等级判定为二级，考虑区间隧道主要处于淤泥夹砂层，地质条件较差，提高至一级。基坑边线距离欢乐谷站 B 出入口及 1 号风亭（附属结构）最近约 5m，处于附属结构 1 倍基坑开挖深度（约 8m）内，接近程度判定为接近，附属结构处于 1 倍基坑开挖深度范围内，属于显著影响区，外部作业影响等级判定为一级，考虑区间附属结构底板主要处于含泥中砂层，地质条件较差，提高至特级，如表 8-6 所示。

B 地块影响等级评定表　　　　　　　　　　表 8-6

序号	名称	接近程度		影响分区		影响等级
		相对净距	判定结果	区域范围	判定结果	
1	B 地块基坑影响当欢区间左线隧道	竖向及外侧 1～2D 范围（D=6.2m）	接近	位处外部作业外侧 1～2h 范围内（h 取 7.27m）	一般影响区	一级
2	B 地块基坑影响欢乐谷站 B 出入口及风亭	竖向及外侧 0.5～1H 范围（H=8m）	接近	位处外部作业外侧 0.7～1h 范围内（h 取 7.27m）	显著影响区	特级

8.4　监测内容

工程影响结构保护性监测应以能全面反映轨道交通结构的变形状况为原则，根据监测对象特点、工程影响风险等级、外部工程施工作业特点、轨道交通结构安全保护要求，并按照表 8-7 确定监测内容。

主要监测项目　　　　　　　　　　表 8-7

序号	监测项目	工程影响风险等级			
		特级	Ⅰ级	Ⅱ级	Ⅲ级
1	竖向位移监测	●	●	●	●
2	水平位移监测	●	●	●	○
3	净空收敛监测	●	●	●	●
4	倾斜监测	●	○	○	○
5	裂缝、接缝等监测	○	○	○	○
6	线路巡查	●	●	●	●

注："●"为应测项目，"○"为宜测项目。

工程影响结构保护性监测方式根据监测对象情况按表 8-8 选取，宜优先采用自动化监测方法。

根据本工程 B 地块的安全评估报告，以 3 倍基坑开挖深度范围内的地铁结构作为监测对象，监测内容包括当埔路站—欢乐谷站区间隧道结构竖向位移、水平位移、净空收敛及欢乐谷站附属 B 出入口竖向位移。施工过程监测频率具体如表 8-9 所示。

工程影响结构保护性监测方式　　　　　　表 8-8

序号	监测对象	监测方式
1	车站、隧道轨行区结构	结构变形自动化监测
2	车站主体及附属结构,高架区间	结构变形自动化监测或人工结构变形监测

监测频率表　　　　　　表 8-9

监测对象	监测项目	施工阶段	监测频率
B地块基坑影响当埔路站—欢乐谷站区间左线隧道	隧道结构竖向位移、水平位移、净空收敛	桩基施工	1次/3d
		支护施工	1次/3d
		基坑土方开挖	1次/1d
		地下室底板施工	1次/3d
		地下室施工结束后3个月	1次/7d
B地块基坑影响欢乐谷站附属结构	附属结构竖向位移	桩基施工	1次/3d
		支护施工	1次/3d
		基坑土方开挖	1次/1d
		地下室底板施工	1次/3d
		地下室施工结束后3个月	1次/7d

监测周期从外部施工开始延续至外部作业工程结束后 3 个月。满足最后 100 天监测速率小于 0.04mm/d，且城市轨道交通结构未因外部作业出现新增病害，判定城市轨道交通结构处于稳定状态，经地铁运营管理单位书面同意后停止监测。

8.5　智能监测大数据平台

智能监测大数据平台以云计算、大数据、物联网技术为支撑，以城市基础设施的安全监测管理为核心，覆盖城市基础设施各类感知信息，并充分结合业务数据，开展多层次、多视角的数据整合、分类、分析、评估工作。平台集成全站仪、静力水准仪等多种监测传感器技术，具有自动采集、远程数据传输、全天候无人监控、实时传输监测数据、云端自动解算数据、成果曲线查看、报表输出、实时报警等功能，应用于轨道交通保护性监测、运营监测、第三方监测、桥梁监测等领域。监测平台界面如图 8-6 所示。

监测大数据平台包含数据采集系统、数据通信系统、数据管理系统三大部分。

8.5.1　数据采集系统

数据采集系统基于自动化动态安全监测、无线网络通信、传感器等技术，实现全站仪、静力水准仪、激光测距仪、裂缝计等多种常规监测传感器数据采集，满足实时获取数据、多种网络传输数据、同步存储数据功能。数据采集系统架构示意图如图 8-7 所示。

8.5.2　数据通信系统

采用有线网络、无线网络、5G、Wi-Fi 结合 DTU 数字传输单元等多种通信方法，保

第 8 章　工程影响结构保护性监测

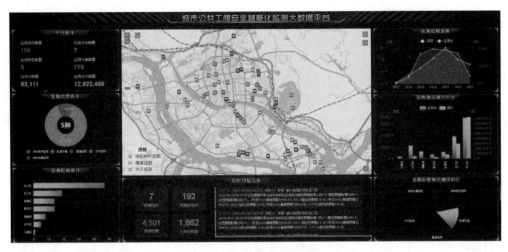

图 8-6　监测平台界面

监测设备和 APP 应用程序　　　　　　　　工程变形监测通用传感器

图 8-7　数据采集系统架构示意图

证数据通信最小的延迟性、最小的丢失率，确保变形信息的可靠准确和时效性。系统通信架构示意图如图 8-8 所示。

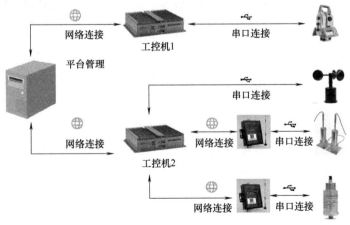

图 8-8　系统通信架构示意图

195

8.5.3 数据管理系统

数据管理系统安装于服务器端，实时监听数据回传，对采集端回传的数据进行存储、解算等。

大数据平台基于物联网、云计算和大数据等技术，应用于地铁保护性监测、运营监测、第三方监测、桥梁监测等领域，以数字和图表的形式提供数据查询、浏览和分析等。包含以下功能模块：

（1）系统管理

包含系统概况、基本配置、权限配置、物联设备、项目模板、预警等级等，方便管理员对所有项目和设备、人员权限、报表模板等情况进行统一管理和配置。

（2）工程管理

可对项目的基本信息，如项目名称、项目编号、项目负责人、项目状态、项目地图等进行编辑。

（3）项目地图

以影像图或者矢量数据为背景底图，叠加测点位置信息图层，测点颜色随预警等级标准变化，点击测点有关信息，能直观查询测点预警情况和变形趋势情况，如图 8-9 所示。

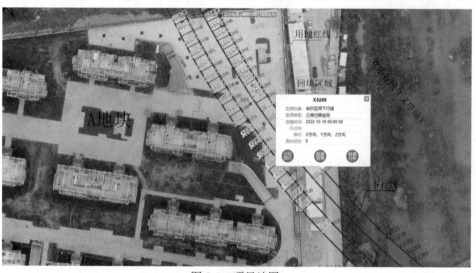

图 8-9 项目地图

（4）数据解算

服务器端实时监听数据回传，对采集端回传的数据进行解算并存储。

（5）数据分析

包含图表分析和断面分析功能。图表分析用于查看各监测点的变化曲线，可选择多种监测类型的多个监测点查看其变化曲线。断面分析用于查看监测项目同一监测周期内不同部位监测点变形量曲线，如图 8-10 所示。

（6）预警预报

预警功能分成黄色报警、橙色报警、红色报警三个等级。预警联系人列表记录了项目的预警联系人信息，一旦发生预警，平台将通过短信推送的方式向预警联系人的手机发送

第 8 章 工程影响结构保护性监测

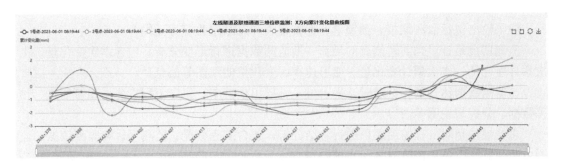

图 8-10 变形量曲线图

预警信息，如图 8-11 所示。

图 8-11 预警值记录及预警发送短信内容

预警记录列表记录了项目的预警发布信息，包括负责人、发布时间、发布内容、发布状态等信息，可对项目预警情况进行回溯管理。

（7）项目巡查

支持手机 APP 记录或者人工巡视方式采集项目现场工况，自动或者人工方式上传平台巡查模块，如图 8-12 所示。

图 8-12 巡查记录

（8）成果输出

成果输出包括监测期报、预警单、巡查报表和总结报告等方面内容。

监测期报是针对当前监测点的最新一期监测数据进行形变分析，包含本次变化量、上次累计变化量、本次累计变化量、变形速率、变化量曲线图等信息。

当监测数据达到预警标准时，平台可一键导出预警单，包含工程概况、预警信息、预警数据、分析与说明等内容。

总结报告是对工程监测成果进行总结分析，包含工程概况、监测项目和监测依据、监测方法和监测设备、监测成果图表等内容。

8.6 智能全站仪自动化监测

智能全站仪具有高精度的测距和测角、锁定小视场角、自动目标识别 ATR 等功能，可满足精密工程测量的精度要求，同时能适应复杂的轨道交通工作环境。轨行区内轨道交通结构三维变形监测通常采用智能全站仪自动化测量方式进行。

8.6.1 三维基准网测量

基准点是进行变形测量工作的基础和参照，基准点布设目的之一是建立多期变形观测的统一、可靠基准，基准点检测复核的目的是检验基准点的稳定性和可靠性。

基准点类型可分为水平位移基准点和竖向位移基准点。基准采用工程独立坐标系，水平位移基准以平行于隧道轴线为 X 轴，指向大里程（或小里程）方向，以垂直于隧道轴线为 Y 轴，指向基坑方向（远离基坑方向），竖向位移测量采用三角高程测量方法。三维基准网布设如图 8-13 所示。

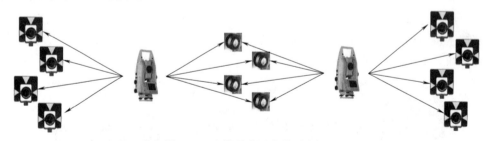

图 8-13 三维基准网布设示意图

当地铁保护监测项目监测对象为地铁轨行区隧道或者是车站结构时，采用全站仪三维基准网方式布设，即同时测量基准网水平位移基准及竖向位移基准。

基准网根据监测范围的大小及现场通视情况，可选择单测站布网或多测站组网布设。单测站基准网由监测区域两端基准点组及工作基点（测站）组成。多测站基准网由监测区域两端基准点组、工作基点（测站）及工作基点间的搭接点组成。

基准网参照 CPⅢ 构网采用自由设站边角交会的方式建立，相邻测站间布设公共搭接点以实现不同测站间的基准传递，数量不少于 4 个。其布网形式具有如下优点：

（1）监测网采用自由设站，不存在测站点与观测的对中误差；

（2）测站点的选取限制少，机动性大，灵活方便；

(3) 自动化监测无人工照准引起的误差;
(4) 多余观测数与基准点数量成正比,便于提高构网可靠性。

1. 三维基准点埋设

基准点作为数据的起算基准,布设在工程施工影响范围 50m 外的两端稳定区域,同时结合运营监测变形成果,避开变形较大的区域布设。其埋设原则为"一高一低",均匀错位埋设,布设于车站侧墙或隧道侧壁,一端头三维基准点布设 4~6 个。

基准点棱镜埋设采用冲击钻在隧道两端的隧道结构侧壁上钻孔,打入直径 10mm 的膨胀螺栓并安装圆棱镜作为固定的基准点。监测点埋设时充分考虑自由设站后方交会网的网型,网型尽量均匀分散。

搭接点采用膨胀螺栓固定双面直角棱镜进行埋设(图 8-14),为保证传递精度,测站间的搭接点的埋设在兼顾通视条件的同时,尽量沿两测站中线均匀对称分布,按"一高一低"原则,均匀错位埋设,测站间的搭接点布设 4~6 个。

图 8-14 搭接点布设示意图

工作基点(测站)选择布设在左右两侧通视条件俱佳的隧道侧壁上(图 8-15),每个测站最远监测视线控制不超过 150m,测站安装方法为在隧道侧壁按一定尺寸分布钻孔,

图 8-15 测站点埋设示意图

打入膨胀螺栓，安装具有强制对中归心盘的观测托架。

项目 K 地块影响地铁欢帝区间及帝封江站结构范围共 221m，包括帝封江站车站结构 171m，欢乐谷站—帝封江站隧道结构 50m，单个测站监测无法满足工程的实际需求，为此左右线各埋设 2 个工作基点，组成三维动态监测基准网，如图 8-16 所示。

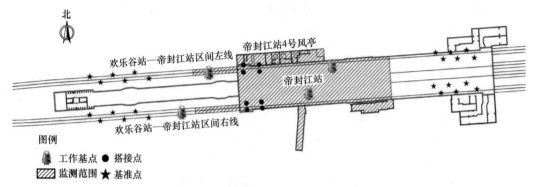

图 8-16 基准网点位布设示意图

欢乐谷站—帝封江站分别于区间 345～370 环及车站监测区域内左右线各布设 6 个基准点和 2 个工作基点，共布设 12 个基准点和 4 个工作基点，每两个工作基点之间布设 4～5 个搭接点（双面镜）进行基准传递。

2. 三维基准网外业观测

三维基准网采用全站仪测量，在地铁结构内设置固定棱镜，基准点及工作基点组成边角交会基准网。基准网测量初值采集时独立观测 2 次，在监测周期内定期进行基准网复核。

测量实施参考现行行业标准《建筑变形测量规范》JGJ 8 的规定。水平角采用方向观测法，水平角、边长和垂直角各观测 2 个测回。水平角、垂直角、距离观测精度指标如表 8-10～表 8-12 所示。

水平角观测技术要求　　表 8-10

全站仪仪器测角标称精度	测回数	半测回归零差（″）	一测回内 2C 互差（″）	同一方向值各测回互差（″）
0.5″	2	3	5	3

垂直角观测技术要求　　表 8-11

全站仪仪器测角标称精度	测回数	两次照准目标读数差（″）	垂直角测回差（″）	指标差较差（″）
0.5″	2	1.5	3	3

距离观测技术要求　　表 8-12

全站仪测距标称精度	测回数	一测回读数较差(mm)	测回间较差限差(mm)	往返测较差限差(mm)	气象数据测定的最小读数	
					温度(℃)	气压(mmHg)
$0.6+1\times10^{-6}D$	2	3	4	6	0.2	0.5

注：D 为距离测量值（km）。

项目三维基准网埋设完成后，采用 TM50 高精度智能全站仪，间隔 6 个小时观测 1

次，每次观测 2 测回，连续观测 3 天，选择不同时间段的 2 期数据，检核数据质量，测量指标统计如表 8-13～表 8-15 所示，根据统计结果可知，基准网测量数据质量良好。

水平角观测质量统计表　　　　　　　　　　　　　　　　　　　　　　　　表 8-13

全站仪仪器测角标称精度	水平角测回数	半测回归零差（″）	一测回内 2C 互差（″）	同一方向值各测回互差（″）
0.5″	4	0.8	2.3	1

垂直角观测质量统计表　　　　　　　　　　　　　　　　　　　　　　　　表 8-14

全站仪仪器测角标称精度	测回数	两次照准目标读数差（″）	垂直角测回差（″）	指标差较差（″）
0.5″	4	1.5	2.7	1

距离观测质量统计表　　　　　　　　　　　　　　　　　　　　　　　　　表 8-15

全站仪测距标称精度	测回数	一测回读数较差（mm）	测回间较差限差（mm）
$0.6+1\times10^{-6}D$	4	0.7	0.3

注：D 为距离测量值（km）。

3. 三维基准网数据处理

三维基准网解算采用水平位移基准网和竖向位移基准网分别进行独立解算。三维基准网测量的精度要求符合表 8-16 的规定，主要技术要求满足现行行业标准《建筑变形测量规范》JGJ 8 中二等水准的有关要求（表 8-17）。

三维变形监测精度指标要求　　　　　　　　　　　　　　　　　　　　　　表 8-16

监测项目	精度类别	精度要求
结构水平位移	坐标分量中误差	±1.5mm
结构竖向位移	坐标分量中误差	±1.5mm
结构净空收敛	测线长度中误差	±2.0mm

注：当采用全站仪自动化监测采集三维坐标时，竖向位移监测精度参考水平位移监测精度执行。

三维变形监测控制网技术要求　　　　　　　　　　　　　　　　　　　　　表 8-17

相邻点位中误差（mm）	测角中误差（″）	坐标分量中误差（mm）	最弱边相对中误差
±3.0	1.8	2.0	±1/100000

三维基准网平差解算流程如图 8-17 所示，包括数据采集、建立坐标系、三维（水平位移差、竖向位移）基准网解算平差、基准点检核较差、出具基准网初始值报告等步骤。

水平位移基准网初始值采用一点一方向的方法（固定一点，固定一方向，方向与隧道轴线平行）进行平差计算，获得水平位移基准点坐标。竖向位移基准网采用三角高程法进行外业数据采集，在变形监测中，关注的重点是监测点的变形量而非坐标值，因此数据解算采用固定仪器高和固定棱镜高的方法进行观测，消除仪器高和棱镜高的丈量误差，可极大地提高三角高程测量精度。基准网初始值分别进行两次独立计算，比较坐标较差，若两次坐标较差≤2m（坐标分量中误差），则表明基准点精度符合要求，取两期均值作为基准

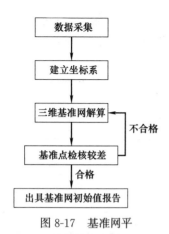

图 8-17 基准网平差解算流程图

网坐标值。若个别点坐标较差＞±2mm，则删除该点，不作为基准点使用；若大批量基准点较差均不符合要求，则重新采集基准网数据。

以恒大滨江左岸项目影响欢帝区间数据解算为例，三维基准网解算主要有数据预处理、建立项目独立坐标系、水平位移基准网平差、竖向位移基准网平差及精度评定5个部分。

(1) 数据预处理

将观测指标符合要求的两期数据的原始数据（图 8-18）转换成科傻格式（*.in2，*.in1）。

(2) 建立项目独立坐标系

X 轴为沿线路中轴线方向，且往大里程方向为"＋"；Y 轴为垂直线路中轴线方向，且左线往右线方向为"＋"；Z 轴为竖直方向，且上浮为"＋"，如图 8-19 所示。

```
<?xml version="1.0"?>
<ResultList>
  <Section Name="基准点组" SectionType="1" CircleNum="2" PointNum="12" bLeftObs="0" ZeroDir="SJ08">
    <Circle ID="1" PointNum="9">
      <Point Direction="0" Name="SJ08" Type="1">
        <LHAngle>91.37571</LHAngle>
        <RHAngle>271.37592</RHAngle>
        <LVAngle>90.36318</LVAngle>
        <RVAngle>269.23348</RVAngle>
        <LSDistance>115.4059</LSDistance>
        <RSDistance>115.4060</RSDistance>
        <LTime>2022/7/20 10:18:37</LTime>
        <RTime>2022/7/20 10:22:23</RTime>
        <Temperature>15.0</Temperature>
        <Pressure>1013.0</Pressure>
        <Humidity>20.0</Humidity>
      </Point>
      <Point Direction="1" Name="SM620" Type="1">
        <LHAngle>262.23146</LHAngle>
        <RHAngle>82.23185</RHAngle>
        <LVAngle>88.25087</LVAngle>
        <RVAngle>271.34553</RVAngle>
        <LSDistance>60.2357</LSDistance>
        <RSDistance>60.2358</RSDistance>
        <LTime>2022/7/20 10:18:49</LTime>
        <RTime>2022/7/20 10:22:11</RTime>
        <Temperature>15.0</Temperature>
        <Pressure>1013.0</Pressure>
        <Humidity>20.0</Humidity>
      </Point>
      <Point Direction="2" Name="SM605" Type="1">
        <LHAngle>262.42054</LHAngle>
        <RHAngle>82.42086</RHAngle>
        <LVAngle>86.16578</LVAngle>
        <RVAngle>273.43075</RVAngle>
```

图 8-18 原始数据格式

(3) 水平位移基准网平差

水平位移基准网初始值采用一点一方向的方法（已知方向一般选取与隧道线路轴线方向平行），使用平差软件进行计算，获得水平位移基准网坐标。独立观测的 2 期水平位移基准网数据解算完取均值作为基准网初始值。首期水平位移基准网计算文件如图 8-20 所示。

(4) 竖向位移基准网平差

竖向位移基准网解算先假定某一基准点高程值，通过全站仪三角高程测量方法得到基准

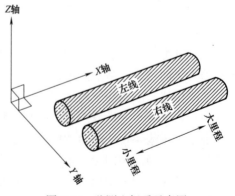

图 8-19 监测坐标系示意图

网高程值。两期独立观测的竖向位移基准网成果平均值作为最终竖向位移基准网成果。首期高程基准网计算文件如图 8-21 所示。

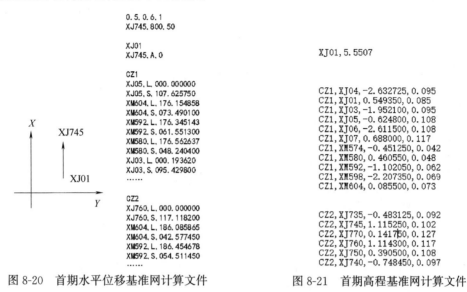

图 8-20 首期水平位移基准网计算文件　　　　图 8-21 首期高程基准网计算文件

（5）精度评定

三维基准网精度统计如表 8-18 所示，表明测量成果符合有关规范要求。

水平位移基准网观测数据精度统计表　　　　表 8-18

最弱点点位中误差 （mm）	测角中误差 （″）	坐标分量中误差 （mm）	最弱边相对中误差	高差中误差 （mm）
1.5	1.6	1.0	1/126000	0.5

三维基准网解算成果对比如表 8-19 所示，各基准点较差均小于 2 倍坐标分量中误差，其均值可作为基准网初始值。

基准网解算成果对比　　　　表 8-19

观测期次		第 1 期			第 2 期			较差		
类型	点名	X(m)	Y(m)	Z(m)	X(m)	Y(m)	Z(m)	ΔX(mm)	ΔY(mm)	ΔZ(mm)
测站	CZ1	583.0812	61.8912	5.0023	583.0812	61.8914	5.0026	0.0	0.2	0.3
	CZ2	698.9976	65.9473	5.5538	698.9976	65.9475	5.5542	0.0	0.2	0.4
基准点	XJ01	498.7331	50.0000	5.5507	498.7331	50.0000	5.5507	0.0	0.0	0.0
	XJ03	488.5096	49.1145	3.0490	488.5098	49.1148	3.0493	0.2	0.3	0.3
	XJ04	488.3245	51.6396	2.3684	488.3248	51.6396	2.3691	0.3	0.0	0.7
	……	……	……	……	……	……	……	……	……	……
搭接点	XM574	624.9755	59.9466	4.5510	624.9754	59.9471	4.5514	−0.1	0.5	0.4
	XM580	631.1860	65.5154	5.4626	631.1860	65.5157	5.4629	0.0	0.3	0.3
	XM592	644.4860	66.1299	3.9006	644.4861	66.1301	3.9009	0.1	0.2	0.3
	XM598	652.5720	61.6134	2.7956	652.5719	61.6137	2.7958	−0.1	0.3	0.2

4. 三维基准网稳定性分析

起算基准的稳定性是保证监测结果有效性的关键。为保证监测数据的可靠性，须进行基准点稳定性判定。三维基准网复核按照1个月1次的频率进行。若基准网数据长期处于不稳定状态，须提高基准网复核频率。三维基准网稳定性分析流程如图8-22所示。

基准网在监测区域两端各选取1点作为起算点，通过平差计算本期平差后的坐标数据与上一期使用的坐标数据之间的差值。同时结合轨行区人工水准复核成果验证分析，若坐标分量较差≤±2倍中误差=±3mm，认为基准点为稳定状态，否则需更新基准点坐标。

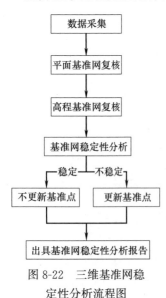

图8-22 三维基准网稳定性分析流程图

8.6.2 三维位移监测

1. 三维位移监测点埋设

监测点和监测设备的布设应结合轨道交通结构自身特点、外部工程施工作业影响等级、轨道交通结构安全保护要求、工程经验等综合考虑，不影响城市轨道交通正常运营和维护，三维监测点埋设于能直接反映地铁结构几何变形的特征位置，其布设如图8-23所示。

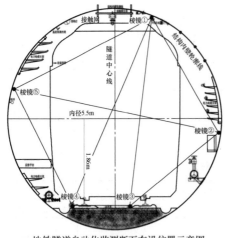
地铁隧道自动化监测断面布设位置示意图

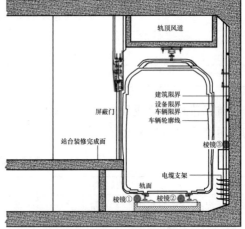
地铁车站轨行区自动化监测断面布设位置示意图

图8-23 监测断面布设示意图

本工程监测对象包含欢乐谷站—帝封江站区间左线隧道结构及欢乐谷站、帝封江站结构。

隧道内一个断面布设5个监测点，分别是隧道拱顶1个点，道床2个点，隧道侧腰2个点；车站结构侧墙1个点，道床2个点。监测点用冲击钻在隧道两端的隧道结构上钻孔，打入直径10mm膨胀螺栓，安装小棱镜。

作业风险影响等级为一级区域内的隧道和车站结构每5m布设1个监测断面。作业风险影响等级为二级的区域内隧道和车站结构每10m布设一个监测断面。车站和隧道结构分界处两侧各布设 1 个监测断面，联络通道位置加密布设 1 个监测断面，运营累计沉降量较大的区域加密至 4m 布设 1 个监测断面，地质结构较差区域加密至 4m 布设 1 个监测断面，桩基正对地铁结构等位置加密布设监测断面。监测点现场安装完成实景如图 8-24 所示。

图 8-24　监测点现场安装完成实景图

2. 三维监测点测量

三维自动化监测采用边角测量方式实现对各监测点测量。进行外业数据采集时，初始值独立观测 2 次，并取合格观测数据的平均值作为初始值。

仪器架设好后，先建立测量坐标系。进行后视点定向，设置测站坐标，对基准点和监测点进行学习测量，记录好监测点方位角和距离，为后续自动化监测建立学习模板。通过采集软件（图 8-25）新建项目、基准点学习测量、监测点学习测量、监测点断面设置、监测频率配置、启动监测服务等操作完成自动化监测配置过程。

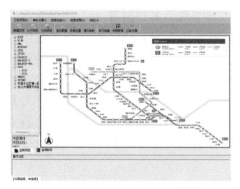

图 8-25　采集软件界面

监测实施具体要求如下：水平角采用方向观测法，施测 1 测回，边长和垂直角各观测 1 个测回，水平角、距离、垂直角观测精度指标与三维基准网测量一致。

3. 三维监测数据处理

本项目将两次原始观测数据上传至监测大数据平台进行自动平差解算，分析两次监测坐标较差，若两次坐标较差均小于 2 倍坐标中误差，取两次成果均值作为初始值。初值采集完成后将监测点信息上传至监测大数据平台，并将无人机航飞的影像图作为底图导入大数据平台，匹配监测点坐标信息，形成监测点分布图如图 8-26 所示。

图 8-26　监测点分布图

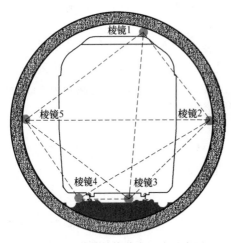

图 8-27　收敛基线分布组成示意图

监测点数据采用基于全站仪的极坐标测量，得到测站点 O 到监测点 P 的斜距 S、水平角 α、垂直角 β。按照三维坐标计算公式计算得到监测点的三维坐标。两期之间三维空间位置的差值即为水平位移变化量（ΔX，ΔY）和竖向位移变化量（ΔZ）。

4. 净空收敛基线解算

隧道净空收敛基线根据每个断面所有监测点的三维空间位置（X、Y、Z）坐标，计算两点之间收敛基线的长度，两期之间固定收敛基线的长度差值即为收敛变化量。通过大数据平台实时查询收敛基线的变形信息及绘制变形曲线图。收敛基线分布组成示意图如图 8-27 所示。

8.7　几何水准测量

几何水准法是高程测量中精度最高、应用最普遍的测量方法之一。使用高精度水准仪和配套的水准尺，沿选定的水准路线逐站测定各点的高程，通过计算各期水准点的高程变化量，获取轨道交通结构沉降变形情况。轨道交通附属结构沉降监测和轨行区人工水准复核工作通常采用几何水准测量方法。

8.7.1 高程基准网测量

高程基准网测量分为地面附属结构基准网测量和轨行区人工水准复核基准网测量。

1. 高程基准点埋设

高程基准点埋设在施工影响范围外的稳定区域，埋设在方便使用和稳定且易于长期保存的地方，基准点数量不少于 3 个。根据点位所在位置的地质条件，选埋在基岩或稳固的建（构）筑物上，埋设墙上水准标志，如图 8-28 所示。

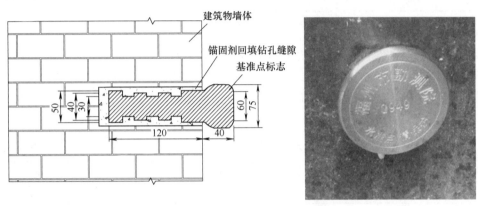

图 8-28 高程基准点埋设示意图

本项目地面附属结构监测高程基准点布设在基坑施工影响范围外的三环快速公路桥墩上，埋设 5 个墙水准基准点：HDJZ1、HDJZ2、HDJZ3、HDJZ4、5S27，如图 8-29 所示。

图 8-29 高程基准点埋设示意图

本项目轨行区人工水准复核高程基准点布设于监测区域两端的欢乐谷站及帝封江站车站侧墙结构上，欢乐谷站及帝封江站车站左线大、小里程端头各埋设 1 个墙上水准标志，共埋设 4 个轨行区人工水准复核高程基准点。

2. 高程基准网外业观测

轨行区人工水准复核测量方法与地面高程基准网测量方法一致。外业测量根据现行行业标准《建筑变形测量规范》JGJ 8相关规定进行。

基准点之间形成闭合环,首期基准网观测采用往返观测的方式进行2次独立观测。基准网复核采用往返观测的方式进行1次独立观测。观测过程中遵循"固定观测员、固定仪器、固定转点"原则进行。水准测量技术指标如表8-20所示。

水准测量测站设置技术要求　　　　　　　　　　　　　　　　　　　表8-20

水准仪型号	视线长度(m)	前后视距差(m)	前后视距累积差(m)	视线高度(m)	重复测量次数
DS05	≥3且≤50	≤1.5	≤5.0	≥0.55	≥2

3. 高程基准网数据处理

本项目高程基准网首期观测采用往返观测的方式进行2次独立观测,水准测量路线为闭合路线:5S27—HDJZ1—HDJZ2—HDJZ3—HDJZ4—5S27。选取一个高程点5S27为已知起算点进行平差,较差符合要求后取均值作为最终值。高程基准网测量主要技术指标如表8-21所示。

水准测量主要技术要求　　　　　　　　　　　　　　　　　　　　　表8-21

测站高差中误差(mm)	往返较差、附合或闭合差(mm)	检测已测高差之较差(mm)
±0.5	±1.0	±1.5

4. 高程基准网稳定性分析

为保证高程基准网的可靠性,须定期复核基准点稳定性。施工过程中地面高程基准网按每3个月1次的频率进行复测,轨行区高程基准网在监测周期内每1个月复核1次。

高程基准网复测后,对所用的基准点应分别两两组合,计算本期平差后的高差数据与上一期使用的高差数据之间的差值。当计算的差值均不大于按下列公式计算的限差时,认为所有的高程基准点稳定。

$$\Delta \leqslant 0.4\sqrt{n}$$

式中:Δ——高差差值限差(mm);

n——两个基准点之间的观测测站数。

项目于2022年03月30日和2022年01月17日的基准网高差值较差比较结果如表8-22所示,各点高程值均未超限,认为在监测周期内保持稳定。

高程基准点稳定性分析成果表　　　　　　　　　　　　　　　　　　表8-22

起点	末点	上期高差(m)	本期高差(m)	较差(mm)	限差(mm)	结果	测站数
5S27	HDJZ2	0.6862	0.6858	−0.4	1.0	未超限	6
HDJZ2	HDJZ1	0.4189	0.4183	−0.6	1.0	未超限	6
HDJZ1	HDJZ3	0.7582	0.7590	0.8	1.5	未超限	14
HDJZ3	HDJZ4	−2.7083	−2.7088	−0.6	1.1	未超限	8
HDJZ4	5S27	0.8450	0.8457	0.8	1.5	未超限	14
HDJZ1	5S27	−1.1051	−1.1041	1.0	2.4	未超限	36
HDJZ3	5S27	−1.8633	−1.8631	0.2	1.9	未超限	22

8.7.2 沉降监测

1. 沉降监测点埋设

车站附属建（构）筑物沉降监测点布设在能够反映建（构）筑物变形特征的部位，标志稳固明显、结构合理，不影响建（构）筑物的美观和使用，且点位避开障碍物，便于观测和长期保存。

附属建（构）筑物监测点布设在建（构）筑物承重柱、结构角点、变形缝两侧及其他有代表性的部位，间距不大于 20m。采用 L 型沉降钉作为观测标志。轨行区人工复核沉降点布设于隧道管片或车站道床结构，采用不锈钢圆头沉降钉作为观测标志。沉降点标志现场如图 8-30 所示。

图 8-30 沉降点标志现场图

帝封江站附属 1 号疏散口工程风险影响等级为特级的影响范围每 5m 布设 1 个沉降点，共布设 14 个沉降点，欢乐谷站—帝封江站区间监测断面、基准点断面、搭接点断面、测站位置均布设 1 个人工复核沉降点。附属 1 号疏散口沉降监测点布设示意图如图 8-31 所示。

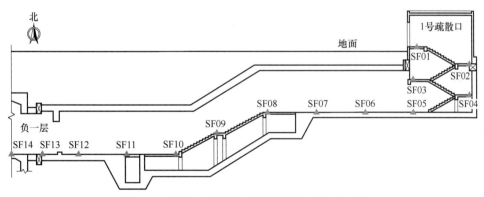

图 8-31 附属 1 号疏散口沉降监测点布设示意图

2. 沉降观测

沉降监测外业测量使用 DINI03 水准仪和配套铟钢尺（图 8-32），从高程基准点出发，组成闭合水准路线：HDJZ3—沉降监测点—HDJZ4—HDJZ3。首期采用单程观测的方式

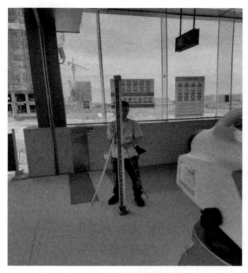

图 8-32 外业测量现场照片

进行 2 次独立观测，监测周期内采用单程观测的方式进行 1 次独立观测。

轨行区人工水准复核采用两站一区间模式测量，从欢乐谷站小里程基准点出发至帝封江站大里程，组成附合水准路线：HLX1—HLX2—小里程三维基准点—监测点—测站—监测点—大里程基准点—DFX3—DFX4。监测周期内采用单程观测的方式每个月进行 1 次独立观测，人工水准复核路线示意图如图 8-33 所示。

3. 数据处理

每次观测结束后，检查记录的数据和计算是否正确，精度是否合格。监测点 2 次高程较差符合要求后取均值作为初始值。后续每期采用单程测量的方式进行观测。根据水准线路选定起算数据，选取一个高程点为已知起算点，生成（*.in1）格式文件进行沉降监测网平差解算，推算出各沉降观测点的高程。

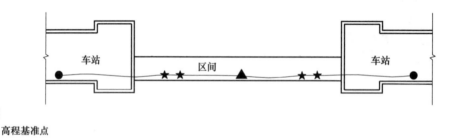

图 8-33 人工水准复核路线示意图

人工几何水准数据通过平差后上传至大数据平台，平台自动计算变形量和绘制变化量曲线，如图 8-34 所示。

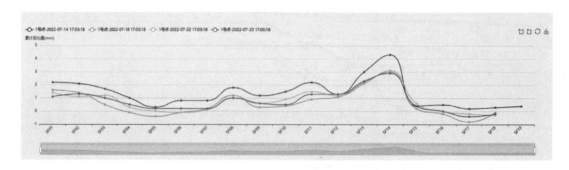

图 8-34 沉降点变化量曲线图

8.8 静力水准监测

静力水准是一种高精密液位测量系统,该系统适用于测量多点的相对沉降。在使用中,多个静力水准仪的容器用通液管连接,每一容器的液位由相关传感器测出,进而可测出各监测点的液位变化量。

在静力水准监测系统中,所有各监测点的垂直位移均是相对于其中一点(即基准点)的变化,该点的垂直位移是相对恒定的,或者可用其他方式准确确定,以便能精确计算出静力水准仪系统各监测点的沉降变化量。因此,静力水准网的基准点有且仅有1个,受限于此,静力水准网基准点必须选取在相对稳固的区域,并且通过几何水准或其他方式对其稳定性进行复核。

欢乐谷站—帝封江站区间左线轨行区布设静力水准网进行监测,基准点布设于车站稳定区域,利用跨区间相邻车站几何水准点对静力水准点定期检核,进行稳定性分析。静力水准高程基准点安装照片如图 8-35 所示。

8.8.1 静力水准监测点埋设与观测

静力水准自动化监测系统由多台静力水准仪、安装支架、液体连通管、数据采集系统、数据通信系统、数据管理系统等组成。静力水准监测点埋设主要包含如下步骤。

(1)放水平线

静力水准测量基于连通器原理,因而各监测点液位高尽量保持一致。本项目布设静力水准监测点,采用三角高程法固定高度,选取各个监测点待定点位,如出现监测点因

图 8-35 静力水准高程基准点安装照片

高差过大无法布设监测点,则需在高差大出 20cm 以上时增减布设 1 个转点。

(2)隧道钻孔

在隧道需要固定的隧道壁上钻孔,采用膨胀螺栓固定支架。

(3)支架安装

支架部分分为膨胀螺栓、丝杆、架体,把架体用膨胀螺栓固定在隧道壁上,之后再把丝杆固定在支架上伸出一半的长度,固定好。

(4)固定静力水准仪铁管

把铁管固定在已经固定好的支架上,注意铁管固定的位置在丝杆的中部,方便灌液之后的调整。

(5)电线布设及安装、水管连接

1)电线布设及安装根据监测点间距截断成大于监测点间距 2m 以上,以防长度不足。首先从基准点开始连接,再依次串联连接各个监测点。

2)水管连接跟电线连接相似,有一点不同的是在转点处断开连接。将水管安装在罐

上时需自备开水，烫接头处 10s 后再进行连接，在切水管时一定要把接口切齐，防止漏水。

（6）灌液

需自带水泵跟水桶，留出一根管接到水泵上，依次进行灌液，灌液压力不宜过大，防止气泡进入，水桶里保证一直有水，防止水泵吸入空气。水罐里液体调平时，哪个水罐里的液体多就往上提，液体少往下降。

8.8.2 静力水准数据处理

静力水准仪基准点液位变化量 Δh_j（mm）可按下列公式计算：

$$\Delta h_j = K_j (F_j - F0_j)$$

式中，K_j——静力水准仪基准点传感器系数（mm/F）；F_j——静力水准仪基准点的当前读数（F）；$F0_j$——静力水准仪基准点的初始读数（F）。

静力水准仪监测点液位变化量 Δh_i（mm）可按下列公式计算：

$$\Delta h_i = K_i (F_i - F0_i)$$

式中，K_i——静力水准仪监测点传感器系数（mm/F）；F_i——静力水准仪监测点的当前读数（F）；$F0_i$——静力水准仪监测点的初始读数（F）。

各观测点沉降或抬高的变化量 ΔH_i（mm）可按下列公式计算：

$$\Delta H_i = \Delta h_j - \Delta h_i$$

静力水准沉降监测成果曲线如图 8-36 所示。

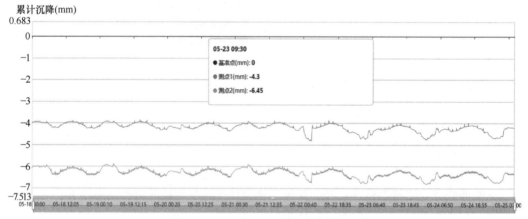

图 8-36　静力水准沉降监测成果曲线

8.9　裂缝测量

8.9.1　裂缝监测点埋设与观测

区间隧道和车站侧墙结构的裂缝监测内容包括裂缝位置、走向、长度、宽度及其变化情况。

裂缝点选取具有代表性、明显的裂缝进行布设,每条裂缝的监测点设 3 组,1 组设置在裂缝最宽处,另外 2 组布设在裂缝两端。当原有裂缝变形显著增大或者出现新裂缝时,增设裂缝宽度监测点。

裂缝监测点布设时需注意避免破坏地铁结构,避开接触网并保持安全净空距离,以保持地铁运营及监测人员安全。裂缝宽度测量精度不低于±0.1mm,裂缝长度和深度测量精度不低于±1mm。

利用游标卡尺、比例尺、小钢尺、测缝计等符合测量精度要求的设备采用人工或自动化方式测定两个标志之间距离的变化值,以此来掌握裂缝的发展情况。观测时读数 2 次,读数精确至 0.01mm,并拍摄裂缝照片。

裂缝监测成果应描述裂缝的位置、走向、长度、宽度,注明裂缝编号及观测日期等。裂缝监测如图 8-37 所示。

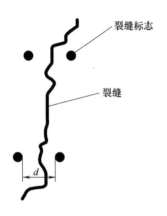
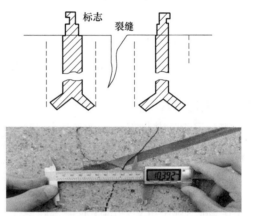

图 8-37 裂缝监测示意图

选择裂缝情况明显的裂缝作为监测点,车站侧墙选择 2 条裂缝观测:LF02、LF03,每条裂缝布设 3 组观测点,分别埋设于裂缝最宽位置和裂缝两端。LF02 裂缝的 3 组观测点为 LF02-1、LF02-2、LF02-3,LF03 裂缝的 3 组观测点为 LF03-1、LF03-2、LF03-3。裂缝观测照片如图 8-38 所示。

8.9.2 裂缝监测数据处理

裂缝观测采用游标卡尺观测,读数精确至 0.01mm。初始值独立采集 2 次数据,取较差合格数据的均值作为初始值,并拍

图 8-38 裂缝观测照片

摄裂缝照片。监测周期内每期读数 2 次,取均值作为各期数值,对比前后观测数值计算裂缝变化值,生成裂缝变形量曲线,如图 8-39 所示。

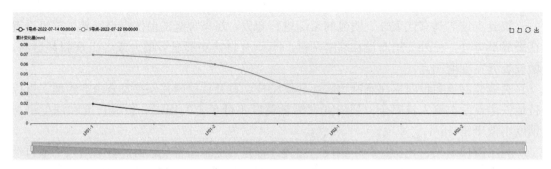

图 8-39 裂缝变形量曲线图

8.10 现场巡查

外部工程影响城市轨道交通保护性监测采用仪器监测与巡视相结合的方法,从定量和定性两方面全面分析工程施工对城市轨道交通结构产生影响的变形规律,判断结构安全状态,更好地指导施工并及时采取相应的安全措施,保证工程顺利进行和城市轨道交通运行安全。

现场巡视作为仪器监测方法的有效补充,以目测为主。根据巡查计划,结合施工进度,及时进行巡查,并做好详细的巡查记录。

8.10.1 现场巡查内容

本工程巡视的范围包括车站、附属、隧道结构、外部工程施工情况及周边环境。监测过程以 1 次/周的频率进行外部作业巡视,以 1 次/月的频率进行地铁结构巡视,特殊情况加密巡视频率。巡视通过移动端 APP 软件(图 8-40)进行记录,上传至监测大数据平台,也可以通过人工现场拍照后上传至监测大数据平台。

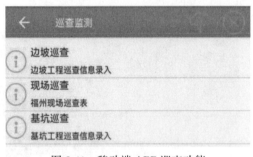

图 8-40 移动端 APP 巡查功能

外部作业巡查内容主要包括:外部作业现场的情况和进度,周边环境的变化情况,现场施工和监测是否按照方案实施。

轨道交通结构巡查的内容主要包括:查明结构损伤、相邻结构的错台和接缝宽度变化、地下结构的渗漏水等结构病害、监测点和监测设备的状态,发现结构病害时立即进行病害调查。

巡查记录详实准确,写明巡查人员、时间,明确有无异常变化。发现异常情况时明确记录位置,描述其与轨道交通结构的相对位置关系,拍摄照片或录像留存,并立即上报。病害调查记录结构病害类型、位置(车站、区间、里程、隧道的环号、剖面上角度位置等信息)、程度及其变化情况。

病害调查的手段主要依靠目视,各种病害的调查记录符合以下规定:

(1) 病害记录包括病害位置信息、病害特征描述等基本要素；

(2) 渗漏水病害，查明渗漏位置（接缝、注浆孔或裂缝）、范围（结合展开图要素加以确定）、程度（渗润、滴水、渗漏、渗流）及特征（状态、水量、浑浊与冻结状况），滴漏应通过秒表确定滴水频率；

(3) 结构破损，查明破损位置、类型（裂缝、压溃）、长度、宽度、深度、走向、位置；

(4) 结构劣化，查明劣化位置、类型（起毛、酥松、起鼓）、范围及程度；

(5) 结构剥落、剥离，查明位置、范围、深度；

(6) 钢筋外露、锈蚀，查明位置（范围）和程度；

(7) 对病害现象拍摄照片留档，对滴漏等具有明显动态特征的病害宜拍摄录像。

结构巡检的成果符合以下要求：

(1) 成果内容包括轨道交通线号、区间、巡查日期、巡查人员、发现问题等信息；

(2) 结构巡检成果应与历史数据比较，列举病害变化。

8.10.2 巡查表

根据工程特点，结合监测经验，工程现场巡查内容及记录格式如表 8-23 所示。

现场巡查报表 表 8-23

工程名称： 　　　　　　　　　　　　　　　　　巡查范围（位置）：

巡查时间： 　年　月　日 　　　　　天气： 　　　　　温度： ～ ℃

分类	巡查内容		巡查结果	备注
结构巡检	破损：裂缝、压溃等破损的位置、范围、类型、长度、宽度、深度、走向和发展趋势			
	剥落剥离：位置、范围和深度			
	渗漏水：位置、范围、程度、状态、水量和浑浊状况，接缝止水条的脱落位置和范围			
	钢筋锈蚀：钢筋、螺栓和钢管片锈蚀的位置			
	结构错台：接缝、变形缝错台的位置、范围和程度			
	材料劣化：起毛、酥松、起鼓等材料劣化的位置、范围和程度			
	道床病害：裂缝、脱空、下沉、隆起、渗漏水的位置、范围和程度			
	其他			
控制保护区巡查	周边开挖、降水、堆（卸）载、桩基施工、钻孔、顶管等可能影响工程安全的施工活动工况及进度情况			
	周边路面或地表的裂缝、沉陷、隆起、冒浆的位置、范围等情况			
	邻近建（构）筑物、桥梁、地下管线等周边环境出现过大沉降、倾斜、裂缝等不正常状态的情况			
	河流湖泊的水位变化情况，水面有无出现旋涡、气泡及其位置、范围，堤坡裂缝宽度、深度、数量及发展趋势等			
	其他			

续表

分类	巡查内容	巡查结果	备注
监测设施	基准点、监测点的完好状况、保护情况		
	监测元器件的完好状况、保护情况		
	其他		

现场巡查人：　　　　　　项目负责人：　　　　　　监测单位：

8.11　监测成果整理与分析

8.11.1　监测成果整理

监测信息成果主要包括现场实测资料和室内数据处理成果两大类。通过仪器监测、现场巡查等手段获得各类现场实测资料后，及时进行计算、分析和整理工作，将现场实测资料转变为完整、清晰的分析处理成果。

本项目对于现场采集到的各项监测数据，采用监测大数据平台对监测成果进行整理分析，并向监测联络群上传当次监测报告，必要时编写阶段性报告。本项目实施过程中，出具的报告主要包括监测日报、预警单、监测阶段性总结报告。

(1) 监测日报样式如图 8-41 所示，内容由以下几方面组成：

1) 工程施工工况；

2) 监测项目日报表，包括仪器型号、监测日期、观测时间、监测项目的累计变化值、变形差值、控制值等。

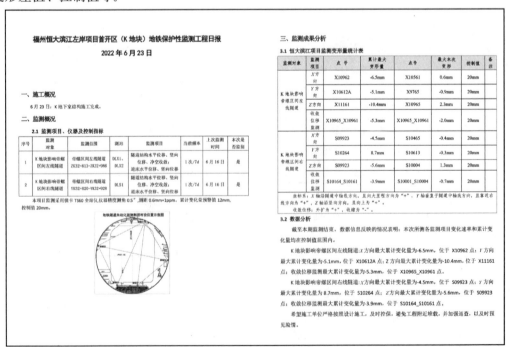

图 8-41　监测日报样式（一）

第8章 工程影响结构保护性监测

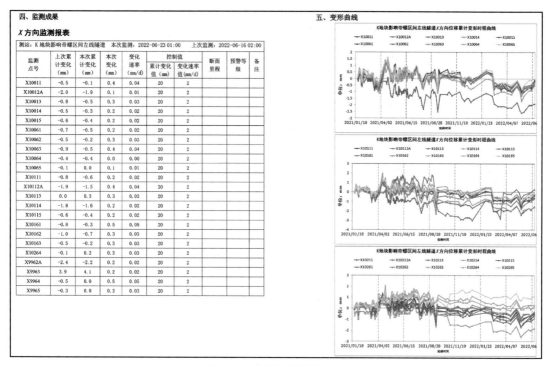

图 8-41 监测日报样式（二）

（2）预警单样式如表 8-24 所示，内容由以下几方面组成：

1）警情发生的时间、地点、情况描述、严重程度、施工工况等；

2）监测数据图表，包括累计变化值、变化速率值、监测点点位布置平面图、必要的断面曲线图等；

3）分析、评价及建议。

预警单样式　　　　　　　　　　　　　　　　　表 8-24

预警（或险情）通知单

建设单位						工程				
监测单位										
预警类型	属 B 出入口结构竖向位移					警情情况	☑B级　☑C级　□D级			
施工进度	B 地块近附属结构侧楼栋地下室施工已完成,近隧道侧基坑进行底板施工；5号线欢乐谷站—帝封江站区间已开始运营									

本期预警汇总表									
监测对象	点号	监测项目	本期预警			控制值		上期累积变化量（mm）	预警等级	位置	备注
			预警值（mm）	累积变化量（mm）	变化速率（mm/d）	累积变化量（mm）				

监测对象	点号	监测项目	预警值（mm）	累积变化量（mm）	变化速率（mm/d）	累积变化量（mm）	上期累积变化量（mm）	预警等级	位置	备注
B 出入口	HDB01	竖向位移	16	−16.6	−0.3	20	−14.6	C级	附属 B 出入口	预警升级
B 出入口	HDB02	竖向位移	12	−13.3	−0.3	20	−11.1	B级	附属 B 出入口	新增预警

续表

2022年7月18日福州恒大滨江左岸项目首开区（BDEGI地块）地铁保护性监测工程监测数据显示：B地块影响的欢乐谷站附属结构B出入口HDB01点于2022年5月30日竖向位移监测数据达B级预警，本期数据竖向位移累计值为－16.6mm，预警升级达到C级；HDB02点竖向位移累计值为－13.3mm，已达到B级预警；HDB03点竖向位移累计值为－11.9mm，已接近B级预警。
现场巡视情况：
当前，恒大滨江左岸项目B地块近附属结构侧楼栋地下室施工已完成，现场周边存在外部道路工程交叉施工。根据巡视情况，B出入口未见明显渗漏水及裂缝等病害。
预警分析：
5号线欢乐谷站B出入口2022年1月施工完成，1月至今数据存在蠕变下沉，可能原因为结构施工完成后周边岩土体未稳定，自身存在一定的沉降；其次，周边存在项目地块施工、外部道路工程施工等多项目交叉施工，亦可能对附属结构产生一定影响。
预警建议：
1. 施工单位严格按照施工方案及设计文件进行施工；
2. 加强对基坑工程及周边环境的日常巡视；
3. 加强监测，及时关注监测数据。
附件1： 监测数据　附件2： 现场巡视照片　附件3： 监测布点图

预警单位签字、盖章：		日期：
接收单位	签收人	签收时间

（3）工程阶段性报告和总结报告是监测工作的回顾和总结，主要包括如下几部分内容：

1）工程概况；

2）监测项目、监测目的和监测依据；

3）监测点点位布置平面图；

4）所采用的仪器设备和监测方法；

5）监测数据图表，包括监测点点位布置平面图、累计变化值、变形差值、必要的断面曲线图等；

6）对监测结果的评价和建议。

8.11.2 监测成果分析

数据处理成果采用图表、曲线等直观且易于反映结构安全问题的表现形式，同时对相关图表、曲线附上必要的文字说明。

本工程影响欢乐谷站—帝封江站区间左线隧道于铺轨施工完成后呈长期蠕变下沉趋势，最大下沉近－2.5cm，达红色预警并召开预警分析会，原因推测为临近基坑止水帷幕失效，长期持续降水导致地铁结构变形，根据预警专家会的建议，在沉降变形最大处（E、G地块之间）增设三轴搅拌桩止水帷幕（图8-42）。

根据本项目三轴搅拌桩止水帷幕施工阶段区间变形监测数据，曲线成果如图8-43、图8-44所示。

（1）2022年5月4日至6月15日，除154～165环附近速率略大于0.04mm/d外，大部分变形相对稳定，属于变形趋稳状态。6月6日现场踏勘时，发现该范围附近区间隧道正上方存在大量水泥，剩余部分已遇水硬化。该区域相对周边速率大，可能与水泥堆载

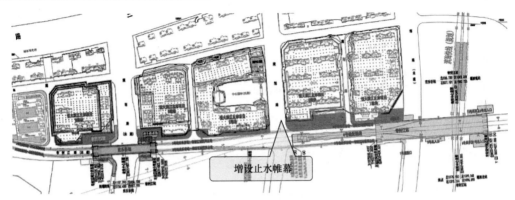

图 8-42 三轴搅拌桩止水帷幕施工平面图

有一定关系。

(2) 2022 年 6 月 15 日至 6 月 30 日,隧道结构水平变形累计值为 [-15.2,0.8]mm,最大速率-0.950mm/d(远离区间左线方向);隧道结构竖向变形值为 [-2.1,9.9]mm,最大速率 0.619mm/d(隆起)。最大变形位置位于 239 环,该位置隧道临近桩基施工区域且该阶段现场正处于桩基施工,高压旋喷桩施工引起隧道出现明显水平向挤压和竖向隆起。

(3) 2022 年 7 月 20 日至 8 月初,受高压旋喷桩施工影响范围的变形不再是最大变形位置,与此同时,整个区间最大水平变形和沉降变形浮动大致在-1.0~1.0mm,考虑监测误差(精度 1mm)影响,可认为目前变形相对稳定,说明桩基施工结束后影响区已趋于稳定。

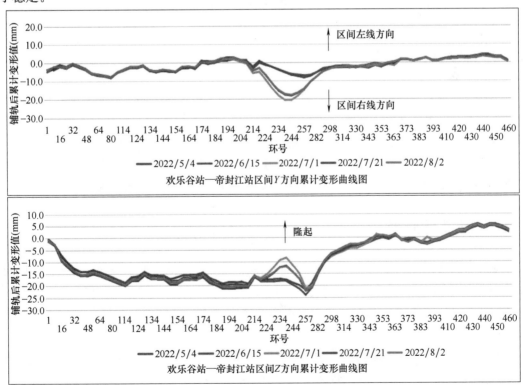

图 8-43 欢乐谷站—帝封江站区间左线累计变形曲线图

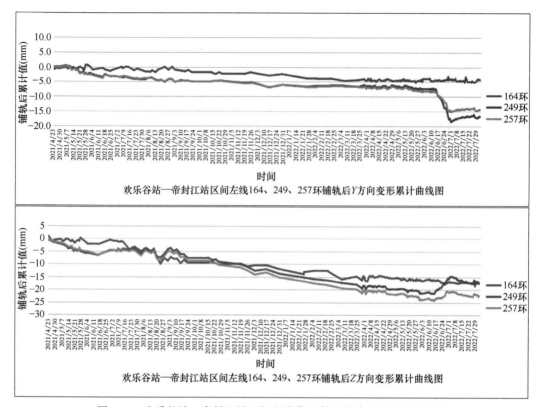

图 8-44　欢乐谷站—帝封江站区间左线典型断面累计变形时程曲线图

8.12　监测信息反馈

为建立顺畅、快捷的信息反馈渠道，及时、准确地报告各监测项目的变化量及变化速率，及时获取与施工过程有关的监测信息，供设计、施工及有关工程技术人员决策使用，需做好监测信息反馈工作，并建立监测情况联络群，信息反馈流程如图 8-45 所示。

本项目采集完成初始值后，项目负责人组建微信联络群，将建设单位、设计单位、施工单位、地铁公司等有关人员加入微信群，实时在微信群中发送监测情况。

8.13　报警与消警

变形监测根据建设场地段岩土条件、监测对象特点、监测对象本身允许变形值，以及设计和有关规范的要求定制预警标准。一般采用三级预警制度，即黄色预警、橙色预警和红色预警来区分预警的严重程度并采取不同的响应措施。监测项目在作业过程中，按表 8-25 所示划分预警等级及应对管理措施。

如发现变形值较大，达到预警值时，根据现场施工情况和核实监测点是否点位碰动等非变形因素引起的位移及沉降，排除这些因素后，上传预警单，及时向建设单位、地铁公司、施工单位提供本次观测成果和分析等并作出报警处理。

第8章 工程影响结构保护性监测

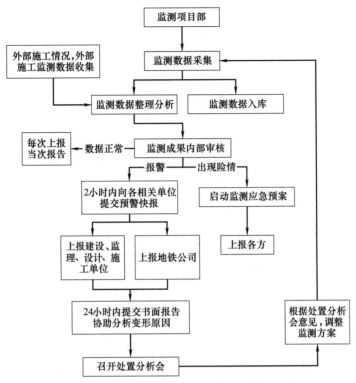

图 8-45 监测成果整理分析与信息反馈流程图

监测预警等级划分及应对管理措施　　表 8-25

预警等级	监测比值 G	应对管理措施
黄色	$0.6 \leqslant G < 0.8$	监测报警,并采取加密监测,根据现场施工情况、地铁结构病害等情况综合评定,对变形较大的监测点,可提高监测频率(预警的监测断面),加强对地铁结构的巡视,加强对城市轨道交通结构的监测
橙色	$0.8 \leqslant G < 1.0$, 当日变化量连续 3 天同方向且速率值超过 2mm 时	暂停外部作业,据现场施工情况、地铁结构病害等情况综合评定,提高监测频率(预警的监测断面),并进行过程安全评估工作,各方共同制定相应的安全保护措施,并经组织审查后,开展后续工作
红色	$1.0 \leqslant G$	暂停外部作业,启动安全应急预案,据现场施工情况、地铁结构病害等情况综合评定,扩大监测范围,提高监测频率

注:监测比值 G 为监测项目实测值与结构安全控制指标值的比值。

在观测过程中,如发现城市轨道交通附近地表荷载突然增减、城市轨道交通内渗漏水突然加剧、城市轨道交通结构出现异常裂缝等情况,及时增加观测次数。具体采取措施如下:

(1) 经过相关数据分析、结构计算、地质调查和环境观测对报警数据作出解释;
(2) 对重点部位和区域加密监测点,并增加监测频率;
(3) 按照应急预案各项要求,立即启动应急监测预案。

8.13.1 预警响应

1. 警情报送

警情报送是工程监测的重要工作之一,也是监测人员的重要职责,通过警情报送能使相关各方及时了解和掌握现场情况，以便采取措施，避免事故发生。

当监测数据超出预警值时，2小时内向监测联络群发送电子版预警单，上报地铁公司相关管理部门、建设单位、监理单位、施工单位等有关部门负责人，并于24小时内提交书面报告，协助分析变形原因。由建设单位、地铁公司、专家等共同判断工程是否安全，若为安全，则增加监测频率，密切关注变形信息；若工程判定为不安全，则暂停施工，并启动应急预案，制定解决方案，直至判定为安全状态时，恢复工程施工，并根据工程情况调整监测方案。

2. 监测预警响应

发生监测数据预警，且变化速率较大或者速率变化异常，监测单位一般要进行加密监测，具体根据预警分析会确认监测频率，并采取相关措施处理。在监测数据稳定一段时间后，监测单位可提出降频申请，经相关方协商确认同意，可恢复正常监测频率。

当外部建设工程施工导致轨道交通控制保护区范围内地铁设施结构出现橙色预警或红色预警时，立即停止施工，及时组织相关单位召开预警分析会，各单位按照应急保障方案和会议要求执行后续应急抢险工作。

（1）黄色预警

外部工程建设单位组织分析会议，项目施工单位技术负责人、监理单位技术负责人、勘察单位技术负责人、设计单位技术负责人、施工方监测单位技术负责人、保护性监测单位技术负责人、地铁公司代表参加，分析数据变化原因，预测数据变化趋势，并采取加密监测点或提高监测频率等措施，加强对城市轨道交通结构的监测，各单位根据会议成果要求执行应急工作。

（2）橙色预警（立即停止施工）

外部工程建设单位组织专家对预警原因进行分析，项目施工单位技术负责人、监理单位技术负责人、勘察单位技术负责人、设计单位技术负责人、施工方监测单位技术负责人、保护性监测单位技术负责人、地铁公司代表参加会议，各单位根据专家意见和地铁公司要求执行后续工作。

（3）红色预警（立即停止施工）

外部工程建设单位应邀请省内外轨道交通有地铁保护经验的专家进行论证，并启动应急预案；项目施工单位企业主管领导组织风险处理，监理单位技术负责人、勘察单位和设计单位技术负责人、施工方监测单位技术负责人、保护性监测单位技术负责人、地铁公司代表参与风险处理方案的制定和风险处理过程。

预警会议先踏勘现场，会议由外部工程建设单位主持，外部工程施工单位汇报现场情况，保护区保护性监测单位汇报监测及加密监测数据情况，各单位共同参与对警情原因进行分析，提出建议和控制措施。会议结束后外部工程建设单位负责形成会议纪要，抄送与会各方。

8.13.2 监测消警

监测预警之后，根据各方共同制定的保护措施进行安全处理，待监测数据稳定并符合消警条件之后，由施工单位提出消警申请，报建设单位、地铁公司等管理部门，经各方同意后消警，并签署消警单。监测消警之后，监测单位按照监测技术方案持续进行监测工作，消警流程如图 8-46 所示。

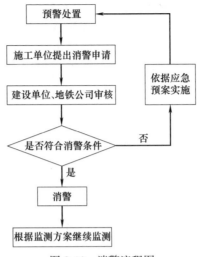

图 8-46　消警流程图

8.14　小结

本项目基于多种传感器自动化监测和智能化监测大数据平台结合应用，对地铁结构监测数据进行自动获取、处理、管理、分析，实现监测数据及时反馈和实时预警，满足工程影响保护性监测的实际需求。本项目实施特点总结如下：

（1）覆盖长区域的多站组网监测技术的应用

借鉴高铁 CPIII 的构网思想，设计基于地铁隧道应用的多测站基准统一构建方法。设计狭长隧道环境的布网方式，优化控制网基准点概略坐标计算、平面网平差、高程网平差等关键步骤。本项目采用多台智能型全站仪，以双面棱镜作为测站间公共搭接传递点，提高多测站组网的整体精度。

（2）自动化监测技术的应用

城市轨道交通轨行区监测实施条件复杂，随着测绘技术的进步及智能化传感器的不断革新，在城市轨道交通结构监测中采用智能全站仪、静力水准仪等高精度传感器开展全天候的无人工干预的自动化监测，实时获取监测数据，无论是施工期还是运营期的轨行区结构监测，均可满足监测要求。

（3）安全预警信息实时发布技术应用

采用三级预警信息发送模式，当变形信息达到不同的预警等级或出现其他风险情况时，大数据平台将预警内容向不同层级的相关人员发出告警信息，及时预报变形信息。

（4）两级基准网检核机制应用

工程影响保护性监测项目采用每期解算分析三维基准网稳定性的方法检核内符合精度，同时定期采用轨行区人工水准复核方法检核基准网外符合精度，通过多层次检核基准网稳定性，确保变形基准数据真实可靠。

（5）智能化监测大数据服务

智能化监测大数据平台以云计算、大数据、物联网技术为支撑，以城市基础设施的安全监测管理为核心，覆盖城市基础设施各类感知信息，并充分结合业务数据，开展多层次、多视角的数据整合、分类、分析、评估工作，确保变形信息的可靠准确和时效性，为轨道交通管理部门及外部施工单位的安全管理、应急保障提供强有力的数据支撑。

参 考 文 献

[1] 中华人民共和国住房和城乡建设部. 城市轨道交通工程测量规范：GB/T 50308—2017 [S]. 北京：中国建筑工业出版社，2017.

[2] 中华人民共和国住房和城乡建设部. 城市轨道交通工程监测技术规范：GB 50911—2013 [S]. 北京：中国建筑工业出版社，2013.

[3] 秦长利. 城市轨道交通工程测量 [M]. 北京：中国建筑工业出版社，2008.

[4] 中华人民共和国国家测绘局. 国家一、二等水准测量规范：GB/T 12897—2006 [S]. 北京：中国建筑工业出版社，2006.

[5] 中华人民共和国住房和城乡建设部. 工程测量标准：GB 50026—2020 [S]. 北京：中国计划出版社，2020.

[6] 中华人民共和国住房和城乡建设部. 城市测量规范：CJJ/T 8—2011 [S]. 北京：中国建筑工业出版社，2011.

[7] 中华人民共和国住房和城乡建设部. 建筑变形测量规范：JGJ 8—2016 [S]. 北京：中国建筑工业出版社，2016.

[8] 中华人民共和国住房和城乡建设部. 城市地下管线探测技术规程：CJJ 61—2017 [S]. 北京：中国建筑工业出版社，2017.

[9] 福建省住房和城乡建设厅. 城市轨道交通运营期结构安全监测技术规程：DBJ/T 13-336-2020 [S]. 福州，2020.

[10] 秦长利. 跨座式单轨交通工程测量 [M]. 北京：中国建筑工业出版社，2022.

[11] 王玉福，李鹏，梁爽，等. 城市轨道交通工程测量技术与应用 [M]. 北京：电子工业出版社，2017.

[12] 熊开明. 基于智能全站仪组建地铁隧道多测站三维监测网的实践与精度分析 [J]. 城市勘测，2020（1）：155-158，162.

[13] 吴乃龙. 城市轨道交通运营期隧道净空收敛监测方案及应用研究 [J]. 城市勘测，2021（1）：162-166.

[14] 吴乃龙，熊开明. 盾构隧道贯通前成型管片姿态偏差测量方法研究 [J]. 城市勘测，2019（1）：129-133.

[15] 周永领. 基于陀螺方位辅助的短定向边地铁隧道贯通测量方法 [J]. 城市勘测，2023（4）：152-155，195.

[16] 周永领. 地铁精密导线网边长改化程序实现与复测成果分析 [J]. 城市勘测，2022（05）：121-124.

[17] 周永领. 福州滨海快线高精度控制网的建立及精度分析 [J]. 测绘与空间地理信息，2022，45（4）：253-255，258.

[18] 邱龙辉. 地铁地面控制网信息化建设及精度分析 [J]. 福建建筑，2022（7）：123-127，140.

[19] 钟洪德. 基于Android智能手机的地下管线外业数据采集系统设计探析 [J]. 福建建筑，2022（9）：152-156.

[20] 钟洪德. 排水管道缺陷内窥检测智能识别系统研究 [J]. 城市勘测，2021（5）：159-164.

[21] 林万荣. 福州地铁5号线一期工程卫星定位控制网的建立及精度分析 [J]. 福建建筑，2021（2）：104-108.

[22] 马全明. 城市轨道交通工程精密施工测量技术的应用与研究 [J]. 测绘通报，2010（11）：41-45.

[23] 王晓兵,李淑娟,李勇,等. 第三方测量在地铁建设中的应用研究 [J]. 测绘通报, 2019 (S1): 245-249.

[24] 孟峰,马全明,陈大勇,等. CPIII类控制网测量技术在城市轨道交通中的应用研究 [J]. 测绘通报, 2013 (1): 73-76.

[25] 王斌, 罗莉. 城市轨道交通竣工测量关键技术探讨 [J]. 测绘地理信息, 2016 (4): 99-102.